本书为：

浙江省科技厅软科学研究计划项目

"异质开放创新与区域创新绩效的动态演化"（2019C35046）成果

国家社科基金项目

"中国投资助推非洲新型工业化发展的路径与机制研究"（19BGJ067）成果

开放创新与区域创新绩效
影响机理与实证检验

林　云　张盼盼　孙巧云　著

ZHEJIANG UNIVERSITY PRESS
浙江大学出版社
·杭州·

图书在版编目（CIP）数据

开放创新与区域创新绩效：影响机理与实证检验 /
林云等著. —杭州：浙江大学出版社，2022.3
　　ISBN 978-7-308-22437-6

　　Ⅰ.①开… Ⅱ.①林… Ⅲ.①区域经济—国家创新系
统—研究—中国 Ⅳ.①F124.3

中国版本图书馆 CIP 数据核字(2022)第 049113 号

开放创新与区域创新绩效：影响机理与实证检验
KAIFANG CHUANGXIN YU QUYU CHUANGXIN JI XIAO：YINGXIANG JILI YU SHIZHENG JIANYAN
林　云　等著

责任编辑	杨　茜
责任校对	李　晨
封面设计	周　灵
出版发行	浙江大学出版社
	（杭州市天目山路 148 号　邮政编码 310007）
	（网址：http：//www. zjupress.com）
排　　版	杭州青翊图文设计有限公司
印　　刷	杭州钱江彩色印务有限公司
开　　本	710mm×1000mm　1/16
印　　张	17
字　　数	315 千
版 印 次	2022 年 3 月第 1 版　2022 年 3 月第 1 次印刷
书　　号	ISBN 978-7-308-22437-6
定　　价	68.00 元

前　言

开放式创新和区域创新绩效这两个主题显然都不是学术研究的新主题，已有文献对此进行了大量的研究，得到了丰富的结论。但是，对开放式创新和区域创新绩效两者进行连接，已有研究中还存在明显不足。本书尝试从影响机理和实证检验两条路径对此进行分析。在理论层面，探析了从开放式创新到区域创新绩效之间的路径与机制，将企业家精神纳入区域创新投入产出的"黑箱"，扩展了区域创新评价的指标体系；在实证层面，利用包含非期望产出的 SBM 模型测算了区域创新绩效；检验了异质性开放创新对区域创新绩效的影响；检验了企业家精神在对外直接投资（OFDI）逆向技术溢出效应与区域创新绩效之间的直接效应和间接效应。本书的研究思路和研究结论对开放式创新的场景应用、区域创新评价指标体系的构建、企业家精神的实证研究、区域创新生态体系的作用机制等方面都有一定的拓展作用。

本书的创新点如下：

首先是研究思路的创新。将开放式创新、企业家精神等微观因素引入了区域创新效率的中观分析框架。尽管区域创新绩效方面的研究成果丰硕，开放式创新提出也已经近 20 年，但开放式创新主要是以企业为研究对象分析其作用机理，还比较少见实证检验类型的研究，尤其是在区域层面上。因此，本书在研究思路上可能有一定的创新性。

其次是研究方法的创新。一是补充和完善了现有的区域创新绩评价指标体系，使用包含非期望产出的 SBM 模型，扩展了区域创新绩效的评价体系，也能更客观地展现区域创新的真实水平及发展潜力。二是企业家精神在已有研究中很少得到实证检验，而本书不仅检验了企业家精神的直接效应，而且使用门槛回归模型检验企业家精神的间接效应，结论有力地支持了企业家精神存在"两面性"的理论假设。这种研究方法在区域创新绩效的相关文献中还未得到充分使用,有一定的创新。

总体来说,本书尝试在微观创新行为与区域创新体系之间建立一座桥梁,通过包容失败的创新氛围营造、企业家创新创业精神培育等途径,形成区域技术创新生态系统,提升区域创新绩效,为区域乃至国家创新战略的实施提供一点参考与借鉴。

目　录

也激励着更多人利用自己的智慧进行创新。

回溯美国的这段经济发展史,容易发现,美国的经济繁荣是一系列的政策导向产生的必然结果。例如,1947 年由总统创设的高等教育委员会发表的《为美国民主而设置的高等教育》及 1951 年教育政策委员会发布的《教育和国家安全》报告,1950 年成立的国家科学基金会及 1955 年设立的美国优等生奖学金组织,其主要目的都是促进公众对卓越知识分子的尊重。1954 年,美国颁布了《太阳能法》,鼓励私营企业开发核反应堆。私营企业在美国获得了最大程度的准入许可;1956 年,美国颁布了《联邦助建高速公路法》,通过基础设施建设降低交通成本,为所有产业发展提供便利,尤其是供应链的成本得以降低,促进了制造业的大发展;1958 年,美国国会通过了《美国国防教育法》,创建了国家航空和太空总署(NASA)。到 20 世纪 80 年代,美国又出台了一系列促进技术创新相关的法律,如 1980 年制定了《史蒂文森-威德勒技术创新法》和《大学和小企业专利程序法》(《拜杜法案》),1982 年制定《中小企业技术创新促进法》、1984 年推行《国家合作研究法》、1986 年出台《联邦技术转移法》等①。很难说,如果没有这些政策支持,美国的教育和基础科学研究能否走到世界前列,成为当代创新实力最强的国家。另外,美国政府构建了两个平行的创新支持体系:一种是仅对研究进行投入,之后由民用研发机构介入,即政府支持研究,后续市场演化;另一种是政府支持包括初始市场创建在内的每个阶段。正是这种创新系统带动引领了 20 世纪一系列的重大创新浪潮:航空、电子、核能、航天,还有计算机和互联网②。

从演化的角度看待美国成为创新型强国,与英国工业革命时期的强盛有一些相通之处。例如,同样是自上而下的政策导向和自下而上的民众创新行为与相应的社会行为规范相结合,形成了一种自由开放、尊重科学和知识的创新氛围。一个国家要想赢得创新竞争,就需要一个极具创新和商业竞争精神的社会群体,他们愿意为创新而投资,哪怕这种收益并不确定。哪怕是在最鼎盛时期的硅谷,新创企业退出率也不低,但是,这并不影响创业者的积极性。正是因为越来越多的人坚信市场回报与知识基础、技术创新、管理智慧等存在显著的正相关,才能引导越来越多的具有创业创新精神的企业家投入

---

① 陈劲.科技创新:中国未来 30 年强国之路[M].北京:中国大百科全书出版社,2020:40.

② 邦维利安,等.先进制造:美国的新创新政策[M].沈开艳,译.上海:上海社会科学院出版社,2019:35.

生产性活动，从而在斯密所谓的"看不见的手"的作用下，由个体利益最大化引致国家利益最大化。

二、从中美创新"势差"看中国创新的未来发展

中国已经成为世界制造中心，但能否成为世界创新中心，很多人还心存疑虑。大多数人将中国经济的崛起归因于包括廉价劳动力和廉价零部件在内的低生产成本，但即便是西方学者也已经关注到，除了政府补贴、低工资和新商业政策的作用外，中国的创新能力也是推动中国制造崛起的不容忽视的因素。他们总结中国新兴生产模式的要素包括：(1)反向设计，即利用现有产品设计出更廉价的模型以适应低成本中国市场的能力；(2)利用国外设计与中国生产的合作关系，实现对生产的多向学习；(3)跨区域生产企业网络的技术吸收和协同发展，从而迅速扩大规模[1]。阿特金森和伊泽尔(2014)发现，自2000年以来，美国创新力在明显下降，至少表现在四个方面：研发强度，科技出版和科学研究者的数量，专利活动，科学、技术、工程和数学(STEM)领域的学士、硕士和博士数量。伴随着美国创新领导地位减弱的是美国经济的结构性衰退。而有类似经历的是英国，在20世纪50年代到70年代，英国也曾经历剧烈、快速的产业衰退[2]。1973—1992年，英国制造业的产出仅增长了1.3%，而同期美国增长了55%。阿特金森和伊泽尔(2014)比较了美国和中国的研发强度，发现1999—2008年，美国企业研发投资占GDP的比例(研发强度)仅增长了3%，而中国同期增长了187%[3]。中国什么时候能站在世界创新舞台的中心，目前很难有明确的答案，但是，以目前中国的发展方向和速度来看，这一天并不遥远。

(一)民众对政府的信任有助于营造稳定的创新环境

2020年3月3日，知名国际公关咨询公司爱德曼在布鲁塞尔举行"2020信任峰会"，其对全世界28个主要经济体的3.4万名受访者进行的信任度调

---

① 邦维利安，等.先进制造：美国的新创新政策[M].沈开艳，译.上海：上海社会科学院出版社，2019：69.

② 阿特金森，伊泽尔.创新经济学：全球优势竞争[M].王瑞军，等译.北京：科学技术文献出版社，2014：58-63.

③ 阿特金森，伊泽尔.创新经济学：全球优势竞争[M].王瑞军，等译.北京：科学技术文献出版社，2014：72.

查结果显示,中国民众对本国政府的信任度高达 90%,连续第三年位列世界各主要经济体首位。排在第二至第五位的分别是印度、沙特阿拉伯、阿联酋和印度尼西亚。相比之下,美国政府在本国民众中的信任度仅有 39%,远低于全球平均水平①。另一份来自加拿大约克大学社会学学者吴志明的调查报告(2021 年 5 月 5 日在《华盛顿邮报》刊发)显示,98% 的受访者信任中国政府,这一调查结果相比 2018 年又提高了 3 百分点②。

事实证明,中国政府不仅赢得了国内民众的信任,近年来在全球范围内的信任程度也迅速上升,尤其是在应对突如其来的全球新冠疫情的竞赛中达到了令人惊叹的高效,进一步提升了国内外普通民众对中国政府的信任度。从英美国家创新发展的历程可以看出,在英国工业革命时期和美国战后的繁荣时期,其政府与民众的关系也达到了前所未有的和谐。政府与民众基于信任结成的"契约"可以看作掀起创新热潮的必备条件,是完成自上而下的政府制度创新与自下而上的创新行为选择这两者间的有效联结的前提和基础。

(二)创新环境改善有助于引致生产性企业家精神

具有创新创业精神的企业家是历次创新浪潮不可或缺的推动者,但管理学家鲍莫尔指出,企业家精神的运用有时具有生产性,有时具有非生产性,甚至具有破坏性③。如果企业家从事直接生产性活动面临的危险有所增加,将诱使他们将努力投入积聚土地和在政府中钻营等行为上。这不仅改变了经济中生产性努力的方向,而且会减少经济产出并且阻碍经济增长。同样,如果企业家精神投入生产性活动中的报酬发生变化,也会诱致企业家精神的重新配置④。在某个特定的时空,企业家到底会以什么方式行动,这完全取决于现行的游戏规则——经济中通行的报酬结构⑤。

英国之所以会失去全球技术霸主的地位,其中一个重要原因是英国企

① 中国青年报.一份全球民调:中国政府信任度连续三年排名世界第一[EB/OL].[2020-03-06](2021-12-01).https://baijiahao.baidu.com/s? id = 16603746389204384 32&wfr=spider& for=pc.

② 观察者网.加拿大高校调查:中国政府信任度升至 98%,[EB/OL].[2021-05-06](2021-12-01).https://www.guancha.cn/internation/2021_05_06_589843.shtml.

③ 鲍莫尔.企业家精神[M].孙智君,等译.武汉:武汉大学出版社,2010:33-55.

④ 鲍莫尔.企业家精神[M].孙智君,等译.武汉:武汉大学出版社,2010:21-23.

⑤ 鲍莫尔.企业家精神[M].孙智君,等译.武汉:武汉大学出版社,2010:28.

业家精神从开发国内资源向海外殖民扩张的重大转变。随着维多利亚时代的推进,企业家越来越把他们的努力倾注在大型基础设施项目上,因为工厂生产日渐无利可图,基础设施项目却获利丰厚,工程车间取代工厂变成了英国制造业的中心。到 19 世纪末,维多利亚时代的英国经济已主要依靠帝国主义殖民地建设的推动。当帝国主义时代于 1914 年突然中断时,英国的企业家精神饱受打击①。当其他国家专业化从事第二次产业革命中技术密集度越来越高的部门时,英国的企业和企业家似乎难以从生产率较低部门转向生产率较高的新兴领域,企业家既无压力也无动力建立美国和德国技术先进企业所具备的那种管理能力,却大多把精力投注在越来越过时的产品和生产工艺上②。

历史经验与教训表明,报酬结构、制度及营商环境是否有利于企业家精神向生产性方向发展,是一个非常重要的问题。近年来,通过不断进行制度改革,中国营商环境全球排名持续提升,中国创新型人才集聚程度持续上升,企业创新活力日益增强。在世界银行发布的《2020 年营商环境报告》中,中国营商环境全球排名升至第 31 位,连续两年跻身全球优化营商环境改善幅度最大的十大经济体。以华为为例,其在全球拥有超过 8 万名研发人员,占总员工人数的 45% 左右。2019 年 8 月,华为在全球招揽人才,2019 届毕业生获得最高 201 万元的年薪③,其薪酬之高令人瞩目。截至 2021 年 12 月,华为在全球的研究机构中共有 700 多名数学家、800 多名物理学家、120 多名化学家④。有理由相信,随着中国营商与制度环境日益优化,未来会有更多世界级创新人才流入中国,与中国的顶级创新人才一起实现中国的创新强国战略。

(三)产业新基建投资有助于产业技术的代际升级

历史经验表明,每一次产业技术的兴起都伴随着基础设施的建设,都会带来传统利益格局、产业体系、制度文化的重构。当前全球正迎来以大数据、

---

① 兰德斯,莫克,鲍莫尔.历史上的企业家精神:从古代美索不达米亚到现代[M].姜井勇,译.北京:中信出版社,2016:259-260.

② 兰德斯,莫克,鲍莫尔.历史上的企业家精神:从古代美索不达米亚到现代[M].姜井勇,译.北京:中信出版社,2016:291-292.

③ 搜狐网.华为研发人员超 8 万,华为凭什么能吸引到全球精英加入?[EB/OL].(2021-05-06)[2019-07-01].https://www.sohu.com/a/361356766_114901.

④ 腾讯网.任正非"吸引外国人"成果初现,法国数学家加入华为后首秀![EB/OL].[2021-12-08](2021-05-06).https://new.qq.com/rain/a/20211208A07PAN00.

人工智能为代表的第五次科技与产业革命的浪潮。如何引领这一波创新潮流,是各国关注的焦点问题,也是中美博弈的关键所在。2018 年,中央经济工作会议首次提出"新基建";2020 年,中国政府明确了以 5G 基建、特高压、城际高速铁路和城际轨道交通、新能源汽车充电桩、大数据中心、人工智能、工业互联网等 7 大领域为新基建的重要投资发展方向。产业新基建投资的目的主要在于打造产业共性技术基础,为中小企业创新提质和降本增效提供基础平台性支持,以增强企业的创新活力,进而促进产业的代际升级。以新基建之首 5G 基建为例,《"十四五"信息通信行业发展规划》明确指出,要加快建设建成全球规模最大的 5G 独立组网网络,实现城市和乡镇全面覆盖、行政村基本覆盖、重点应用场景深度覆盖。截至 2021 年 12 月 20 日,我国已建成并开通 5G 基站超过 130 万个,5G 终端用户达到 4.97 亿户。可以预见,随着产业新基建成效逐步显现,全球产业体系将会发生大变革,而新的产业革命会引致旧有的利益格局发生变化。演化经济学借用生物学中"物种异地形成"理论来说明经济的演化现象,即新物种的形成往往发生在远离原物种数量巨大且竞争激烈的地区。同理,从全球创新格局的演化来说,一段时期的繁荣未必意味着永远繁荣,如同英国引领了第一次工业革命,却无法主导后来的世界创新格局;美国主导了二战后的世界创新格局,也同样未必能够引领下一次创新浪潮。中国能否实现伟大复兴的中国梦,关键在于建立在强大基础科学技术上的新基建能否成功,以及新基建能否助力产业经济实现新一轮腾飞。

(四)国家战略支持有助于实现关键领域的技术突破

阿特金森和伊泽尔(2014)指出,尽管私营部门应当主导创新,但在一个全球化创新和市场竞争激烈的时代,政府可以而且应该在公司和产业两个层面上,为支持私营部门的创新工作发挥重要的推动作用。国家之所以需要创新政策,首先是因为创新伴随着大量系统性市场失灵,包括外部性、网络失灵、系统的相互依存关系、技术平台的公共物品属性;其次是因为国家间创新竞争的加剧已经抬高了创新的价码;最后是因为可以充分利用国家的资源协调战略以应对复杂的系统挑战[1]。

从现实层面来看,中国拥有世界上最完整的工业体系,按照联合国产业

---

[1] 阿特金森,伊泽尔.创新经济学:全球优势竞争[M].王瑞军,等译.北京:科学技术文献出版社,2014:162-163.

分类目录,中国是全世界唯一拥有该目录中全部 41 个工业大类、191 个中类和 525 个小类工业门类的国家,在 500 多种工业品种中,有 220 多种产量位居全球第一。但是,从战略性新兴产业看,中国在先进材料、核心技术、关键部件和高端装备等方面对国外存在较大的依赖性。特别是,中国国家重大工程的建设必须通过国家创新战略的指引和支持,例如国之重器(两弹一星、航母、神舟飞船、大飞机、北斗卫星导航系统、"蛟龙号"载人深潜器等)、重大工程(三峡工程、南水北调、西气东输、高速铁路、港珠澳大桥、青藏铁路、华龙一号等)、大科学装置(正负电子对撞机、"天眼"、散裂中子源、"墨子号"量子科学实验卫星、大洋一号等)、高技术领域(人工智能、大数据、云计算、5G、物联网、芯片、新能源、新材料等),这些科技领域的创新迫切需要高水平的基础研究,如果没有国家战略支持,无法想象这些投入大、周期长的科技攻关项目能够顺利完成①。

《中国创新发展报告(2020—2021):迈向新引领》显示,经过数十年努力,我国的创新能力有了显著提高。2015—2035 年我国进入高速追赶时期,预计 2024 年左右赶超日本,2026 年左右赶超美国②。当然,在 2021—2035 年这一转折时期,乃至迈向创新强国的过程中,中国不但要面对以英美日韩为主的创新型国家的激烈竞争甚至围堵,也极有可能要应对来自以印度为代表的其他新兴经济体的快速追赶和直接竞争③。中国能否成功突围,与中国创新格局、创新战略选择密切相关。以过去几十年中国取得的成绩,以及现在中国已经形成的自上而下的战略部署和自下而上的民众创新意识来看,中国引领世界创新潮流,就在不远的将来。

第二节　有中国特色的国家开放创新:
新进展与新格局

开放创新方面的研究,主要源于切萨布鲁夫的开创性工作,但开放创新

---

① 陈劲.中国创新发展报告(2020—2021):迈向创新引领[M].北京:社会科学文献出版社,2021:8.

② 陈劲.中国创新发展报告(2020—2021):迈向创新引领[M].北京:社会科学文献出版社,2021:49.

③ 陈劲.中国创新发展报告(2020—2021):迈向创新引领[M].北京:社会科学文献出版社,2021:13.

的实践活动其实很早就已经存在。中国国家统计局和清华大学技术创新研究中心于 2008 年开展的中国制造业企业自主创新调查表明,中国制造业企业"开放式创新"的比例相当高,超过 1/3 的产品创新含有产业合作或研究联盟的贡献。在创新来源调查中,用户所占的比例居于第一位,占到 52.5%,其他重要来源包括竞争者、交易或销售计划、学术会议、产业协会等①。这说明,开放式创新的价值在中国已经得到了体现。

在国家层面,开放创新也已经被公认为国家创新系统的发展方向,但是,开放创新体系究竟以何种模式出现,在不同的国家会有不同的情形。中国经过多年的摸索,已经发展出一条相对成熟的开放创新之路,并将逐渐形成有中国特色的国家开放创新体系。

一、制度的开放和进步:强有力的中央政府和高效率的机构

没有人能够否认中国存在强有力的中央政府。在过去的很多年,西方学者不断质疑,认为中央集权制度会损害企业的积极性和活力。但是,令他们不解的是,中国民众对政府的信任程度远比任何一个西方世界所谓"民权至上"的国家要高。尤其是,2020 年开始肆虐全球的新冠疫情,对全球政府治理水平施加了严格的考验,结果证明,很多西方学者和政客认为的西方的制度优越性并没有显现出来,而中国在强有力的政府制度和高效率的管理之下,成功通过了考验并最先重启经济。强有力的中央政府和高效率的管理机构,已经成为最具中国特色的管理模式。

政府与民众关系亲厚,这是中国几千年文明传承的国家特色。春秋时期的管仲已经拥有非常现代的国家治理智慧,即"治国之道,必先富民,民富则易治也,民贫则难治也",先富民再治国。"水能载舟,亦能覆舟",顺应民情一直是历代贤明君主的治国良策。改革开放的总设计师邓小平同志始终把"人民拥护不拥护、赞成不赞成、高兴不高兴、答应不答应"作为党和国家制定各项方针政策的出发点和落脚点。党的十八大以来,习近平总书记多次强调"人民对美好生活的向往,就是我们的奋斗目标"。古往今来,历史证明,政民关系亲厚,政权才能稳固持久。中国的改革开放历程,就是不断解放思想,激发人民群众积极性和创造性的历程。因此,中国强有力的政府是建立在为亿万群众服务的基础上的,有绝对的民意支持。更重要

① 傅晓岚.中国创新之路[M].李纪珍,译.北京:清华大学出版社,2017:127-129.

的是,近年来强劲的反腐行动和政府提质增效的制度改革,让民众对政府更增加了信任与支持,"华为事件"的圆满解决提升了民众对中国在大国博弈中的信心。信任与信心,既是中国制度行之有效的坚实基础,也是创新环境改善的重要标志。有为的政府＋有效的市场,才是政府与市场关系的最佳配置。

政府在国家开放创新体系中有重要的作用,如前所述,政府在基础设施建设、发展战略制定、关键领域技术突破方面具有不可替代的作用。此外,政府还具有中间人作用、供求的衔接作用及对创新的促进作用。① 第一,作为中间人,政府致力于搭建并管理各种层次的技术创新平台,联结各创新主体并提供中介服务。通常,一个高效的政府机构能够运用自身的信息和职能优势将政产学研合作平台的作用发挥到极致。第二,政府可以衔接供给与需求。供求双方由于社会关系网络的有限性,或是由于信息的不对称,不能建立有效连接。政府可以依托各种高效的管理机构准确把握市场信息,有针对性地发布信息,缓解供求之困,尤其是在涉及国际市场开发方面的问题时,政府比普通企业所掌握的信息更全面、更系统。第三,政府可以通过政策的调整,使之更具创新激励和导向作用。例如,政府提供的资金支持,对企业、高校、研究机构等都发挥着重要作用。通过优选和竞争机制,促进创新主体以更高效的方式产出创新成果;另外,通过知识产权法律、收入分配政策和制度执行的监督管理,保护私有产权和创新的积极性。

二、区域的传承与发展:非均衡的区域与产业创新发展格局

众所周知,中国科技创新与经济发展存在明显的非均衡,东中西部地区之间、各个省区之间都存在很大的差异,这既是地理条件、资源禀赋的自然结果,也是基础设施、产业发展、制度激励、企业家精神等因素的累积循环结果。

非均衡的区域与产业创新格局,是中国长期以来形成的经济发展现状。从演化的角度来看,多样化是创新生态的必备条件之一,对于中国整体创新发展是有好处的,它意味着"机会之窗"可能正准备开启。另外,客观来看,非均衡的发展现状对中国整体未来的创新发展并非全无好处。第一,根据经济学梯度转移理论,只要与要素禀赋吻合,"中国制造"可能在较长的历史时期内还是"中国制造",只是从中国的东南沿海地区转移到中国的中西部地区。

---

① 傅晓岚.中国创新之路[M].李纪珍,译.北京:清华大学出版社,2017:129.

第二，中国各区域间的要素流动，包括劳动力流动、资本输入输出、技术转移与扩散，由于处在同一文化背景及重叠的各种社会关系网络中，会比国际的流动更容易实现，中国总体的资源配置效率将会得以提升。第三，受世界范围内的持续疫情影响，中国"以国内大循环为主体、国内国际双循环相互促进的新发展格局"逐渐形成，中西部市场的关注度会明显提升。第四，国家对于中西部的投资增加会加速降低交通运输成本，减少贸易、金融等成本，便利企业创新创业。当然，理论与现实基础只是揭示可能的发展方向，而不是必然会出现。对于中国的中西部地区来说，从东部承接制造业或创造新的产业区并不是一件容易的事。首先，要降低制度的交易成本，降低创业创新的门槛；其次，应改善创新的报酬结构，激发企业的创新创业意识；最后，义利并举吸引人才，根据要素禀赋开发适合有区域特色的产业。总的来说，机遇与挑战并存，能否抓住技术机会，实现创新赶超，最重要的要素还是"选择"，即各区域政府的集体选择和民众的个人选择能否达成共识，形成自上而下的制度创新与自下而上的创新行为的有效联结。

三、国际开放的新格局：双向国际投资齐头并进与多元化知识转移路径

利用外资是我国对外开放基本国策和开放型经济新体制的重要组成部分。改革开放以来，随着人民收入水平的提升、法律制度的健全与完善、市场的发育与成熟，中国吸引了越来越多的外商直接投资。2020年1月1日，《外商投资法》及其实施条例全面实施，为外国投资者和外商投资企业营造了更加市场化、法治化、国际化的投资环境。面对严峻复杂的国际形势、艰巨繁重的国内改革发展稳定任务，特别是新冠肺炎疫情的严重冲击，2020年，全球外商直接投资（FDI）流入数量大幅下降，从2019年的1.5万亿美元下降至8590亿美元，降幅达42%。其中美国的FDI流入数量为1340亿美元，降幅高达49%，FDI流入值甚至低于1998年的水平。而中国的FDI流入逆势增长4.2%，FDI流入总额1630亿美元。中国FDI流入占全球的比重上升至16.8%，首次成为全球最大的外资流入国①。北京、上海等地是吸引外商直接

---

① 潘圆圆.中国吸引外商投资和对外直接投资的当前态势[EB/OL].[2021-06-18]（2021-12-01）.https://baijiahao.baidu.com/s? id＝1702900385058745600&wfr＝spider&for＝pc.

投资最多的地区。以上海为例,2021 年 1—11 月,上海实际使用外资已达 214.91 亿美元,比疫情之前的 2019 年同期增长 20.6%。截至 2021 年 12 月,上海已累计吸引中国公司地区总部 827 家,其中由世界 500 强企业设立的达 121 家,包括沃尔玛、苹果公司等;累计设立外资研发中心 504 家,其中世界 500 强企业的贡献占 1/4①。

吸引外商投资和对外直接投资被称为双向投资。2020 年中国双向投资基本持平,"引进来"和"走出去"同步发展。根据《2020 年度中国对外直接投资统计公报》,在对外直接投资方面,2020 年中国对外直接投资量达 1537.1 亿美元,同比增长 12.3%,占全球的 20.2%,首次位居全球第一。而同期全球对外直接投资量同比下降了 39.4%,发达国家下降了 55.5%。至 2020 年底,中国 2.8 万家境内投资者在全球 189 个国家(和地区)设立对外直接投资企业 4.5 万家,分布在全球 189 个国家(和地区)。在非金融类投资中,非公有经济控股的境内投资者占比 50.1%。

双向国际投资都位居全球第一,既表明中国受疫情影响相对较小,又表明中国对于全球投资者的重要性攀升,尤其是在中美贸易摩擦没有得到缓解的背景下,这对于中国在世界经济格局中的地位和影响具有里程碑意义。

双向国际投资能否增进本国的技术创新水平,现有理论还未得到统一结论。一般认为,外商直接投资的知识溢出效应对于技术落后的国家或地区更为明显,尤其是在技术吸收能力达到一定程度之后,其效应更加显著,这也可以称为门槛效应。而对外直接投资也往往基于向发达国家投资能够得到更多回报,例如在发达国家或地区设立研发中心,目的是获取更先进的技术,而投向发展中国家的直接投资更倾向于市场扩大。但现实情况是,投向发展中国家的直接投资也能够带来技术回报,这种回报可能基于企业家创新创业精神的正向激励。换句话说,无论投向发达国家还是发展中国家,只要能够激发生产性的企业家精神,都可能对本国技术创新有所促进。从中国对外投资到国际知识扩散和转移,再到国内技术升级,这种逆向技术溢出效应值得关注。

综上所述,中国现有的开放发展格局已经形成国家特色,这是有特色的国家创新体系形成的基本条件。基于中国非均衡的区域发展现状,有必要以

---

① 文汇报.上海今年已新增跨国公司地区总部 56 家[EB/OL].[2021-12-22](2022-01-01).https://wenhui.whb.cn/third/baidu/202112/22/440318.html.

区域为研究对象,研究区域创新绩效的演化规律,为引领创新、伟大复兴的中国梦指明来自区域层面的实现路径。

第三节 中国区域创新体系的动态演化

已有研究表明,中国区域创新绩效存在"马太效应",不仅在省级层面,而且在东中西部地区层面[①],这对于国家创新体系的整体战略而言弊大于利。因此,近年来,中国不断加强平衡性的基础设施建设,也出台了一系列的区域均衡发展规划,例如"中部崛起""西部大开发"等,希望能够在东部地区继续保持创新活力的同时,引导和激励中西部地区的创新追赶。网络经济及数字技术的发展,使区域之间的信息成本和交通成本大大降低,区域创新体系的内涵与运行机制也正在发生变化。

一、创新主体的动态演化

产业、高校、政府一向被认为是区域创新体系中的重要创新主体,三者组合被称为区域创新体系的"三螺旋"结构。近年来,创新理论研究与实践探索中,都将创新主体延伸到了消费者(客户)。埃里克·冯·希普尔(2021)指出,以用户为中心的创新过程越来越体现出其优势,现在已经超过了数百年来一直作为商业主流的、以制造商为中心的创新开发系统。实证研究表明,用户是许多工业品和消费品的第一个开发者,而且,随着计算机和通信技术的持续提高,用户在创新中的贡献一直在稳定地增长[②]。

不同的区域创新系统中,居于主导地位的创新主体可能有所不同。例如,在产业优势比较发达的区域,企业居于区域创新系统的主导地位,可以自建大学或技术学院,还可以在内部设立基础科学研究机构,与政府、用户、供应商及产业链其他主体保持密切的联系,这种创新更倾向于需求拉动型创新模式,即市场需求—科学—技术应用—市场推广的创新过程。海尔的HOPE创新平台就是以企业为主导建立的多方合作平台。有些区域产业发展基础

---

① 林云,金祥荣.区域技术创新绩效的"马太效应"——基于中国30个省市面板数据分析[J].经济学家,2008(3):78-85.
② 希普尔.用户创新:提升公司的创新绩效[M].陈劲,朱朝晖,译.上海:东方出版中心,2021:2-4.

相对较弱,但高校科技实力非凡,高校居于区域创新系统的主导地位,由高校牵头连接企业、政府,完成知识的转移与扩散,这种创新过程更倾向于技术推动型创新模式,即科学—技术—市场的创新过程。有些区域产业发展基础和高校都具有较强的科技创新能力,这样的区域容易形成产学研高级别合作模式,企业和高校都可能成为区域创新系统的核心,强强联合、双核驱动的区域,其创新绩效处于非常高的水平。如北京的中关村等,就已经形成产学研合作的示范区域。还有一些区域,产业经济和高校实力都相对较弱,这时候政府就承担了创新主体的职责,如果有合适的制度支持,也有可能产生中小企业集群发展的群体创新模式。如改革开放后的温州等地区,政府创新引致创业集群的出现,大大增强了区域的产业竞争力。

熊彼特创新理论认为,创新是在企业实现的,而承担创新职能的是企业家。在现实中,有些科教资源丰富的地区的科技创新能力却不如科技资源相对缺乏的地区,其原因可归结为该地区的企业没有成为创新主体,更准确地说,缺乏承担创新职能的科技企业家[①]。但是,具有创新创业精神的企业家一直以来都是稀缺资源。如何激发企业家精神、提升区域创新绩效,一直是区域创新体系的重要问题。

二、创新要素的动态演化

这里的创新要素,指的是能够加速创新产生和发展的一些外部因素,也可以理解为创新必不可少的条件,例如科技金融、产权制度和创新平台。

(一)科技金融逐步解决科创企业融资难题

科技型中小企业融资难,这一向是困扰企业的最大难题。由于创新活动不确定性强、风险大,导致普通银行顾虑重重。从银行的经营原则来说,这无可厚非,但对于创新型企业的成长而言确实是无法解决的障碍。很多调查表明,中小科技型企业大多依靠自有资金,一旦资金链出现问题,企业没有任何保障机制。解决科技金融难题,一是要发展风险投资,二是要鼓励银行提供以知识产权为基础的信用融资。前者属于直接融资,后者属于间接融资。也就是说,科技金融需要直接融资与间接融资相结合,拓展融资路径。

---

① 洪银兴,等.产学研协同创新研究[M].北京:人民出版社,2015:15-16.

风险投资是和科创型企业资金需求耦合度最高的一种科技金融形式。贝恩风险投资报告显示,从 2010 年到 2020 年,独立风险投资(VC)公司和企业风险投资家把大部分的风险投资都投给了科技初创企业。2021 年第一季度,科技初创企业占风险投资总额的近 70％。目前最受关注的两个领域是人工智能和云技术,它们在过去 10 年中的增长速度是所有其他领域风险投资的 2 倍多,现在占科技风险投资总额的 1/3。在人工智能和机器学习领域,绝大多数风险投资集中在两个国家:美国和中国;而获得最多人工智能和机器学习风险投资的两个行业是交通运输和医疗保健①。

美国硅谷银行对我国商业银行发展科技金融有一定的借鉴意义,其高回报率和低损失率也使之成为美国科技金融的代表性银行。硅谷银行创立之初,目的就是为硅谷的科技型中小企业提供金融服务,脸书(Facebook)、推特(Twitter)等明星企业都得到过硅谷银行的支持。硅谷银行与普通银行的不同之处在于它与风险投资企业的合作,它与风险投资机构、高科技创业公司的合作被称为“一石三鸟”模式。对那些在发展中急需现金的创业公司来说,硅谷银行的帮助无疑是雪中送炭。借助风险投资商这道过滤器,硅谷银行将自己的坏账率降到了极低。更重要的是,银行获得了许多优质的公司资源,在这些公司发展起来之后,硅谷银行可能成为它们存放现金或其他资产管理的首选②。

如何让传统金融更大程度地支持创新型企业,政府、金融机构和企业都在寻求合作的路径。目前,知识产权质押融资逐渐成为中小科创型企业的一种新兴融资方式。2018 年我国专利、商标质押融资总额为 1219 亿元。2019 年,我国专利、商标质押融资总额达到 1515 亿元,同比增长 23.8％。其中,专利质押融资金额达 1105 亿元,同比增长 24.8％;质押项目 7060 项,同比增长 30.5％。2021 年 6 月,《知识产权质押融资入园惠企行动方案(2021—2023 年)》发布,政策目标是通过三年行动,力争实现知识产权质押融资惠及“百园万企”的目标;到 2023 年底,知识产权质押融资政策可及性和服务便利度大幅提升,产业园区知识产权质押融资服务的普及面显著扩

①　贝恩风险投资报告:2021 年第一季度,科技初创企业占风险投资总额近 70％[EB/OL].［2021-12-17］(2021-12-02). http://www. myzaker. com/article/61bc4b358e9f0957390b9bd4.

②　21 世纪经济报道.硅谷银行生意经:5 天完成 3200 万美元贷款[EB/OL].［2007-05-12］(2021-12-01). https://news. zol. com. cn/55/556299. html.

大,被质押专利的实施率明显提高,100 个以上产业园区的知识产权质押项目数和质押融资金额年度增长率在 20% 以上,新增上万家中小微企业利用知识产权实现融资①。

知识产权质押融资最大的好处在于,科技型中小企业可以用知识产权,如专利权、商标权、著作权等作为质押物,向金融机构申请贷款。这与传统抵押贷款中的房地产等重资产不同,以知识产权获得贷款,从本质上体现了"知识就是财富",这样的模式能最大限度地激发科技工作者和科技型中小企业的创业积极性。但是,知识产权质押融资在执行过程中还面临一些现实的困难:其一,知识产权本身的无形性和确权难致使知识产权主体面临保护、实施及知识产权侵权诉讼等法律风险。其二,由于知识产权本身具有时间性特征,一旦超过法律保护期限,知识产权这项权利即消失。其三,质押标的物只能通过拍卖或者变卖的方式处分,再从处分所得价款中优先受偿。目前政府、金融机构正在积极创设有利条件来解决这些问题。例如,高新区管委会与湖北自贸区武汉片区管委会联合发文,明确指出支持企业开展知识产权运用、知识产权质押融资和专利联盟等工作对为武汉东湖高新区企业提供知识产权质押贷款造成本金损失的金融机构给予融资补偿,融资补偿比例不高于实际发生损失的本金部分的 30%,且单笔补偿最高为 500 万元。

另外,随着区块链技术、大数据等新技术的发展,如何利用数据进行知识产权融资,也成为当前的融资热点问题。杭州高新区的探索值得借鉴。杭州高新区通过对接银行、担保机构、数据公司等多方主体,利用大数据、区块链等技术手段,采集企业生产、经营链上的各类数据,由区块链存证平台发放存证证书,将数据转变成可量化的数字资产。2021 年 9 月,杭州诞生了全国首批基于区块链的数据知识产权资产质押贷款,融资金额分别为 500 万元、100 万元②,为数据产权融资提供了经验借鉴。

---

① 国家知识产权局 中国银保监会 国家发展改革委关于印发《知识产权质押融资入园惠企行动方案(2021—2023 年)》的通知[EB/OL]. [2021-06-30](2021-12-01). http://www.gov.cn/zhengce/zhengceku/2021-06/30/content_5621659.htm.

② 全国基于区块链数据知识产权质押贷款落地杭州[EB/OL]. [2021-09-15](2021-12-01). https://baijiahao. baidu. com/s? id=17109353058862345118&wfr=spider&for=pc.

(二)产权制度优化打通科技成果市场转化

虽然我国科技成果产出快速增长,但是,科技成果转化一直以来都是困扰区域创新体系的最难解决的问题。一方面,由于企业经营战略的原因,一些不符合企业发展方向的非主流创新成果不被重视,成为"沉睡的专利";另一方面,高校、科研院所等产出的专利等科技成果既缺乏市场化的动力,也缺乏实际应用的渠道,很大概率被束之高阁。不可否认,在区域创新体系中,最重要的创新主体依然是企业和高校院所。随着科技的不断进步,"巨人的肩膀"越来越高,高校的基础研究工作在创新体系中的重要性与日俱增。近年来,国家高度重视科技成果转化,不断完善相关法律法规与政策体系,大大地提升了创新主体的积极性和创造性。以 3450 家高校及科研院所为研究对象,2019 年,以转让、许可、作价投资方式转化科技成果的合同项数为 15035 项,当年到账金额 44.3 亿元,比 2018 年分别增长了 32.3% 和 29.8%;技术开发、咨询、服务合同金额 933.5 亿元,比 2018 年增长了 22.9%。60.3% 的科技成果转化至中小微其他类型企业;科技成果的主要产生地和主要承接地都来自中国东部地区,产生地前三名分别为上海市、北京市和广东省;承接地前三名分别是上海市、广东省和江苏省[①];在本地方辖区内产出科技成果在本地方转化的合同项数排名前 32 位的省分别是江苏省(2108项)、浙江省(1225 项)和广东省(902 项),在本地方转化的合同金额排名前三位的省市分别是上海市(22.8 亿元)、广东省(10.4 亿元)和北京市(8.5亿元)[②]。

2020 年国家针对科技成果转化难的问题,制定和出台了一系列与产权制度和科技成果转化相关的政策及实施意见。例如,2020 年 2 月,教育部、国家知识产权局、科技部印发《关于提升高等学校专利质量促进转化运用的若干意见》,强化了"突出转化导向",并提出"逐步建立职务科技成果披露制度"和"加强技术转移与知识产权运营机构建设"等重点任务,为高校院所加快科技成果转移转化提供制度保障;2020 年 5 月,科技部等 9 部门印发《赋予科研人员职务科技成果所有权或长期使用权试点实施方案》;2020 年 10

---

① 中国科技评估与成果管理研究会,国家科技评估中心,中国科学技术信息研究所.中国科技成果转化年度报告 2020[M].北京:科学技术文献出版社,2021:4-7.

② 中国科技评估与成果管理研究会,国家科技评估中心,中国科学技术信息研究所.中国科技成果转化年度报告 2020[M].北京:科学技术文献出版社,2021:52-53.

月,科技部发布《赋予科研人员职务科技成果所有权或长期使用权试点单位名单》,分领域选择 40 家高等院校和科研机构开展试点,试点期 3 年,正式启动赋权改革试点工作;2021 年 12 月,修订《中华人民共和国科学技术进步法》,赋予项目承担者有关成果转化的自主权"可以依法自行投资实施转化、向他人转让、联合他人共同实施转化、许可他人使用或者作价投资等"。这些政策与实施意见将会进一步激励科技工作者创新投入的积极性和主动性。

(三)创新平台改善引致协同创新迅速增长

协同创新是指进入创新系统的各方围绕同一个目标,能力互补,需求匹配,相互耦合,共同作用。一般协同创新指的是产学研协同创新,在区域创新的视野范围内,协同创新是指系统内所有创新主体的协同创新,包括政产学研用及与产业链①、创新链、金融链等在内的所有机构和个人的协同创新。

创新平台的构建是引导协同创新的重要基础,而孵化新技术是协同创新的基本功能。目前较为常见的平台模式有:建在企业中的协同创新平台、建在高校中的协同创新平台、建在政府机构中的协同创新平台。

企业主导的协同创新平台最为常见。例如,2021 年 4 月,浙江省公布了首批 10 家省级供应链协同创新综合体单位,包括吉利、传化、太平鸟、正泰、横店影视城、珀莱雅等知名企业。供应链协同创新综合体就是以数字化供应链协同平台为基础,聚焦双循环市场开拓和产业供应链现代化,赋能产业供应链上中小微企业,实现全程高效协同、全链高质量发展的新型载体。以吉利汽车集团为例,自 1997 年企业创立,吉利持续扩大教育规模,共创办了 10 所院校,在校生超 5 万人,为全社会累计培养人才 15 万人,成为民办高等教育中的实力标杆②。产学研合作,不仅为企业自身输送人才建立了合理的通道,也为高校人才培养指明了实践方向,达到了双赢的效果。企业与高校院所及产业供应链的合作,协同创新的成果也迅速增长。仍以吉利为例,吉利汇聚全球数千位新能源技术和工程研发领域人才,形成了"最强

---

① 洪银兴.产学研协同创新研究[M].北京:人民出版社,2015:77.
② 吉利控股李书福:以产学研融合方式培育人才 积极参与中国教育改革[EB/OL].[2021-06-02](2021-12-01). https://baijiahao. baidu. com/s? id = 1701420745916573110&wfr=spider&for=pc.

大脑",在新能源研发上已累计投入数百亿元,取得数百项核心技术,打造底层架构技术,实现了真正100%自主研发的中国新能源技术体系和解决方案,初步实现从技术追赶到技术超越追赶的新跨越[1]。企业主导的创新平台模式,能够直接引领基础知识、技术资源与市场信息走向消费者,是目前协同创新平台的主流模式。

高校及科研院所主导的创新平台也成为创新平台的重要组织形式。例如,中国药科大学通过校企共建基地、研究院、"企业驻校"等模式,与长三角生物医药创新企业在学科建设、人才培养、科学研究等方面开展广泛的交流合作。2019年,学校启动了4个科技成果转化平台基地的运营和建设,共建53个校企联合实验室,产学研合作项数达488项,合同总金额达1.79亿元。中国科学院微电子研究所围绕集成电路产业链的关键环节和重要需求,以平台为载体,"产业链、创新链、金融链"三链融合,与地方政府共建十几个新型研发机构,与合肥市、TCL集团、中科院科技成果转化基金发起设立总规模102亿元的集成电路相关产业基金,累计成功孵化企业116家,2019年企业实现营业收入超90亿元[2]。高校院主导的创新平台,有明显的知识转移与知识扩散功能;企业在平台上发现有商业价值的新思想可适时介入,金融机构等提供风险投资,中介机构提供市场信息,共同将新思想与市场需求联系,并进行技术孵化。这样的模式不仅为高校的知识寻找到市场的准确接口,也为高校与区域创新产出及实际的生产力之间建立起更紧密的联系。

政府主导的创新平台,更多体现了国家和区域发展战略导向,也是重大科技攻关项目的主要孵化平台。现实中,科学家和企业家在研究方面都有不同的学科背景和兴趣意愿,政府的介入能够引导各种专家与技术人员进行协同创新,服务于国家或区域战略发展需求,从而实现研究开发活动与国家或区域目标的协同。具体来说,政府主导的产学研协同创新主要通过以下几种途径:建立孵化器、建立高校科技园区、建立科技创业中心等。以孵化器为例,早期的孵化器一般都是由政府主导,例如1987年中国第一家孵

---

①　网易.不到25年,实现超越追赶!吉利的自主创新是怎么做的?[EB/OL].[2021-05-31](2022-01-02). https://www. 163. com/dy/article/GBC5DFLN0516ATFG. html.

②　中国科技评估与成果管理研究会,国家科技评估中心,中国科学技术信息研究所.中国科技成果转化年度报告2020[M].北京:科学技术文献出版社,2021:16-17.

化器——武汉东湖新技术创业中心,一直秉承"为中小科技企业提供创业孵化服务,促进科技成果商品化"的宗旨,致力于寻求符合中国国情的企业孵化器发展之路。近期,根据国家及武汉市发展战略,技术创新中心开始针对成果不同的"成熟度",由政府联合大企业投建一些围绕产业的中试平台,搭建转化的桥梁;针对真正"卡脖子"的关键技术,进行更多前沿科研布局;针对资源聚集能力,进一步强化全球资源的配置能力。2020年,武汉深化科技成果转化对接工程,举办各类对接活动220场,技术合同成交额突破800亿元①。政府主导的协同创新平台,最能体现政策及制度导向,而且,好的协同创新平台能够真正联结产学研用等创新主体,提高从知识产生到市场应用的创新效率。

三、创新机制的动态演化

区域创新体系是一个有机融合的系统工程,从创新体系的形成与演化来看,其运行机制一直处于动态调整与变化过程中,主要体现在创新主体趋于开放性、创新模式趋于多元化、创新体系趋于生态化等方面。

(一)创新主体趋于开放性

创新主体的开放性,一方面体现在创新主体本身的开放性,例如,用户、供应商、中介机构、非政府组织等都可以成为创新主体,成为创新体系的一个网络节点;另一方面体现在创新主体所拥有的知识、信息等的开放性。例如类似"开源软件"这样的行为目前似乎已经成为一个行业惯例。除了企业或高校为主体的创新日渐趋于开放之外,领头用户参与的创新,用户也常常会无偿公开创新,即创新者自愿放弃信息的知识产权,任何人都可以平等地获得这些信息,这就使信息或知识成为公共物品。

为什么创新主体会免费公开自己所拥有的信息?已有研究结果揭示了可能的几个原因:一是社会声誉动机,企业公开信息而获得的声誉可以抵消无偿公开信息所减少的利润;二是资源动机,如果公开的创新在一定程度上是针对创新者所拥有的资源时,无偿公开可能为公司利润带来实质性的增长;三是创新扩散的动机,如果创新是以付费特许或商业机密的方式存在的,

---

① 澎湃在线.请注意,这是武汉未来30年的"起点"[EB/OL].[2021-11-25](2022-12-03).https://m.thepaper.cn/baijiahao_15554505.

那么当创新用户无偿公开这项创新时,创新就能得以扩散,尤其是具有网络效应的产品创新,也就是当用户数量越多,这项产品带来所有用户的使用价值越高,典型的例子如电话的使用,创新扩散能够给每位用户带来价值增值,也包括创新的公开者;四是产品标准化的动机,如果无偿公开的创新被更多人采纳而成为一个正式的或非正式的标准,会比其他版本的创新优先得到开发或产业化的机会,那么创新者就能保持持久的竞争优势①。特斯拉公司曾表示,公开专利的目的就是希望更多企业受益,行业规模得以扩大,这样行业内所有企业都可以受益。

无论原因如何,创新主体越来越开放,能够带来的直接结果就是创新体系也越来越具有开放属性。多样化的创新主体与来自多种途径的创新信息交互,更容易产生所谓的"美第奇效应",即交叉点上的融合创新,推动创新绩效的提升。

(二)创新模式趋于多元化

传统创新理论认为技术后进者向先进者学习,他们之间是模仿者与创新者的关系。例如,许多理论模型假设在欧美和中国之间,中国是后进者。欧美等国向中国投资,欧美等国被视为技术溢出方,而中国是 FDI 溢出的吸收者,并由此得到结论,当中国人力资本存量越高,吸收能力越强,外国 FDI 的知识溢出效应就越强。而当中国对外直接投资时,向欧美等国投资,逆向技术溢出效应较强;而向非洲和其他发展中国家投资,逆向技术溢出效应较弱,甚至根本不存在。这种理论模型流传很广,几乎成为 FDI 与 OFDI 知识溢出效应的"铁律"。但是,是否存在相反的情形呢?

事实证明,在开放的框架下,创新发展过程中不仅存在技术后进者进行模仿—创新的学习效应,而且存在技术先进者进行模仿—创新的逆向学习效应,还有可能发生双重的逆向创新。例如,21 世纪初,通用公司的中国团队模仿通用公司在美国开发的售价为 10 万美元的常规超声诊断仪,开发出一种价格为 15000 美元的便携式超声机,在中国农村诊所颇受欢迎。之后通用公司将这种产品推向发达市场,成功创建了全球便携式超声机市场。这表明,为满足新兴市场需求而开发的产品通常也能满足发达国家用户的需要,从而在

---

① 希普尔.用户创新:提升公司的创新绩效[M].陈劲,朱朝晖,译.上海:东方出版中心,2021:117-118.

发达国家创造出巨大的市场机遇①。同样，中国海尔公司起初针对欧洲市场需求而设计的对开门、三开门冰箱，不仅在欧洲市场颇受欢迎，推向中国市场也一样很受追捧。这表明，在创新的演进过程中，存在多种创新模式，而且，创新模式本无所谓优劣之分，只有适合与否。

（三）创新体系趋于生态化

技术的不断进步使创新的门槛越来越高，由于创新过程的复杂性，企业已经无法通过独立工作将创新成效最大化。企业需要与不同的组织进行互动，如供应商、客户、竞争对手、高校、科研机构、技术平台、金融机构和政府机构等，以获得各种技术、知识、信息和市场准入许可。创新体系内各组织间良性互动的最佳结果是在合作与竞争关系中共生，共同促进技术创新与制度创新。

有学者关注到创新资源利用方面的"反公地悲剧"现象：当各个所有者都有排他权而没有人拥有有效的使用权时，创新信息之类的资源往往无法被充分利用。举例来说，如果有人基于一项椅子的专利，加装摇轴变成了摇椅，摇椅也获得了专利，但是生产摇椅必须获得椅子专利的许可。这就意味着，如果没有在许可权条件上达成一致，椅子的专利所有人和摇椅的专利所有人都不能生产摇椅。事实上，在一个较大领域内通过密集申请专利形成的专利网络，就是所谓的"专利丛林"，它会筑起一个产业进入壁垒，只要没有拿到专利许可，任何企业都无法进入。从某种程度上讲，"专利丛林"是对创新的一种限制，而并非对创新者的保护②。随着开放创新的进一步发展，共享知识、技术与信息的主动性增加，可以缓解或杜绝由于"专利丛林"所带来的产业进入壁垒。

创新体系趋于生态化，主要体现在几个方面：一是共生性，指的是创新体系内的主体、客体、资源、环境、制度等要素有序发展、有机融合；二是交互性，指的是各创新主体之间的屏障日益减少，创新主体如政产学研用五者之间形成良性互动；三是自组织，指的是区域创新体系能够自发形成区域发展的技术和产业"轨道"，通过各主体交互共生，能够优化创新环境，提高区域创新绩效，吸引更多优质创新主体入驻，继而形成一种累积的正反馈机制。

---

① 阿特金森，伊泽尔.创新经济学.全球优势竞争[M].王瑞军，等译.北京：科学技术文献出版社，2014：131-132.

② 希普尔.用户创新：提升公司的创新绩效[M].陈劲，朱朝晖，译.上海：东方出版中心，2021：156-160.

第四节 开放式创新与区域创新绩效:
研究背景及研究内容

一、研究背景及研究目的

自开始实施创新驱动战略之后,中国技术创新的投入和产出都显著提高。根据中国科技数据库数据,2012 年以来,我国技术创新的投入快速增长,2019 年 R&D(research and development,研究与实验发展)人员全时当量及 R&D 经费内部支出分别为 480.08 万人年、22143.58 亿元,对比 2012 年,增幅分别达到 47.9%、115.0%。相应的创新成果也非常丰硕,科技论文发表数、三种专利申请数、技术市场成交量等创新产出指标均大幅上升。

从区域层面来看,无论创新投入与产出,每个区域都有不同程度的进步。林云、金祥荣(2008)和林云(2011)分别用 1998—2005 年和 1998—2007 年 30 个省区市的面板数据进行实证分析,发现区域技术创新绩效存在"马太效应",北京、上海、浙江、广东等 9 个省区市一直处在最优的投入产出规模上,意料之外的结果是,江苏的绩效不仅没有名列前几位,甚至处于绩效最差的阵营之中。文中称其为创新的"效率悖论",即高投入高产出但并非高效率。同时,Malmquist 指数分析表明,陕西、湖北、江苏等省出现了赶超之势。① 如今经过 10 多年的发展,中国区域创新格局是否发生了大的变化?尤其是随着创新战略的实施,创新主体、创新模式和创新机制可能都已经发生了较大变化,有必要重新进行区域创新绩效的测算,检验"马太效应"是否依旧存在,以及"厚积薄发"是否带来了"厚积厚发"。

众所周知,实证研究的方法、模型、变量及数据的选择都可能影响实证研究的结果。随着创新理论的发展及创新过程的演变,区域创新绩效的测算方法及影响因素体系都需要进行适当的调整。首先,各区域要素禀赋不同,创新的模式和路径选择也应该有所不同,因此,在强调研发投入的同时,也不能忽视区域的特殊性所带来的多样化选择,如社会资本及社会网络、非正式制度与社会规范、对外开放程度、区域内创新主体的企业家精神、协同创新效果

---

① 林云.内生性技术创新动力与效率研究[M].北京:中国社会科学出版社,2011:165-177.

等因素,可能都会影响区域创新的方向和效率。其次,现有研究多以成功的创新来衡量创新成果,如专利数量、新产品产值等,而对于不能列入创新成果的创新过程则很难体现出来,如没有形成成果的研发过程,还有创新产品的环境成本问题等。可以说,目前大多数研究中的创新评价体系只反映了创新的成功,对于创新的失败很少加以衡量。事实上,创新投入必然带来成功与失败两种结果,如果能够把创新失败作为一种非预期的产出结果,或许我们就能够理解创新的"厚积薄发"和"厚积厚发"同等重要。

切萨布鲁夫及其合作者开启了开放式创新范式的研究,并在近10年内形成了对开放式创新的研究热潮。他们对企业层面的创新投入产出过程赋予了全新的含义,其外向型、内向型、混合型的开放式创新划分,以及之后学者们建立起来的评价方法体系,对提高企业创新绩效具有重要的理论指导意义。以发展的角度看待区域创新体系,开放的企业、开放的高校院所,带来了开放的区域创新体系。开放式创新对于区域创新体系来说,既是必然的发展方向,也是实践探索了多年的创新理念和创新结果。但是,客观地说,到目前为止,开放式创新主要在创新管理的范畴之内,大多数研究是在微观层面进行的,只是到了最近,才与区域创新绩效之间建立某种理论关联。总体来说,机理及实证层面的研究,都还非常不足。例如,在理论研究层面,由于大多研究从组织管理、知识管理等角度进行分析论证,企业层面的开放式创新和区域层面的创新绩效之间的关联机制是怎样的、区域知识环境与创新环境如何影响企业创新决策,这种类型的研究还比较少见。徐佳等(2017)将开放式创新理念引入区域创新系统,利用 DEA 方法对我国区域创新系统效率进行评价,并测算了我国各区域创新系统所处的演化阶段,但并未阐明其中的演化机制。事实上,企业的开放式创新与区域创新绩效应该有一种必然的联系,只是这种机制还有待明晰。在实证研究层面,目前有关开放式创新的研究主要基于问卷调查和样本分析,尽管一手数据的获得耗费时力,但其真实有效性是不可否认的。同时也必须承认,由于众所周知的原因,对企业的调查往往不可能是随机抽样,而是有选择性的抽样,这也有可能给实证研究结果带来一些误差。区域层面的研究借助一些权威统计数据,有可能会有更可信的结论。但是,既考虑微观企业,又考虑区域层面,数据的收集有一定难度,这可能也是目前研究受限的原因之一。

本书在开放式创新的分析框架下,从多角度考察开放式创新对区域技术创新效率的影响机理,并进行多种类型的实证检验。研究目的主要有:一是使用包含非预期产出的投入产出指标体系测度区域技术创新效率,找到关键的影响因素;二是厘清开放式创新对区域创新绩效的作用机制,分析不同于传统封闭式创新的机制与路径;三是考察异质性开放式创新对区域创新效率的影响,探求最适合的开放创新模式;四是检验开放环境下企业家精神对于区域创新效率的门槛效应,阐释异质性企业家精神在区域创新发展中的直接与间接作用。

二、研究内容与主要结论

本书的主要内容安排如下:

第一章是总论。按照从远及近、从大到小的原则讲述中国区域创新的演化进程。首先,从演化经济学视角解读世界创新格局的发展变化,分析英美经济崛起背后的国家战略背景及产业发展基础,结论是自上而下的制度变革与自下而上的企业家精神觉醒相结合,是创新发展的必要条件;其次,结合中国开放创新的新格局,分析中国引领世界创新的基础与潜力;再次,从中国区域创新体系的动态演化过程,包括创新主体趋于开放、创新模式趋于多元化、创新体系趋于生态化等,指明开放创新已经成为创新发展的必然趋势和现实需求。最后,引出主题,指出与现实的创新发展相比,区域创新理论可能存在的不足,并由此引出本书的主题与研究内容。

第二章是开放式创新影响区域技术创新绩效的机理分析。首先,在细致梳理开放式创新与区域创新绩效的相关文献的基础上,对开放式创新的主体构成、类型选择、运行模式等进行深入解读。与传统创新相比,开放式创新主体从单个独立的单元变成社会网络中的有联结的多个单元,开放式创新的类型从单一的封闭式的研发创新变成内向型、外向型和耦合型三种类型,运行模式从单一模式演化成为以企业为中心的科技应用型开放式创新、高校为中心的知识扩散型开放式创新和基于多中心的网络社会型开放式创新等三种模式。其次,剖析开放式创新影响区域技术创新绩效的内部、外部动力机制及阻力机制。最后,从技术共享与知识溢出效应、资源适配与信息网络效应、要素流动与合作创新效应等方面,阐释开放式创新对于区域技术创新绩效的影响机理。

第三章是对中国区域技术创新效率的测度与分析。首先,对区域创新总体情况进行分析,指出区域创新梯队明显,世界排名也迅速上升;城市创新对区域创新的驱动力趋于上升,中小企业创新发力,成为区域创新不可忽视的后发力量,但制约因素依旧存在。其次,在分别进行省级层面和东中西部地区层面的技术创新投入与产出数据分析的基础上，构建包含非期望产出的SBM模型，对我国省级层面和东中西部地区 2010—2018 年的技术创新效率分别进行测算，最后对测算结果进行分析。本章的重要结论有：区域创新效率既有"马太效应"，也有"赶超效应"。通过与林云（2011）结论的对比分析，揭示了部分区域从"厚积薄发"到"厚积厚发"的创新赶超路径，为加大区域创新投入提供了更为坚实的实证支撑。

第四章是开放式创新对区域技术创新绩效影响的实证分析。以第三章测算出来的区域技术创新效率作为因变量，选取开放式创新的测度指标，利用我国 2010—2018 年的省级层面和东中西部地区层面的面板数据分别建立面板 TOBIT 模型，并实证检验外向型、内向型开放式创新活动对区域技术创新效率的影响，最后对检验结果进行分析和讨论。本章的重要结论有：无论是总量还是不同类型的开放式创新，开放式创新对区域创新效率均有正向作用；外向型开放式创新与不同的内向型开放式创新的结合，会有不同的调节效应；内向型与外向型开放式创新共同作用，可以提高对区域技术创新效率的影响。在双循环战略背景下，应关注创新失败的非期望产出，鼓励创新主体开放协同创新，重视技术引进质量，增强技术购买的适用性，增强区域技术创新效率。

第五章是企业家精神与区域技术创新。在梳理与企业家精神有关的文献之后，本章分析了改革开放之后中国企业家精神的培育与发展，以及以企业家精神带动区域创新创业活动的发展现状；然后从英国工业革命的起源谈起，论及企业家精神的培育、制度与非正式制度的影响等工业革命发生的时代背景；并且以广东顺德与浙江杭州为例，阐释中国本土企业家精神发育的土壤。本章谈古论今，只为阐明企业家精神与区域技术创新之间的内在逻辑关联。

第六章是对外直接投资的逆向技术溢出效应分析。在梳理对外直接投资的相关文献基础上，指出对外直接投资的逆向技术溢出传导路径，即研发成果直接利用途径、研发要素吸收途径、研发费用分摊途径和收益反馈途径；细致分析了我国对外直接投资发展的总体现状、分区域发展状况和分行业发展状况，指出我国对外直接投资已经排名全球第一，东部对外直接投资明显优于中西部地区，对外直接投资的行业差异有明显的阶段性特征，与国内行业发展状况密切相关；分别以中国对美国直接投资和对非洲直接投资为对象，分析对外直接投资的动力机制、影响因素等，并通过吉利并购沃尔沃和传音"非洲本土化"的典型案例分析，引发思考与讨论。本章得出的启示与建议主要有:以时间换技术可以加速实现从合作创新到自主创新;注重用户体验才能引领创新潮流;市场无优劣,最适合的才是最好的;用户至上是创新的根本法则等。

第七章是OFDI逆向技术溢出、企业家精神与区域创新绩效的实证研究。企业家精神对区域创新具有直接影响和间接影响,企业家精神的直接影响可以表现为利用创新机会、改善创新环境和优化资源配置。企业家精神的间接影响是在OFDI逆向技术溢出效应与区域创新绩效之间充当"过滤器"功能。为了考察这两种效应的存在性,构建了面板回归模型和门槛回归模型进行实证检验。本章的重要结论有:企业家创新精神对于区域创新绩效的影响的确具有两面性,实证分析结果支撑了理论假设。特别是当企业家创新精神跨越了一定门槛值后,企业家精神越突出,OFDI对于区域创新绩效的技术溢出就越明显,并且其作用大于OFDI逆向技术溢出对区域创新绩效的直接影响。东部地区和中部地区的企业家精神改变OFDI逆向技术溢出对创新绩效影响的显著性的同时,能够提升其正向影响。

第八章是OFDI逆向技术溢出对产业结构升级的影响:基于母国制度环境视角。从理论机制和实证检验两个角度详细分析了OFDI逆向技术溢出对我国产业结构升级的具体影响,重点分析了制度因素对OFDI逆向技术溢出效应促进产业结构升级的非线性作用。实证结果表明,OFDI逆向技术溢出始终显著促进了我国产业结构升级;对外直接投资带来的先进技术能被我国有效吸收,OFDI技术溢出、金融发展水平、研发强度和人力资本也是影响我国产业结构升级的关键因素;提高金融发展深度、大力促进科技发展和不断培养高素质人才都有利于我国产业结构的优化升级。母国制度因素对OFDI逆向技术溢出效应有显著的正向影响,制度环境良好的地区可以更好地通过OFDI获取国外R&D资本来促进其产业结构升级。市场化指数、政府与市场的关系、非国有经济的发展环境、法律制度环境和市场中介组织的发育程度呈现单一门槛显著性,均出现逐渐增强的特征。基于实证分析结论,提出一些建议:应该大力推进对外直接投资,学习借鉴发达国家的先进管理经验和科学技术,同时也要提升制度低水平地区的制度环境水平,帮助其跨过门槛值,获得更多的OFDI逆向技术溢出,促进当地的技术进步,实现产业的转型升级。

第九章是基于企业家精神的区域创新生态体系构建。由于区域创新主体具有不同的社会资本与社会网络,基于社会资本和企业家精神的共同作用,区域创新生态体系在演化过程中体现出了区域根植性、动态演化性及开放自生性的特别属性,其运行机制也呈现出了自组织的特点,如机会发现与识别机制、信息传递与交互机制、开放共享与激励机制、风险识别与防御机制等。从开放式创新到区域创新生态体系不是一蹴而就的,在演进过程中可能遭遇很多现实问题,例如产学融合效率低下、技术与市场联结不畅、企业家精神培育迟缓、开放自生能力不足、创新同质化比较明显等,应该在校地企技术平台的基础上,增强各主体交互协同,激发企业家创新创业精神,培育产学融合的开放式正反馈创新平台;在区域已有产业特色的基础上,提升区域品牌形象,吸引相关产业技术人才,形成有区域特色的创新产业集聚区;在数字经济发展的基础上,增强社会资本交互融合,形成以人为本、智慧交互的区域创新生态系统。

第二章 开放式创新对区域创新绩效影响的机理分析

本章在梳理开放式创新与区域创新绩效相关文献的基础上,阐释开放式创新的运行机制,并解析开放式创新影响区域创新绩效的机理和路径。

第一节 相关文献综述

一、开放式创新相关研究

切萨布鲁夫被公认为开放式创新理论的开创者,他的系列论著也是开放式创新领域最常引用的文献。切萨布鲁夫认为,劳动力流动性的增加、优秀大学的增加、初创企业获得风险投资便利性的改善,以及互联网(和相关社交媒体)的兴起,都是侵蚀因素(erosion factors)。这些侵蚀因素挑战了 21 世纪工业创新研究与实践的基础假设、问题、解决方案,让开放式创新成为创新行为的新范式,从而颠覆了传统"封闭式创新"的研究范式①。切萨布鲁夫的开创性研究带来了开放式创新研究的热潮,成为 21 世纪以来创新管理领域讨论

---

① Chesbrough, Henry W. The Era of Open Innovation[J]. Mit Sloan Management Review, 2003(spring):35-41; Chesbrough, Henry W. Open Innovation: The New Imperative for Creating and Profiting from Technology[M]. Boston: Harvard Business School Press, 2003:18.

最多的主题之一①。已有文献主要从开放式创新的概念与内涵、创新模式与实现过程等进行理论分析,也有少量文献对开放式创新进行了实证研究。以下就从这几个方面进行文献的归纳整理。

(一)开放式创新的内涵

在传统的创新模式下,企业竞争普遍遵循"扑克规则",即将创新活动嵌入垂直整合的研发体系中,包揽从研发到销售的全过程,强调研发信息对外高度保密。通过对思科、索尼、谷歌等公司的长期观察,切萨布鲁夫(Chesbrough,2003)发现高研发投入并没有在创新中获得匹配的收益,低研发投入但是重视外部创新机会的企业反而从创新中获得了高收益,由此总结出开放式创新的新思想。与传统封闭式创新相对,切萨布鲁夫认为封闭式创新企业的所有创新知识和技术几乎均来自企业内部资源,并且支持其创新的力量全部来自企业本身,而开放式创新能够通过专利授权、联盟等途径积极利用企业内外部的技术、创意、知识等要素,同时创新的成果可以借助外部渠道进行市场化应用,实现了外部知识的流入及内部知识的流出。

在切萨布鲁夫对开放式创新进行定义之后,许多研究从不同角度对其概念与内涵进行了外延。比如从信息来源的视角出发,皮勒等(Piller et al.,2004)将开放式创新界定为企业通过整理和归纳消费者信息进而对服务与产品进行修正、创新、规范的过程。克里斯坦森(Christensen,2005)等对皮勒的研究视角进行了扩展,认为外部资源并不局限于消费者,产学研各主体进行创新资源交流互动的过程就是开放式创新。延续资源逻辑,韦斯特与加拉格尔(West & Gallagher,2006)将开放式创新定义为企业的一种商业化的运营模式,主动整合内外部创新要素,通过多种路径实现创新。也有很多学者从知识资源的视角入手,比如格朗和巴登(Grant & Baden,2004)指出企业在产品开发的过程中能够主动的打开自身知识界限,是由于其可以在这个过程中让企业外部的有效知识资源流入企业内部,获取更为丰富多元的知识信息。利兹坦赛尔(Lichtenthaler,2011)认为开放式创新的实质是企业内部创新资源和外部创新资源交互的过程,其中包括创新知识的萌发、交流、优化和应用过程。

---

① Schroll A, Mild A. Open Innovation Modes and the Role of Internal R&D: An Empirical Study on Open Innovation Adoption in Europe [J]. European Journal of Innovative Management,2011,14(4):475-495.

在《开放式创新的新范式》中同样强调开放式创新应该在企业层次之外展开新的探索，它的价值导向可以在个人、群体、区域等层次得到进一步研究与实践。

开放式创新对创新绩效的影响是学界重点研究的另一个实证方向。早期研究主要采用案例分析方法，研究对象也局限在传统企业与高新技术企业。随着开放式创新成为学术研究的热点，学界开始应用量表与问卷形式的经验研究方法，研究对象也开始向多行业转变。国外学者劳尔森与索尔特（Laursen & Salter，2006）对开放式创新的量化研究最为经典，他们在研究中利用开放度对开放式创新进行量化，通过两分法测度开放广度，设计李克特量表测量开放深度，结果表明英国制造企业的开放深度与广度和创新绩效间是倒 U 形曲线关系。在国外研究的基础上，国内学者也取得了丰富的成果。陈钰芬与陈劲（2008）主要参考劳尔森的方法测算创新开放广度，综合各创新要素开放的程度作为创新开放深度，证实科技型企业的创新开放广度和深度同样存在最佳开放点。此外，拉扎罗特等（Lazzarott et al.，2015）采用"合作伙伴多样化"和"合作密度"两个指标来测量开放度，其概念与"开放广度"和"开放深度"类似，采用李克特 7 点量表计分，最终的开放度是由标准化后的"合作伙伴多样化"与"合作密度"相加而得。曹勇等（2015）用"开放幅度"和"开放强度"来衡量企业的创新开放度。其开放幅度的测量与劳尔森和索尔特的开放广度类似；开放强度主要通过企业与外部创新主体合作频率、对外部创新主体投入资金的强度来测量。石丽静与洪俊杰（2017）采用两分法对技术联盟、外国技术购买、海外研发等开放式活动进行量化，他们的研究表明这三种开放式创新活动对企业提高创新绩效具有重要作用。基于问卷数据，李显君等（2018）将创新理念和开放程度设计为测度开放式创新的新解释变量，研究发现吸收能力在开放式创新与企业的创新绩效间具有中介效应。王智新与赵景峰（2019）使用世界银行公布的问卷数据，把开放式创新分为开放度与合作度，研究结果表明开放式创新能够提升技术创新绩效，但两者关系存在区域与行业的双重异质性。

在开放式创新对企业创新绩效的具体影响效果方面，学者们做了许多研究。一些学者认为开放式创新对企业创新绩效有正向影响，邵福泽等（2016）研究发现企业通过外向型开放创新，所获得的知识产权及技术许可或转让回收的资金可用于更有价值的项目的投入和激励研发人员，如此，新一轮的研发更能保证创新绩效的提升。曹依霏（2018）指出在技术内向流动的选择过程中，可将有市场潜力的技术内化至企业，提升创新绩效；在开展技术外送的外向型创新时，可通过许可或转让等方式将内部技术输送给创新网络中的其他利益组织，进而将技术高效地转变为经济价值，会激发组织内部创造新的技术并推动企业本身的创新绩效；在合作创新时，企业与其他组织进行技术交流、资源互动，在共同研发、合资等形式下，加速内部创新，提升绩效。王婷（2019）从开放度视角分析发现，内向型与外向型开放式创新的开放度均可对新产品市场绩效产生显著促进作用。劳特等（Rauter et al.，2019）将创新绩效分为财务和可持续发展两个层面，研究发现开放式创新对这两个层面的绩效均有不同程度的促进作用。且多数学者比如拉米雷斯等（Ramirez et al.，2017）、王智新等（2019）认为开放式创新模式下企业可以克服自身资源局限性，高效利用外部有效资源实现自身技术的商业化进而对创新绩效有正向影响。而格雷克等（Greco et al.，2015）考察了开放深度的层面下发现开放式创新与创新绩效呈倒 U 形关系，他认为外部资源获取有一定限度，过多地依赖外部资源反而会使创新绩效下降。上述文献成果显示，整体开放式创新呈现出了不同影响结果，除此之外，一些学者进一步细化分析发现，企业向不同的外部组织开放对绩效的影响也不同，如伊瑙恩等（Inauen et al.，2011）研究发现企业在采取内向型开放式创新时，对顾客、大学和供应商开放会对创新绩效产生积极影响，对跨行业企业开放会有消极影响，而开放对象是技术咨询服务机构时影响却不显著。周章庆（2018）研究企业开展某种开放式创新模式的持续时间不同，实际对创新绩效的作用效果也有差异：内向开放式创新在 1~2 年对绩效有负面作用，而 3 年后的影响则呈倒 U 形曲线关系；外向开放式创新短期内对绩效影响为负，较长时间后则会转为正向影响，且呈二次曲线递增关系。

二、区域技术创新效率相关研究

（一）区域技术创新效率的内涵

新古典经济学派将效率定义为：在资源稀缺的条件下，通过有效的劳动分工实现资源合理配置的能力。换言之，效率是指有限投入与可能产出之间的关系。阿弗里亚（Afriat，1972）是最早对技术创新效率进行界定的学者，他认为可以从要素投入角度将其界定为一定产出下最小可能性投入与实际投入之比。在现代复杂的技术创新体系下，减少某种创新投入要素，若要维持创新产出水平不变，则必须增加其他创新要素的投入，这种情况被称为技术创新效率有效，资源闲置、浪费等问题都将导致技术创新效率低下。国内学者池仁勇与唐根年（2004）借鉴企业相对投入与产出的概念，将区域技术创新投入要素与创新产出之间的转化效率定义为区域技术创新效率，并且强调这种效率也是相对的。虞晓芬等（2005）对区域技术创新效率的界定与池仁勇类似，也涉及创新投入与产出，但指明这种技术转化效率是多种投入与多种产出之间的关系。综合上述学者观点，区域技术创新可以被视作资金、人力等技术创新要素转化为技术可交易成果、新产品、专利等产出的特殊生产活动，体现了区域层面合理配置稀缺资源以实现最大产出的可能，效率的改善可以通过优化创新主体之间的资源分配，提高闲置资源利用率，加强与政府、中介组织的多方合作等途径实现。因此，本书将区域技术创新效率界定为：在特定区域范围内，企业、高校、研究机构等主体在参与技术创新活动过程中投入的资金、人力、物力等创新要素转化成知识产出、经济产出的相对效率关系。

（二）区域技术创新效率的测度

自从实施创新驱动发展战略以来，区域技术创新水平成为牵动我国发展全局的牛鼻子，技术创新效率的高低直接关系到改善经济结构、提高经济增速的可能性（林毅夫、张鹏飞，2005）。目前，学术界对区域创新效率指标的衡量并未有统一的定论，主要有三种方式：一种为单一指标，往往选择专利申请量作为衡量区域创新效率的指标；另一种是基于投入产出的综合指标，并利用数据包络分析（data envelopment analysis，DEA）方法计算得出效率；此外是通过多个指标进行计算得出的综合得分作为衡量区域创新效率的指标。国内对区域创新效率指标的测度主要是基于投入产出的角度进行测度，不同评价指标的选取对于最终的评价结果会产生较大的差异，多数学者选取的投入指标主要有 R&D 经费、R&D 人员数量等；产出指标则大多选取专利授权量、发表科技论文数量等。专利通常被用来描述创新的输出，但是并非所有的专利发明都是创新。创新不是单一的状态而是由不同阶段组成的持续过程，因此在对区域创新效率进行评估时应该考虑多个指标或指数。马柯南（Makkonen，2013）分别测试了用专利、研发统计量和综合创新指标作为衡量区域创新指标的适用性，发现用单一指标衡量创新效率相比综合创新指标存在更大的局限性，这主要是因为专利和研发支出趋向于代表年轻和小型公司，同时并非所有专利都已经商业化。创新能力可以用单一或综合的指标表示，也可以使用基于投入产出的创新绩效表示。

在区域技术创新效率的测度方法研究上，学者们普遍基于投入产出指标体系，采用参数或者非参数两类方法对其进行测算。随机前沿分析（SFA）是参数类方法中的典型模式，这种方法具备理论基础、统计特性等优点，同时考虑随机误差项对效率的干扰，缺点是需要构造具体的生产函数形式，而且无法测度存在多个产出时的效率。弗里奇（Fritsch，2000）使用 SFA 对欧洲 11 个地区的技术创新效率进行了分析，研究表明经济集聚有利于知识溢出、地区交流，但也加深了效率的地区差异。迪亚兹和桑切斯（Diaz & Sanchez，2008）使用微观面板数据设定随机前沿生产函数对制造企业的创新效率进行估算，估计结果表明中小企业的效率要低于大企业，并分析了效率低下的因素。巴拉萨等（Barasa et al. ,2019）根据 418 家企业的数据，使用随机前沿分析法对非洲国家的技术创新效率进行测度，并剖析了内部 R&D 及国外技术对其产生的影响。张宗益等（2006）运用 SFA 测算了我国各省市的技术创新效率，设定的生产函数是柯布道格拉斯函数，研究发现效率整体水平较低但呈现上升趋势，在研究时域内效率呈现东部＞中部＞西部的区域格局。在创新二阶段视角下，刘俊等（2017）使用 SFA 对技术开发、技术转化阶段的效率进行了测算，研究发现两个阶段的效率均呈现东高西低的梯级差异，而且转化阶段的效率大于开发阶段。刘湘云与周铨翔（2020）应用超越对数形式的 SFA 模型测度了粤港澳大湾区 11 个城市的技术创新效率，研究指出广州、东莞的效率最高，深圳效率偏低但具有明显的赶超趋势。

技术创新往往涉及多个发展阶段，单一指标难以客观表征技术创新产出，同时生产函数的设定存在主观性，因此以 DEA 为代表的非参数类方法更受学者青睐，相关研究成果也非常丰富。国外学者沙玛（Sharma，2008）考虑了产出滞后项对效率测算造成的影响，利用修正后的 DEA 模型对 22 个国家的创新效率进行了测度。为比较加拿大的技术创新效率，纳西罗夫斯基（Nasierowski，2019）利用 DEA 测算了 42 个国家的效率，研究结果表明效率高低可能与国家富裕程度成反比。DEA 在国内类似研究中使用也很广泛，池仁勇与唐根年（2004）较早使用 DEA 分析我国 30 个省区市的技术创新效率，测度结果显示效率的空间差异依然是东高西低。为满足分析动态效率的需要，王家庭与单晓燕（2010）使用 DEA 与 Malmquist 指数测算了两阶段的技术创新效率，实证结果表明各省效率变动的差异较大。基于节能减排的生态约束，姚炯与沈能（2018）将碳排放量作为非期望产出，利用非期望产出 DEA 模型测度了污染情境下的区域创新效率。一般 DEA 模型测得的效率值介于 0 和 1 之间，难以进一步识别有效单元的效率高低，张斌与沈能

（2020）利用超效率 SBM 模型对区域创新效率展开测算，解决了 DEA 有效单元的排序问题。

（三）区域技术创新效率的影响因素

区域是构成相对比较复杂的系统，探究区域技术创新效率的影响因素是相关研究的重点。综合现有文献成果，大致可以将影响因素归结为以下两个方面：区域创新环境（如社会文化环境、物质资源环境、经济政治环境等）、区域主体创新能力（如 R&D 投入结构、人力资本因素、产业特征因素等）。

莫多斯等（Maudos et al.，1999）考证了贸易开放度及人力资本对区域技术创新效率的影响，结果表明开放贸易、积累人力资本有利于提升技术创新效率。奥利维尔和詹姆斯（Olivier & James，2012）研究发现区域技术差距、R&D 人力投入、产业结构、政府创新政策等对区域创新能力具有显著影响。国内学者李习保（2007）对中国区域创新效率进行了测度，并证实工业环境、政府支持、创新主体差异会对效率产生影响。科技进步及经济全球化的发展使区域边界日益模糊，越来越多的学者关注到分工效应、技术溢出效应与开放合作效应对区域技术创新效率具有重要的影响。弗里奇与斯拉夫切夫（Fritsch & Slavtchev，2010）在研究中肯定了区域专业化分工的作用，实证结果表明分工越细致的区域拥有越高的技术创新效率。FDI 是技术溢出的重要渠道，拉姆齐和萨拉赫（Ramzi & Salah，2018）将 FDI 纳入研究框架，实证结果表明 FDI、R&D 人员数量、经济增长都是地中海国家提升创新效率的积极因素，然而工资、高等教育水平、金融发展等阻碍了效率的提升。侯等（Hou et al.，2019）将产学研合作作为影响效率的因素，研究发现高校与产业的合作会抑制区域创新效率的提高，研究机构与产业的合作有助于区域创新效率的提升。然而与侯（Hou）等的结论不同，国内学者白俊红等（2009）研究发现我国区域创新网络建设相对滞后，早期的政产学研等创新主体的联结行为未对区域创新效率产生积极作用，结论表明产学研协作应该得到重视。基于创新要素的动态流动视角，白俊红与蒋伏心（2015）发现知识空间流动有利于区域创新效率的提升。李政等（2017）的研究发现则进一步证实 FDI 的技术溢出效应对区域创新效率具有正向影响，但是对我国中西部效率的促进作用大于东部地区。

随着我国企业"走出去"的步伐加快，我国对外直接投资的逆向技术溢出现象也引起了国内学者的关注。虽然当前的一些学者印证了通过对外直接获得逆向技术溢出的可能性，但 OFDI 逆向技术溢出是一个复杂的过程，学术界对外直接投资逆向技术溢出对区域创新绩效的影响仍具有不确定性，主要存在 4 种看法：(1)OFDI 逆向技术溢出有助于提高创新绩效。中国的技术寻求型 OFDI 的效果是显著的，不同于以往的"市场换技术"，技术寻求型 OFDI 通过"资本换技术"显著地提升了国内的技术水平，有效促进了投资母国的技术进步(杜龙政、林润辉，2018)。相较于技术开发阶段，OFDI 逆向技术溢出在技术转化阶段对区域创新能力的影响更为显著，并且只有面向发达东道国的 OFDI 能够给我国带来显著的逆向技术溢出(周经、黄凯，2020)。皮博鲁伯乐斯等(Piperopoulos et al. ,2018)的研究发现，对外直接投资对新兴市场经济体的创新绩效有正向作用，跨国公司可以通过获取知识技术及从东道国的市场环境中学习来提高创新绩效。(2)OFDI 逆向技术溢出不利于创新。OFDI 逆向技术溢出对我国的创新能力无论是长期还是短期均具有消极作用，这主要是由于我国的对外直接投资主要流向技术含量不高的行业，且主要是资源寻求型和市场寻求型的投资。相较于市场寻求型和资源寻求型的 OFDI，技术寻求型的 OFDI 由于东道国的知识产权保护，企业间的相互竞争都将增加投资成本，提高技术寻求型 OFDI 的进入壁垒，同时研发过程的不确定性和研发结果的不可控性也将产生一定的机会成本(窦虹麟、屠金萍，2018)。此外，东道国知识产权保护制度越健全，越不利于中国企业通过对外直接投资获取逆向技术溢出。(3)OFDI 逆向技术溢出对区域创新绩效的影响不显著。我国对外直接投资对模仿创新、自主创新和二次创新的影响在统计上均不显著(茹运青、孙本芝，2012；谢钰敏、周开拓、魏晓平，2014)，这主要是由于技术寻求型的对外直接投资存在资金成本、文化环境及制度因素等方面的限制，所以中国对外直接投资对我国的创新的作用并不显著。此外，由于对外直接投资的动因不同，技术寻求型的对外直接投资，有效提升了区域创新绩效，而以资源寻求为动机的 OFDI 并没有明显的提高区域创新绩效不明显(赵甜、方慧，2019)。(4)OFDI 逆向技术溢出对区域创新绩效的影响存在吸收能力的门槛效应。一部分学者认为，OFDI 逆向技术溢出对区域创新影响存在不确定性，原因在于存在人力资本、金融发展水平、市场化程度、研发强度、资本密度和技术差距等吸收能力的影响(赵刚，2019)，这些因素使 OFDI 逆向技术溢出对创新绩效存在一定的门槛效应。我国存在显著的区域差异，只有吸收能力迈过相应的门槛，对外直接投资才能推动区域创新绩效的提升。

　　企业家精神也是影响区域技术创新效率的一个重要因素。企业家精神在塑造区域创新文化、加速区域技术知识集聚及完善区域社会关系网络三个方面,对区域创新产生正向的外部影响(王瑛,2008)。企业家并不是简单的改革措施的被动跟随者,而是积极的参与者和推动者,企业家所具有的创新精神、冒险精神、领袖精神等是企业技术创新的内部驱动力(李响、吴虹,2010)。企业家创新和创业活动,实现研发人员、资本和环境重组,将新组合引入创新生态系统的投入产出链条中,通过影响组织内部成员认知,对外部产生区域层面的积极的影响(宛群超、袁凌,2019)。在当代创新驱动的经济中需要两种类型的企业家:创新型企业家,将创新的技术解决方案推向市场;模仿型企业家,通过模仿现有技术使之适应各种需求,从而促进新技术在整个经济体系中的传播①。具有创新精神的企业家通过制度、技术和管理方面的创新,实施适应企业发展阶段的战略,实现资源的优化配置,提高创新效率;具有创业精神的企业家,通过具有前瞻性的研发活动进行机会型创业,或者通过模仿进行创业挖掘市场机会,获得市场竞争优势,推动区域创新效率的提升(林柳琳,2020)。此外,企业家精神能推动市场形成并分散研发风险,并且可以作为知识传播渠道,促进新产品的开发,进而推动区域创新绩效的提升②。但企业家精神是多维概念,不同维度的企业家精神对区域创新绩效的影响可能存在一定的差异。陈亮等(2021)基于企业家态度、能力、愿景等企业家精神多维视角,利用全球企业家精神指数研究发现企业家能力和愿景对区域创新绩效具有正向激励作用,但企业家态度反而不利于区域创新绩效的提升。

三、文献评述

在开放式创新与区域技术创新效率的相关研究领域,国内外学者取得了丰富的学术成果,为本书开展后续研究提供了坚实的理论基础。

首先,关于开放式创新,现有研究主要从开放式创新的研究对象、研究方法与研究内容等角度展开。在研究对象方面,主要基于企业、行业视角,从区域层面审视开放式创新行为的研究相对不足。在研究方法上,以调查问卷为代表的经验研究开始取代案例研究,分析样本也从个体样本转向大样本。计

---

① Jerzy Cieślik. Entrepreneurship in Emerging Economies [M]. Cham: Palgrave Macmillan,2017:167-169.

② 冉茂盛,陈亮,李万利.经济不确定性、企业家精神与区域创新效率[J].研究与发展管理,2021,33(3):149-162.

量检验方面的研究在近期也开始出现。在研究内容方面,重点关注开放式创新的实施原因、作用机制、创新绩效等领域。

其次,关于区域技术创新效率的研究,多数文献主要从测度方法、影响因素等方面进行分析。从测度方法看,SFA 与 DEA 是主流研究方法,定义的指标体系也大同小异。在影响因素方面,创新分工、产学研合作、技术溢出的作用受到了许多学者的关注。从本质上讲,这些影响都是市场机制作用下,区域内外部创新要素在开放过程中实现互补而产生的。

开放式创新从降低资源流动限制、提高开放度的角度出发,构建起加速创新过程与提高资源配置效率的新框架,但是以"开放式创新"、"区域创新"为共同主题,在中国知网上搜索核心期刊论文,检索得到的文献只有 26 篇(截至 2021 年 12 月 3 日),魏江(2010)较早关注到开放式创新具有提升区域创新能力的积极作用,在研究中围绕区域产业发展具体分析了开放式创新的作用机理。徐佳等(2017)将区域创新系统置于开放式创新的分析框架下,针对区域创新系统的演化动力、路径、特征与意义展开分析。其他论文的主题并不聚焦。

国内外研究现状表明,开放式创新与区域层面技术创新绩效间的机理及实证研究,还比较欠缺。以下从开放式创新的运行机制、动力机制和影响机理等方面来解析开放式创新与区域创新绩效之间的逻辑关联。

第二节　开放式创新的运行机制

开放式创新不同于封闭式创新,具有多主体、多类型及多模式的特点,以下就分别从创新主体构成、类型选择及运行模式三方面来解析开放式创新的运行机制。

一、开放式创新的主体构成

根据区域创新系统的三螺旋结构观点,政府、企业、高校与研究机构是区域创新主体。随着开放式创新范式在区域内的普及与实施,社会群体、中介、终端用户、孵化器也被纳入创新活动中,成为创新的利益相关者,原有的三螺旋结构逐渐向政府—企业—高校—市民社会四螺旋结构演化。其中,政府、用户在区域开放创新中起辅助作用,是间接创新主体,企业、高校、研究机构则是开展开放式创新活动的直接主体。政府不直接介入创新过程,但是通过规制相应的法规政策、激励措施等引导创新的方向,比如,政府推动设立的国家技术转移机构、产学研合作平台等为创新主体间的合作搭建沟通桥梁。用户、中介组织为创新活动提供创意,增强创新主体间的互动,促进知识与信息的扩散。企业、高校与研究机构通过纵向与横向上的创新链完成区域内外部创新资源的交流,促使创新网络由本地化向超本地化演变。

开放式创新的客体要素主要包括:研发经验、方法、技术、知识、设备、专利等创新资源。客体要素是创新主体进行开放式创新的基础,是连接创新主体的纽带,不同创新主体与客体的交互行为将对开放式创新产生不同程度的影响。

二、开放式创新的类型选择

根据加斯曼与恩克尔及切萨布鲁夫对开放式创新的定义,开放式创新可以分为内向型开放式创新、外向型开放式创新和混合型开放式创新,这一分类在区域范围内也同样适用。在开放的环境下,开放式创新的外部知识源还包括国外的部分。从创新模式实现的途径来说,内向型开放式创新主要通过吸收外商直接投资、外部技术购买、专利申请使用、设立研发中心等实现;外向型开放式创新主要通过并购、对外直接投资、研发外部支出、内部技术外部授权、专利授权许可、免费公开技术等实现;混合型开放式创新主要通过战略联盟、合作研发、协同创新、合资、专利的交叉许可等实现。

由于开放式创新强调的是信息或知识的主动吸收或发送,因此,对于不同规模、实力的创新主体来说,创新类型的选择会有所区别。总体来说,创新类型的选择与知识存量、创新地位、技术平台、社会网络、吸收能力、团队协作、组织效率等因素有关。表 2.1 描述了不同开放式创新的实现途径与所需条件。

表 2.1　不同开放式创新实现途径与所需条件

开放式 创新类型	实现途径	需要条件
内向型	吸收 FDI、外部技术购买、专利申请使用、设立研发中心	知识存量较高、吸收能力好、模仿创新战略导向、团队协作能力较强、组织执行效率高
外向型	并购、对外直接投资、研发外部支出、内部技术外部授权、专利授权许可、免费公开技术	技术领先、研发实力强、专利数量多、自主创新战略导向

续表

开放式创新类型	实现途径	需要条件
混合型	战略联盟、合作研发、协同创新、合资、专利的交叉许可	团队分工明确、社会网络关系强大、技术平台好、创新社会网络关系强、合作创新战略导向

（一）知识存量与开放意识

已有研究早已证明，FDI 的溢出效应与知识存量有关，知识存量越高，吸收能力就越强，创新绩效也就越好。这个结论也可以适当推广，无论是 FDI 还是 OFDI，知识存量越高，吸收能力就越强，内向型开放式创新绩效就越好。开放意识指的是创新主体是否愿意主动吸收外界的知识与信息。必须承认，不同的企业或高校，开放的氛围与意愿有很大的差异，可能与创新主体所处地域位置和单位的目标导向、发展历程等有一定关系。无论如何，一旦形成比较封闭的创新环境，就很难打开创新的机会之窗。

（二）创新地位与技术战略

创新主体的技术战略，如自主创新、模仿创新、合作创新，或是根本性创新或渐进性创新等，都是企业在不断探索与发展过程中形成的。自主创新者一般有独特的市场敏感性，容易处于市场领先位置，或者拥有很强的创新实力和技术基础，更容易成为区域内知识或创新的源泉，也就是外向型开放式创新的源头。而模仿创新者的创新实力与技术基础稍弱，但一般更善于捕捉市场机会，更擅长利用与客户的交流来创造独特的产品体验，也就是说，模仿创新者可能更善于进行内向型的开放式创新，吸收外界的信息，转化成为企业的实用导向性的创新产品。合作创新者，由于其创新基础就是来源于与其他创新主体的合作，因此内向型与外向型开放式创新都有较好的实践基础，也就更适合混合型开放式创新，既能够主动吸收其他创新者的知识与信息，又能够为其他创新者提供有效的知识与信息。

（三）技术平台与社会网络

在当今信息网络时代，信息的传输效率已经变得前所未有的高效，这无疑促进了开放式创新的进展。但是，并非所有的网络都与创新相关，一般来说,除了企业、高校、科研院所等创新主体之外,领头用户、产业链或创新链的主要供应商与客户等的社会网络对产品创新的关联更直接。而对于较高技术基础的创新来说,企业或高校技术平台的作用更突出。如果区域内已经形成技术平台和与创新相关的社会网络,那么区域内的创新主体都会享有网络的技术外部性,成为内向型开放式创新的受益者。与此同时,如果技术平台是在强强联合的基础上形成的,网络外部性会更明显,创新成果也会更突出,混合型的开放式创新得以实现。知识、技术与信息的流动越充分,所有主体得到的益处就越多,技术平台或社会网络的创新效率就越高。

(四)团队协作与组织效率

无论是哪种创新模式,都需要创新组织内的团队协作。相比较而言,内向型开放式创新更强调团队协作与组织效率。从内而外的信息发布可能只需要一个人就可以完成,但从外而内的创意或知识技术需要组织的内部消化吸收。有些知识产权即便被许可共享,也不能立即转化成为现实的创新产品。从知识产权或创意到创新产品的成功商业化转化,中间的过程还很长,如果没有组织内的高效团队协作,就不可能实现。

三、开放式创新在区域中的运行模式

在区域层面理解创新形成的模式,必须与创新主体相联系。由于区域内创新主体的知识吸纳能力、信息传递效率、创新能力存在较大差异,导致开放式创新在每个区域的模式也有明显区别。总体来说,大致有 3 种模式:以企业为中心的科技应用型创新模式、以高校为中心的知识扩散型创新模式和基于多中心网络社会型创新模式。

(一)基于企业中心的科技应用型开放式创新模式

企业是区域创新体系的中心,因此,企业的创新模式对于区域创新是最重要的。一般来说,大企业和中小型企业的科技基础与创新实力的差距比较明显。科技实力强的大企业会成为区域开放式创新的中心,这不足为奇。2015 年,埃森哲根据对全球 200 余家大企业的问卷调查指出,开放式创新正在从一种商业现象进化到企业战略,是推动企业收入增长和流程优化的不可或缺的战略工具。2009—2013 年,世界 150 强企业在其年报中提及开放式创新的数量,从 28.2% 上升到 71.8%[①]。这表明,大企业已经将开放创新作为一种创新模式逐渐采纳和吸收了。

以企业为中心的开放式创新,其创新模式与企业的应用型科技导向直接相关,也就是说,由于企业的科技活动一般以应用型研究开发为主,因此,有影响力的企业在其科技活动中往往关注和其战略目标有交集的知识与信息,也就是说,知识与信息源对于创新主体至关重要。例如,企业主动向区域内高校、科研机构或其他企业寻求合作时,会输出有关企业生产经营范围内的人才需求信息、技术攻关信息和产业合作信息等,也会请求用户参加企业的产品开发,或者,向社会公开发布一些与企业研发相近的产业技术基础信息,以寻求社会范围内的技术信息共享或用户参与。如果企业成功引起区域内其他企业、高校或科研机构及用户的关注,并能够建立相匹配的沟通与合作,例如,区域内同时有几个实力相当的大企业或有科研实力较强的大学或科研机构,以企业为中心的开放式创新就有可能持续下去,成为正向循环的区域应用型开放创新体系。企业的内向型、外向型与混合型的开放式创新都是建立在有沟通机制的双向知识传递基础上。但是,如果区域内不存在与企业实力相当的信息交互者,企业可能会陷入区域"信息孤岛",也就是只有输出没有输入,除非企业寻求区域外部与之匹配的合作者,否则企业的开放型创新事实上将陷入内部循环,无法形成开放格局。

中小企业的应用型导向可能比大企业更强,但是,中小企业一般科技基础较弱,依靠一个企业很难成为区域创新的中心,如果集结成群,这个企业集群或产业集群很有可能成为区域的创新中心。集群企业开放创新的模式与产业链分布、垄断竞争格局、人力资本存量等有关,具体来说,集群在产业链中的位置越高,其产品创新的影响力也就越大,例如标准制定、设计研发、品牌营销等,表明集群内的人力资本存量较高,这不仅对行业创新模式有决定性影响,而且在区域创新中的地位也更显著。如果产业集群处于产业链低端,即生产制造环节,且竞争激烈,由于生存压力过大,利润微薄,集群企业就可能陷于低端锁定,从而使开放式创新难以为继。

---

① 中关村创业大街.新浪潮——大企业开放创新实践[M].北京:北京大学出版社,2018:7.

(二)基于高校中心的知识扩散型开放式创新模式

大学既是知识的生产机构,又是联系研究、人才和产业的知识及技术的传播机构[①],在区域创新体系中有重要的地位。高校的教学与科研都具有溢出效应:一方面,高校的高学历科研团队对于基础研究提升有重要贡献;另一方面,高校的人才培养体系造就了未来的科技人才,对于产学研合作有重要影响。但是,内生增长理论中认为知识会自然溢出到相邻地区的理论假设并未得到多少支持。一项对在 40 所美国大学工作的 778 名生命科学家的调查得出结论,制定正式的政策可能会发出一个信号,但对个人行为的影响在很大程度上取决于这些政策是否被行为预期所强化。另一项基于 22 个由大学科学家创立的生物医学副产品的调查研究,也发现对知识的追求及其商业开发之间存在潜在冲突,以及潜在企业家存在丧失动力和降低研究标准的双重风险[②]。而对中国高校科技成果转化情况的调查结果也不容乐观,参与统计的全国 2766 家公立研究机构及高校,仅 9.5% 的单位设立了专门的技术转移机构,且其中只有 19 家研究机构及高校认为这个机构发挥了重要作用[③]。

尽管大学能够提供高质量的知识产出,提高全社会的人力资本存量,但只有在知识被转化并被商业化之后,大学才能产生显著的知识溢出效应,继而导致创新活动和最终的经济增长。而在知识转化和商业化过程中,"知识过滤器"(the knowledge filter,指新知识投资与知识商业化之间的障碍或差距)的作用会阻碍科学技术知识转化为现实的生产力[④]。

以高校为中心的开放式创新,能否形成知识扩散型开放式创新,与高校专业设置与区域经济的匹配程度、区域产业层次、基础设施建设等有关。具体来说,高校专业设置与当地主导产业的耦合程度越高、区域产业层次越高、区域基础设施建设越完善,高校知识扩散到区域产业经济中的成功率就越

① Cunningham, James A. , Lehmann, Erik E. , Menter, Matthias. , Seitz, Nikolaus. The Impact of University Focused Technology Transfer Policies on Regional Innovation and Entrepreneurship[J]. The Journal of Technology Transfer,2019,44(5):1451-1475.

② Wright. M. , Birley, S. , Mosey, S. Entrepreneurship and University Technology Transfer[J]. Journal of Technology Transfer,2004(29):235-246.

③ 张金福,邓链. 高校科研中的"孤岛现象"及其治理[J]. 实验室研究与探索,2020, 39(8):244-248.

④ Audretsch,David B. From the Entrepreneurial University to the University for the Entrepreneurial Society[J]. the Journal of Technology Transfer,2014(39):313-321.

高，科技成果转化率也就越高，这样开放式创新在吸收能力、基础设施等因素的影响下，能够获得正向回馈。反之，在区域基础条件较为薄弱的区域，尽管拥有一流的高校，其知识溢出最终并没有传递到企业和社会中去，高校的科研成果尽管同样很多，却成为围墙内的科研、沉睡的专利，对区域产业经济的实质贡献很难体现出来。另外，大学是否起到促进创业创新的真实作用，在现实中有着巨大的差异。尽管中国近年来自上而下推进"双创"，许多高校也都相继建立了创新创业学院，但其创新创业绩效似乎并不明显。其中一个重要原因是高校的基础研究的科研导向没有改变，职称评审及各级各类奖项依然重学术研究、轻成果转化。此外，米勒和阿克斯（Miller & Acs,2013）指出，传统的产学研三螺旋是以组织为中心的模型，而不是以人为中心的模型。在大多数地方，我们看到的不是充满企业家和初创企业的大学和地区，而是充满了官僚气息的组织单位，它们对地区发展几乎没有起到什么作用。因此，总体而言，以高校为中心的开放式创新模式，在现实中有重重障碍，亟待破冰。

从传统研究型大学向创业性大学转变，或许是高校科技成果转化率提升的一个改革方向。国外对创业性大学的研究较多，虽然创业性大学一词的定义尚不明确，其商业模式也是一个高度模糊的概念①，但文献中比较一致的观点是，创业型大学同时完成三个主要活动——教学、研究和创业创新，同时提供足够的文化吸引人才，帮助启发思想，将科学发现转化为新的商业机会和经济发展②。在区域背景下，创业型大学的角色被认为是"获得作为中介的重要功能，能够管理和提高当地的智力资本，并使学习型区域增长成为可能"③。

美国创业型大学兴起的经验值得借鉴，例如与硅谷产业交互联系密切的斯坦福大学，就是创业型大学的典型代表。提到创业型大学的兴起，不得不提到美国的一项旨在促进大学技术商业化的法案《拜杜法案》（Bayh-Dole Act）。该法案将联邦资金资助项目的发明所有权下放到大学，允许大学进行

---

① Audretsch,David B. & Belitski,Maksim. Three-ring Entrepreneurial University:In Search of a New Business model[J]. Studies in Higher Education,2021,46(5):977-987.

② Cunningham,James A. , Lehmann,Erik E. , Menter,Matthias. , Seitz,Nikolaus. The Impact of University Focused Technology Transfer Policies on Regional Innovation and Entrepreneurship[J]. The Journal of Technology Transfer,2019,44 (5):1451-1475.

③ Trequattrini,R. , Lombardi,R. , Lardo,A. & Cuozzo,B. The Impact of Entrepreneurial Universities on Regional Growth:A local Intellectual Capital Perspective[J]. Journal of the Knowledge Economy,2018,9(1):199-211.

专利的许可与转让，并要求大学与发明人分享收益。美国自从 1980 年通过《拜杜法案》以来，大学技术商业化在世界范围内扩张。大学的基础研究和应用研究相互交叉相互促进，引发政府对国有及私营部门的相互融合。这种范式的转变，埃茨科威兹（Etzkowitz，2014）称之为创业大学潮，从象牙塔发展为全球经济引擎。奥德斯和别林斯基（Audretsch & Belitski，2021）认为，《拜杜法案》具有疏通"导管"的作用，缩减了知识过滤器的规模，允许更多的知识通过专利、许可和衍生产品等形式进行溢出。为了促进大学创业的知识溢出，普罗科普（Prokop，2021）指出，为了使大学商业化活动的积极效应最大化，有必要构建多样化和地方适应性的大学创业生态系统，允许它们弹性发展。例如，为了促进创业的知识溢出，许多大学可以与创业社区联系，并与教育生态系统的利益相关者建立联系，这些利益相关者包括学术附属机构、其他大学、技术转让办公室、私营和非营利公司及组织、风险资本和天使投资者。

国内学者易巍、龙小宁（2021）利用 1998—2015 年间 31 所"985 工程"院校的政策文本信息，来考察"中国版《拜杜法案》"，也就是财政资助科研项目所获专利的所有权改革政策的作用，发现采取此类政策的高校对应的专利申请量、授权量、续期率、被引数及转化合同金额都实现了显著增长。这表明，制度激励对高校科技成果转化是有一定效果的。但可以想见，中国大学向创业型大学转变，从而使高校成为开放式创新的中心，还有很长的路要走。

（三）基于多中心的网络社会型开放式创新模式

企业、高校都可能是开放式创新的中心，如果一个区域内存在多个创新实力较强的创新主体，例如由大中型企业主导的产业集群，或是一流高校密集的高教园区，或是企业—高校协同的产教融合区域，其区域的创新活跃度会提高很多。在社会关系网络的作用下，信息流、技术流、资金流相互融合，会激发出更大的创造性，区域就有可能形成多中心的开放式创新模式。

从现实层面来看，由研发实力较强的大企业和一流高校构成的双中心或多中心的创新型区域，其产学研合作创新的成功率远高于其他区域，例如聚集着斯坦福大学与一众世界知名高科技企业的硅谷，其多中心的开放式创新模式是其他区域都想复制的，然而很少能复制成功。硅谷难以复制的原因有很多，一是硅谷单个企业和单个高校的创新实力强，尤其是创业型大学的兴起；二是硅谷的产学研融合程度非常高；三是硅谷有成熟的金融业，尤其是风险投资、创新孵化等金融和技术中介组织的高质量参与；四是政府对于产学研合作的引导与支持。以上四点既是硅谷成功的关键，也是其他地区建立开放式创新的成功条件。

北京的中关村是中国第一个国家级高新区和自主创新示范区、第一个国家级人才特区，它一直是中国科技创新的顶级品牌和风向标，这里走出了联想、百度、小米、京东等多个知名科技、互联网企业。作为中国科技创新的出发地、原始创新的策源地、自主创新的主阵地，中关村先后诞生了超级计算机、中文搜索引擎、人工智能芯片等一大批关键核心技术和变革性重大科技成果。在产教融合方面，中关村走在前列，合作举办的"互联网＋"大学生双创大赛得到全国高校倾力支持，产生了一批有潜力的科技创新项目，5G 创新应用大赛工业互联网专题赛等也吸引无数创业创新优秀人才，助力中国制造向中国"智"造转型。得益于与清华大学等中国顶尖高校的产融合作，中关村成为中国多中心网络社会型开放式创新模式的一个典型代表。截至 2019 年 12 月 31 日，中关村上市公司数量达 362 家，上市公司总市值飙升至 6.60 万亿元，千亿市值企业达到 13 家，平均研发强度为 3.65％。从成长性来看，在 308 家持续经营企业中，近 7 成企业营收实现增长，其中 4 成企业的营收增长率超过 20％；8 成企业实现盈利，超 7 成企业连续两年实现盈利①。2021 年 9 月，中关村作为中国新一轮先行先试改革的试验区，将加快建设成为世界领先的科技园区，为促进全球科技创新交流合作做出新的贡献。

第三节　开放式创新影响区域创新绩效的动力机制

对区域技术创新而言，开放式创新活动的存在能够削弱阻碍创新资源流动的组织边界、技术边界、区域边界等，构建起连接区域内外部的资源交互网络，从而实现创新要素的有效整合，动阻力机制在保障区域开放创新的有效运行中扮演着重要角色，通过内部创新驱动力、政府支持力、外部环境激励力相互作用不断激发创新主体产生协调联动效应（周正等，2013），以提高整个区域开放式创新的运行效率。开放式创新的运作动力可以细分为三个方面：首先是内部动力机制，来自区域创新主体间的竞争与合作；其次是外部动力

---

① 北京日报客户端. 中关村千亿市值企业增至 13 家！［EB/OL］.［2021-01-26］(2021-12-01). https://baijiahao. baidu. com/s? id＝16899172245638494973&wfr＝spider&for＝pc.

机制,市场需求、政策激励导致外部环境对开放式创新形成有效规范与控制;最后是外部阻力机制,高昂的交易成本、文化冲突、恶性竞争等因素会制约地区开放式创新的发展。创新的主客体要素在内外部动力与外部阻力共同作用下推动开放式创新不断发展。

一、内部动力机制

内部动力是存在于区域创新主体内部的动力因素,开放氛围、内部激励措施、市场竞争、资源储备等是其产生的根源。其中,竞争作用力在推动区域开放创新中起着主导作用。激烈的市场竞争是产生竞争作用力的主要原因,创新主体时刻面临来自竞争对手的压力,区域交通一体化、信息化水平的提高使这种竞争更加激烈。在技术创新日渐复杂的背景下,创新组织内部的资源已难以满足自身创新的需要,特别是在我国经济发达的东部地区,由于创新附加值相当可观,为加快创新的过程,技术创新竞赛现象尤为突出。同时为获取市场竞争优势,基于组织自身利益考虑,开放式创新成为创新主体减少研发成本、获得经济回报的最佳选择。同时,为满足市场对创新成果个性化、多样化的需求,创新主体将在更大区域范围内围绕外部创新资源展开竞争。市场竞争引致的作用力促使各创新主体不断拓展技术引进、产学研合作研发、研发外包等形式的开放途径,确保在适宜条件下尽可能开放创新的过程。

二、外部动力机制

外部动力是驱动地区开放创新过程的外在动力,是广泛存在于区域创新主体之外的动力因素。目前政府是外部动力的主要贡献者,依托政策刺激与平台引导等方式对区域内的开放式创新活动进行有效规范与控制。政府积极制定相关创新优惠政策,通过布局技术成果交易平台、国家技术转移中心等配套设施建设,从区域中观层面打造"万众创新"的制度环境,进一步促进开放式创新范式在区域范围内普遍推广。政府作为开放式创新活动的监管者与服务者,赋予区域内部开放式创新活动社会公益属性,科技成果交易中介、技术产权交易所、众创空间等非营利组织同样离不开政府财政补贴的支持。同时政府需要通过税收减免、资金补贴等措施激发创新主体的开放积极性,推动区域衍生出更多开放式创新的实践形式,其核心价值在于降低整个区域的创新交易成本,为创新主体开放创新过程提供外部推动力。

三、外部阻力机制

外部阻力是广泛存在于区域创新主体外部的阻力因素，是制约区域开放创新的外在动力。区域层面的开放式创新会涉及创新要素的交易，而市场经济的滞后性、盲目性、自发性决定了开放式创新有交易成本过高、信息不对称、组织文化冲突、机会主义、不完全理性等特征，上述开放特征为外部阻力的存在提供了客观依据，由此衍生的一系列现实问题将构成开放式创新的外部阻力。其中，高昂的交易成本、信息不对称是阻碍开放式创新的主要因素。在选择创新合作伙伴的过程中，一方面，知识溢出的负外部性导致拥有研发资源的主体不会完全公开成果信息，资源需求方将对资源所有者释放的市场信号进行抉择；另一方面，研发成果所有者提供的技术成果不一定符合市场要求，认知偏差导致市场交易成本进一步提高。开放式创新为潜在的信息供求方建立了开放渠道，在降低信息不对称、减少交易成本的产生等方面发挥极大作用，但是区域内部并不是均质的，政府创新偏好、科技水平、经济水平与主体文化等关键因素难以互相匹配，开放式创新的运行依然存在缺陷，因此外部阻力对区域开放式创新的负面影响在短期内得不到根本改善。

第四节 开放式创新对区域技术创新绩效的影响机理

创新是一个系统工程，由于研发复杂度增加、创新成本提高、技术水平滞后、资源稀缺等原因，局限于封闭系统的研发创新可能会使企业陷入创新困境。从资源角度看，开放式创新实质上就是资源获取、利用与溢出的过程，是创新的一种新范式，作为"通类"规则，企业推广开放式创新形成的示范效应带动区域范围的开放式创新，并成为驱动区域技术创新前进的显性力量。本书认为区域层面的开放式创新是在特定环境作用下，区域内部创新主体通过开放式的创新活动进行创新资源传递与市场转化的过程，主要反映各主体在实施开放式创新活动中所形成的跨组织、跨区域的常态化互动关系。

在开放式创新与企业创新绩效的关系研究上，学者们普遍认为开放式创新引致的外部性现象已经不容忽视[①]。首先，知识溢出效应为企业提供更多

---

① Roper，S.，Vahter，P.，Love，J. H. Externalities of Openness in Innovation[J]. Research Policy，2013，42(9)：1544-1554.

先进、多元化的知识。其次,开放式创新能够纠正市场失灵导致的信息不对称、机会主义、逆向选择等问题。最后,实施开放式创新可以帮助组织快速嵌入区域创新网络中,进而降低知识、信息的搜寻与交易成本[①]。因此,以下将主要从技术共享与知识溢出效应、资源适配与信息网络效应、要素流动与合作创新效应来分析开放式创新对区域技术创新绩效的影响机理。

一、基于技术共享与知识溢出效应的分析

创新具有外部性是众所周知的事实,而开放式创新不仅具有知识溢出效应,而且有时是一种主动进行知识溢出的过程。以开源软件为例,这种外向型开放式创新,就是把知识和技术基础向全社会公开,并以此为基础,寻求行业的技术共享与共创。由于实施开源的企业一般是行业的龙头企业,开源行为将私人产品转化成为公共产品,必然能够提高全行业的技术基础或共性技术水平,引致以开源软件为基础的同源创新,减少未来创新方向的复杂程度,减少潜在进入者可能的重复性技术劳动,也减少了创新的行业平均成本,缩短了相关创新的研发进程。同时,企业开源这种善意行为也具有外部性,就是说,一个企业的外向型开放式创新可能引发区域内其他企业的同类行为,如果开源类的行为成为行业惯例,一个显而易见的结果是行业内的创新成本得以降低,同时竞争环境也得以优化。这种创新氛围的改善一定会降低交易成本,促进区域创新绩效的提升。

如果一些创新主体的技术与知识通过技术市场交易、技术授权、合作研发与战略联盟等渠道向外扩散,那么,这种形式的开放式创新也必然会形成正向的外部效应,从而提升区域技术创新效率。随着科技成果的迅猛增加,"巨人的肩膀"越来越高,就区域内部单个创新主体而言,仅凭自身储备的知识难以满足技术日益复杂的创新需求,但在开放的环境和氛围下,其他创新主体可以通过内向型开放式创新的实施路径,获得前沿性的知识与创意,以此解决自身的创新困境。已有研究表明,实施内向型开放式创新的企业,其创新绩效未必比自主研发的企业差。

开放式创新对区域内甚至区域外的所有创新主体都可能产生共创共赢

---

① Greco,M.,Grimaldi,M.,Cricelli,L. Hitting the Nail on the Head:Exploring the Relationship Between Public Subsidies and Open Innovation Efficiency[J]. Technological Forecasting and Social Change,2017,118(5):213-225.

的结果。一方面,实施开放式创新有利于提高知识溢出水平。为避免技术的重复研发,继而提高创新资源的使用效率,在衡量机会成本后,创新主体付出一定的代价即可获取需要的技术,技术输出的一方也因此在知识溢出中获利,受到正向激励的知识溢出方与接收方将形成技术输出与吸纳的良性互动,实现开放与创新的有机结合,进而产生新一轮的知识外溢,从而提高技术创新效率。另一方面,开放式创新有利于拓宽知识溢出的渠道。在传统的创新模式下,创新主体将整个创新过程内部化,强调对知识产权的保护,开放式创新的提出从理论上打破了创新资源内外流动的组织壁垒。企业是开放式创新范式的最早受益者,用户、领先企业、竞争对手、学术部门等都可以被视为创新的来源。作为创新的一种范式,开放式创新对其他创新主体同样适用,但随着开放式创新的推广,知识势必会在更大的范围内产生溢出效应,不同部门间或者不同地区间的创新主体都将成为知识溢出的源泉。为有效降低知识搜寻的成本,技术转移人才培养基地、众创空间、国家技术交易机构的设立也会为知识溢出提供快捷通道。因此,开放式创新能够推动知识通过多种渠道产生溢出效应,知识接收方也将获得更多的创新资源,积累丰富的知识储备,以此促进区域技术创新效率的提高。

在开放式创新的情境下,技术研发不再是创新主体内部的活动,完全封闭技术创新的信息已难以实现,创新相似度高的主体往往只需支付较低的成本便能享受到“知识溢出红利”,获取到溢出知识的创新主体可以通过消化吸收或者简单模仿以达到攫取利益的目的,这种低成本、高效率的投机性行为很容易诱发创新主体选择“搭便车”的策略,创新领先的主体也因此不能获得预期的收益而使其创新积极性受挫。开放式创新虽然使知识溢出更为高效,但是知识溢出的负外部性也会对部分技术创新活动造成负面影响,从而抑制技术创新效率的提高。如何避免或减少知识溢出的负外部性,形成区域创新资源的正向累积循环,也是区域创新体系应该考虑的重要问题。

二、基于资源适配与信息网络效应的分析

技术创新活动具有周期长、高风险、高不确定性及高投入等特点,由于信息的不完全与不对称,创新主体间的资源通常不能得到最优配置,导致创新绩效低下。在信息不对称的影响下,产业组织难以确定研发成果的先进程度及其是否能满足消费者的偏好,因此对产业组织而言,技术研发不仅面临创新失败的风险,同时也面临市场经济的风险。学术组织也会进行大量的技术

研发活动,但是这些研发的技术往往缺乏市场导向,应用价值得不到保障。在产业组织寻求与学术组织合作时,学术威望高的学术组织一般更受青睐,但可能会导致资源错配,所以并不能保证两者之间的合作效益是最高的,技术创新效率也因此受到影响。

开放式创新的实施有助于消除技术创新的"孤岛现象",为创新主体分散研发与市场风险,为提高技术创新效率提供有利条件。第一,开放式创新有助于推动水平化和垂直化创新网络的形成。隶属于不同部门的创新主体和同种组织的不同创新主体都被纳入这个创新网络当中,技术研发的过程将受到科学导向、市场导向的双重作用,技术研发的生态环境达到更优状态,进而提高技术创新效率。第二,开放式创新持续不断地将拥有异质性知识的创新主体纳入合作网络中,不仅增强了资源适配的可能性,而且提高了创新成功的概率。在区域范围内,集群企业投资现象屡见不鲜,一个重要的理由是,有些企业已经在发展过程中形成了便于交流的信息网络,并且在沟通过程中形成了一定的信任关系,这种信任减轻了信息流动阻碍,缩短了创新主体间的边界距离,这对高端资源、隐性信息的传播具有显著影响,开放式创新将提供跨组织、跨行业甚至跨地域的信息传播渠道,降低信息不对称的负面效应,弥补创新过程中的信息不足,从而影响技术创新效率。第三,开放式创新可以降低创新主体在交互作用中可能存在的逆向选择和道德风险。基于不断增强的区域信息网络,创新主体间的熟悉和了解程度有所增加,例如,风险投资和质押融资等的实现,需要金融机构、风险投资机构对科创型企业有较多的了解。除了各种形式的资料,事实上融资方对企业的经营管理者,尤其是企业家的特质往往更在意,因为企业家精神与智慧很大程度上决定了企业的未来前景,例如硅谷的风险投资商绝大多数的投资对象都是在 30 公里距离之内,对熟悉的企业和企业家能掌握更全面的信息,金融机构和风险投资机构都更放心。同样道理,由于区域内的信息更完全和对称,多个创新主体共同参与技术研发活动将增强彼此间的信任与认同,在非正式制度的约束下,能够有效抑制可能的道德风险及逆向选择。在此基础上创建的良好的开放创新氛围将提高合作意愿,提高区域技术创新绩效。

三、基于要素流动与合作创新效应的分析

在传统的封闭式创新范式下,创新主体拥有的优质资源分散在不同的空间里,由于缺乏要素流动渠道,每个创新主体都是孤立的系统,每个创新主体

都会根据自身的资源优势进行有限的开发与研究。虽然不排除有些企业自身科技创新实力强,仅凭自身也能创造出理想的创新绩效,但大多数创新主体缺乏强大的创新实力。从理论上来说,开放式创新要求创新主体开展多边合作,建立不同层级的正式或者非正式战略合作关系,基于这种合作关系,创新主体的区域合作网络由此产生。第一,开放式创新增强了创新要素的流动性。各种技术、金融、制度、服务等信息都可以通过网络传递给创新合作方,同时要素的流动会扩大创新活动范围,创新分工得到进一步强化,创新要素增强的流动性与衍生的分工效应都可以带来技术创新效率的提高。第二,创新合作网络的扩大有助于减少筛选成本。对单个创新主体而言,创新合作网络化能够解决自身创新敏锐感不够、资源不足等缺陷,比如某个创新主体进行技术创新活动,但是缺少相应的要素,若这部分要素恰好是其他创新主体的闲置资产,凭借合作网络构建的密切关系可以快速实现资源互补,降低信息交易成本。第三,增强的网络合作效应有助于创新主体降低研发风险。网络内的创新主体往往具备"共同化"特征,即其他创新主体的研究进展会对自身创新产生重要影响,所以网络化为创新主体构建了利益共同的关系。高投入、高风险等不利因素贯穿技术创新的整个过程,一旦研发出现危机,基于共同利益、资源共享机制建立的合作网络将成为传播风险的渠道,网络内的其他创新主体很容易受到影响。虽然超本地化的创新合作网络在一定程度上会扩大危机影响范围,但是基于利益共生的考虑,其他实力强劲的创新主体将转接部分风险,使创新网络的整体损失降低,因此超本地化的创新合作网络具备更强的风险化解能力,从而有利于提高区域技术创新效率。

第三章 中国区域创新效率的测度与分析

本章在简要介绍中国区域创新总体概况之后,详细解析了区域技术创新投入与产出水平的现实情况,并建立指标体系,利用 SBM 模型测算中国省级层面及东中西部地区层面的技术创新效率。

第一节 中国区域创新总体概况

创新是引领发展的第一动力。一直以来,我国政府高度重视创新驱动在经济高质量增长中发挥的作用,自从提出建设创新强国以来,我国整体创新能力有了飞跃式进步。2020 年,党的十九届五中全会进一步提出:"坚持创新在我国现代化建设全局中的核心地位,把科技自立自强作为国家发展的战略支撑,面向世界科技前沿、面向经济主战场、面向国家重大需求、面向人民生命健康,深入实施科教兴国战略、人才强国战略、创新驱动发展战略,完善国家创新体系,加快建设科技强国。"在党和国家战略支持和不断的制度创新背景下,我国区域创新总体呈现稳定的上升趋势,取得了不错的创新绩效,同时也面临一些挑战。

一、国家创新世界排名迅速提升,国内区域创新梯队明显

世界知识产权组织发布的《2019 年全球创新指数》显示,中国的创新指数排名迅速攀升,从 2018 年的第 17 位提升到了第 14 位,而且是中等收入经济体中唯一进入前 30 名的国家。陈钰芬、侯睿婕(2021)构建了国家创新能力发展指数,分析指出,我国 2015—2018 年进入高质量发展阶段,创新能力有了显

著提升，但与美国、日本相比仍然存在一定差距，主要表现在：研发强度和密度相对落后；研究人员占比偏低；基础研究和应用研究的投入比重较低；等等。她们从创新环境、创新资源、创新成果及创新绩效四个方面设计指标体系，分析结果表明，2011—2018 年，北京综合得分始终排在首位，其后的上海、广东、江苏、浙江、天津各年名次略有波动，但基本处于我国前六位。四川、湖南、河南、江西、辽宁、山东、陕西、重庆、福建、湖北、安徽等属于第三梯队；新疆、青海、贵州、内蒙古、广西、宁夏、云南、甘肃、黑龙江、海南、吉林、山西、河北等属于第四梯队。《中国区域创新能力评价报告 2020》以区域创新实力、效率、潜力等指标构建指标体系进行测度，结果表明，广东连续 4 年排名第一，且2015—2019 年，广东省综合创新能力提升步伐明显快于其他省市，领先优势持续扩大；北京、江苏、上海、浙江、山东、湖北、安徽、陕西和重庆依次居于 2～10 位。北京、江苏、上海等地的创新能力提升速度有所放缓，浙江、山东和安徽等地的创新能力提升步伐基本持平①。总体来说，虽然指标体系和结果存在一些差异，但全国创新能力梯队明显，且区域之间差距正逐渐拉大已是不争的事实。

二、城市带动区域创新，都市圈集聚创新的影响力持续上升

2021 年 4 月，上海市经济信息中心发布了《全球科技创新中心评估报告（2021）》，该报告监测了全球近 200 个城市或都市圈，选取基础研究、产业技术、创新经济和创新环境 4 大维度共 25 项指标进行综合评分，结果显示，其中入围城市数量最多的国家分别是美国（24 个）、中国（14 个）、德国（7 个）、英国（5 个）、加拿大（5 个）。中国共有 14 个城市入围全球城市创新竞争力排行榜，北京、上海、深圳、香港位列全球科创中心前 20 名。与 2020 年的排行相比，除了香港之外，其余城市名次都有提升，其中 7 座城市提升 10 个位次以上，西安、天津、重庆、合肥首次进入百强榜②。

毫无疑问，科技创新中心城市能够带动所在区域创新水平的提升，北京、上海、广东、浙江、江苏等省份也是中国的创新高地，并逐渐形成了都市圈创

---

① 中国科技发展战略研究小组，中国科学院大学中国创新创业管理研究中心. 中国区域创新能力评价报告 2020[M]. 北京：科学技术文献出版社，2020：5.

② 新浪财经. 全球科创中心百强公布：上海首次进入前 10 中国 14 城入围百强[EB/OL].［2021-04-28］（2021-12-01）. http://finance. sina. com. cn/roll/2021-04-28/doc-ikmxzfmk9347085. shtml.

新集聚区,如以北京为中心的京津冀创新集聚区、以上海为中心的长三角创新集聚区、以广东为中心的珠三角创新集聚区,以及以成都、重庆、武汉、西安为中心的区域性创新集聚区①。

三、中小企业创新成绩亮眼,但制约因素依然明显

在变革迅速和竞争日益激烈的全球市场下,中小企业作为国民经济的重要力量,已经成为经济增长和技术创新的关键引擎。尤其是在互联网等领域,中小企业是创新创业的主力军,起着难以替代的作用。统计显示,中小企业贡献了全国 70％的创新成果。2007—2020 年,原中小板和创业板企业的平均研发投入强度总体呈上升趋势。2007 年,中小企业的平均研发投入强度为4.08％,2020 年上升到 6.16％②。中小微高新技术企业的产品创新贡献度逐年增加,2019 年中小微高新技术企业的新产品产值占全部高新技术企业的比重为 47％,新产品销售收入占比为 45％。而从中小微企业户均创新贡献来说,其区域排名与区域创新总体排名有较大差异。例如,从发明专利授权的中小微高新技术企业户均创新贡献来说,内蒙古、安徽、湖南、广西、江苏、上海、云南、浙江、天津、山东排名前 10 位;而已被实施的发明专利的户均创新贡献来说,内蒙古、西藏、安徽、江苏、浙江、湖南、云南、山东、上海、广东排名前 10 位③。

中小企业在创新创业活动中表现日益耀眼,但相比大型企业,中小企业创新往往在人才、技术、资金等方面面临很多问题。人才方面,由于中小企业规模较小、激励机制不完善、社会影响力有限等,引进人才与留住人才有难度,以至于技术研发人员尤其是科技研发带头人相对紧缺,不利于技术研发能力的提升和技术成果的转化;资金方面,受中小企业的经营规模、偿债能力等影响,其融资的渠道和融资的额度受到一定约束,增加了融资的难度;支持中小企业开展创新活动的内部及外部制度环境不完善,也使其在创新风险的承受能力、创新活动赋能的持续性方面存在一些明显的劣势。此外,中小企

---

① 中国科技发展战略研究小组,中国科学院大学中国创新创业管理研究中心.中国区域创新能力评价报告 2020[M].北京:科学技术文献出版社,2020:3-4.

② 马彬,孙文凯.中国中小企业 2021 蓝皮书——中小企业创新发展研究[M].北京:中国计划出版社,2021:31-33.

③ 马彬,孙文凯.中国中小企业 2021 蓝皮书——中小企业创新发展研究[M].北京:中国计划出版社,2021:51-57.

业在开展创新活动时可能还会面临创新信息获取能力有限、对科技成果宣传力度不足、国家利好政策的具体落实不到位等问题。以上所述的这些问题,在一定程度上都会增加中小企业开展创新活动的难度,限制中小企业开展创新活动的深度与广度。

第二节　区域技术创新投入与产出现状

技术创新是一个持续的投入产出过程,只有明晰创新投入与产出的具体情况,才能在此基础上计算出技术创新的效率。根据国家统计局数据库、2011—2019 年的《中国科技统计年鉴》及《全国技术市场交易报告》等相关统计资料,对我国内陆 31 个省区市的区域技术创新投入产出情况进行简单的统计分析,并将其划分为东部地区、中部地区、西部地区三大区域进行对比分析。

其中,东部地区包括北京市、天津市、河北省、辽宁省、上海市、江苏省、浙江省、福建省、山东省、广东省、海南省 11 个省市;中部地区包括山西省、吉林省、黑龙江省、安徽省、江西省、河南省、湖北省、湖南省 8 个省份;西部地区包括广西壮族自治区、内蒙古自治区、重庆市、四川省、贵州省、云南省、陕西省、甘肃省、青海省、宁夏回族自治区、西藏、新疆维吾尔自治区 12 个省区市。

一、省级层面区域技术创新投入产出情况

基于已有的相关研究及数据的可得性,在省级层面上,从创新人员投入、创新资金投入两个维度分析区域技术创新投入情况,从专利申请受理数、新产品销售收入两个维度分析区域技术创新产出情况。

(一)省级层面区域技术创新投入情况

1. 创新人员投入情况

《新中国成立 70 周年经济社会发展成就报告》显示,2013—2018 年,我国 R&D 人员投入连续 6 年位居世界第一位。如图 3.1 所示,从事 R&D 的科技人员数量在 2010 年到 2018 年间不断增加,截至 2018 年,我国拥有 R&D 人力资源总数量为 657.14 万人。从地区可比性指标 R&D 人员全时

当量来看,R&D人员全时当量同样逐年增加,2018年R&D人员全时当量已经达到438.14万人年,是2010年的1.72倍。从近几年的增速来看,R&D人员全时当量仍有明显的上升趋势,大量高素质人才投入研发创新活动中,为提升我国科技创新水平和推动经济高质量发展注入了源源不断的动力。

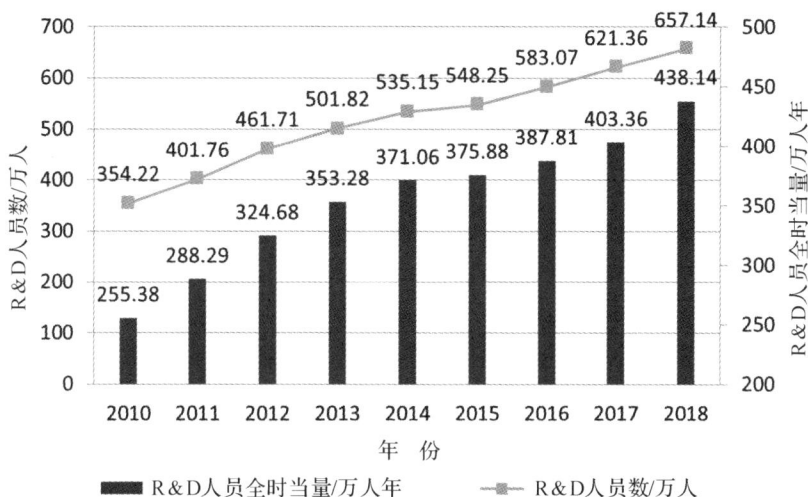

图3.1 2010—2018年我国R&D人员投入

2.创新资金投入情况

与R&D人员投入相比,R&D经费支出增长更为明显。由图3.2可知,我国每年的R&D经费内部支出不断增加,从2010年的7062.58亿元增长至2018年的19677.93亿元,增长了高达1.79倍,为我国开展基础研究、应用研究和试验发展等科技研发活动提供了强大的资金保障。R&D经费投入强度则是另一个衡量地区科技投入水平的重要指标,近10年来,我国R&D经费投入强度不断加强,2018年达到2.14%,同时,据《2018年全国科技经费投入统计公报》,我国R&D经费投入强度已经超过欧盟15国的平均强度。

技术创新投入表现出一定的空间集聚性,高投入主要集中在北京、山东、江苏、上海、浙江、广东等东部沿海省份;中部大部分省份的创新投入虽已初具规模,但与东部发达省份相比依然存在较大差距;西部省份则主要表现为低投入的集聚。总体而言,技术创新投入的空间差异与东部、中部、西部地区长期以来的经济差异基本吻合。

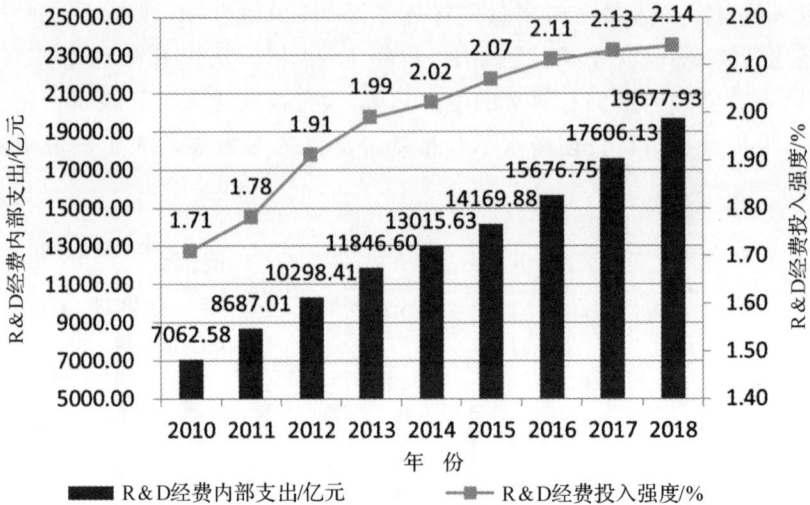

图 3.2　2010—2018 年我国 R&D 经费投入

(二)省级层面区域技术创新产出情况

由图 3.3 可知,2010—2018 年我国三种专利申请授权数呈现增长的态势,仅在 2014 年出现轻微下降,2018 年的专利申请授权数是 2010 年的 3.74 倍,增长幅度非常明显,是我国近些年实施创新驱动发展战略、科技创新能力得到提升的有力体现。从专利申请受理结构来看(见图 3.4),外观设计专利的申请比重逐年下降,实用新型和发明专利的申请比重则不断增加,三种专

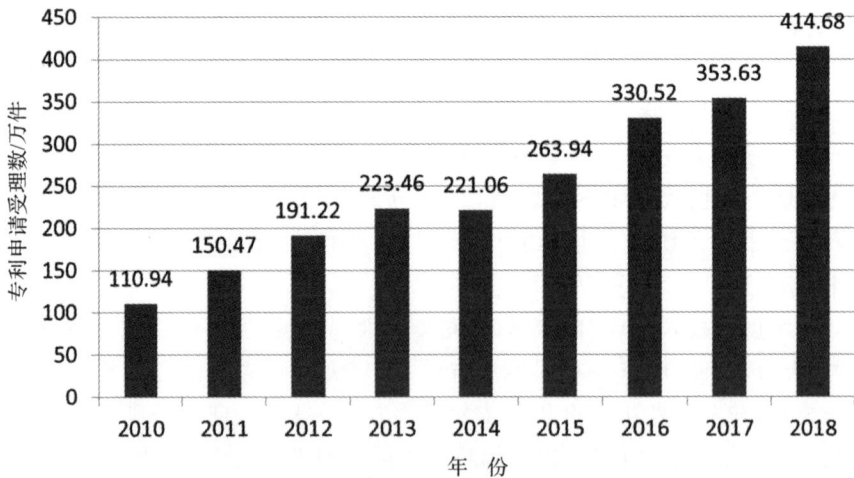

图 3.3　2010—2018 年国内三种专利申请受理数

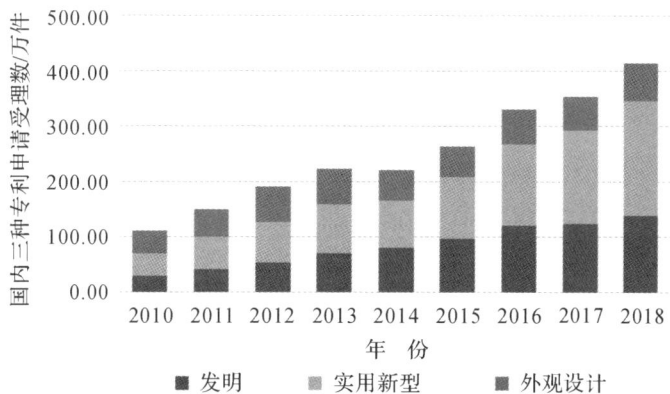

图 3.4　2010—2018 年国内专利申请受理结构

利结构得到进一步优化,这说明我国高度重视基础科研能力和科技创新能力的提升,专利质量正在逐渐提高。进一步分析图 3.4 可知,发明专利的申请比重呈现先上升后略微下降的趋势,一个可能性原因是创新驱动战略的实施对前期 R&D 活动起到激励作用,虽然此后受到经济新常态的影响,技术发明等活动受到一定阻碍,但申请比重依然维持在较高水平。

　　新产品销售收入是衡量技术创新成果市场化与产业化程度的重要指标。如图 3.5 所示,2010—2018 年我国新产品销售收入实现稳定增长,

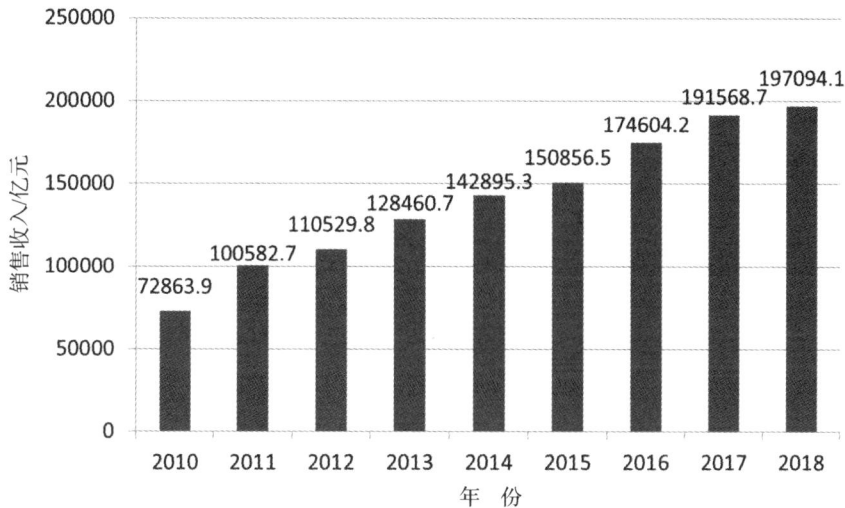

图 3.5　2010—2018 年新产品销售收入

2010 年这项收入仅为 72863.9 亿元,2018 年达到 197094.1 亿元,增长幅度为 170%。

我国技术创新产出的区域差异同样比较明显,地区创新发展失衡现象比较突出。发明专利申请数、新产品销售收入都主要集中在我国东部的一些省份,广东、浙江、江苏等省份是我国创新发展的重要增长极,广大中西部地区尚需营造良好的创新生态环境,探索一条满足自身创新需要的发展之路。

二、东中西部地区层面区域技术创新投入与产出情况

鉴于技术创新的投入与产出存在的省域差异性,对东部、中部、西部地区三大区域的技术创新投入与技术创新产出情况进行对比分析,以更深入地探究技术创新的投入与产出所存在的区域差异性。

(一)技术创新投入情况

1. 创新人员投入情况

从 R&D 人员全时当量来看,如图 3.6 所示,2010—2018 年间,中国东部、中部、西部地区的 R&D 人员投入皆呈增长趋势。其中,东部地区有着比较明显的人力资本优势,R&D 人员全时当量远远高于中部地区和西部地区。2018年,东部地区的 R&D 人员全时当量高达 301.20 万人年,是中部地区和西部地区 R&D 人员全时当量之和的 2.2 倍,较为发达的经济环境、对科技创新的重视

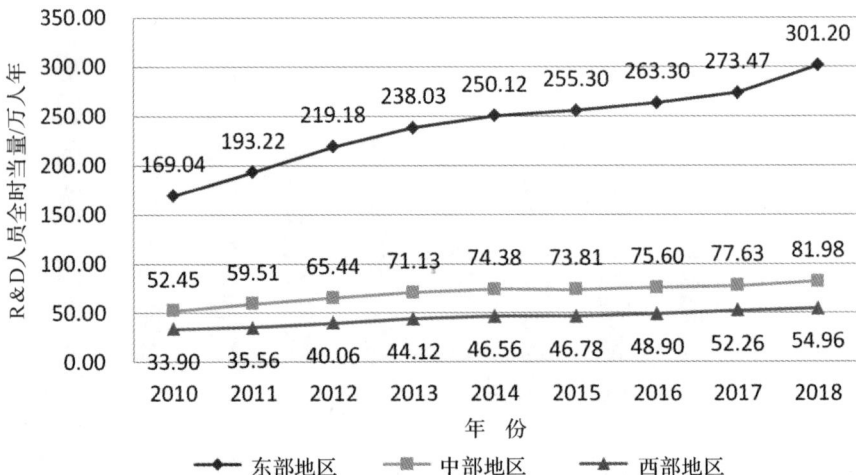

图 3.6　2010—2018 年东部、中部、西部三大区域 R&D 人员投入

等因素吸引了大量高质量人才投入该区域的科技创新活动中。近些年,随着国家的一些人才优惠政策及人才倾斜政策在中部、西部地区的落实,中部地区和西部地区的 R&D 人员全时当量也在逐年增加,但是为了促进区域创新活动的可持续发展及区域创新能力的可持续提升,中部地区和西部地区在留住本地人才、吸引外来人才的政策制定和实施方面仍有较大的提升空间。

2. 创新资金投入情况

如图 3.7 所示,2010—2018 年间,中国东部、中部、西部地区的 R&D 经费内部支出都是在不断增长的。其中,东部地区的 R&D 经费内部支出以较快的速度逐年增加,从 2010 的 4986.87 亿元增加到 2018 年的 13650.00 亿元,且始终高于中部地区和西部地区,这可能是因为东部地区多为经济发达省份,科研资金较为充裕。中部地区和西部地区的 R&D 经费内部支出增速较缓,中部地区的 R&D 经费内部支出在 2011 年之后一直高于西部地区。总体来看,三大区域的 R&D 内部经费支出是呈不断增长趋势的,对研发创新活动的投资力度正逐渐加大。

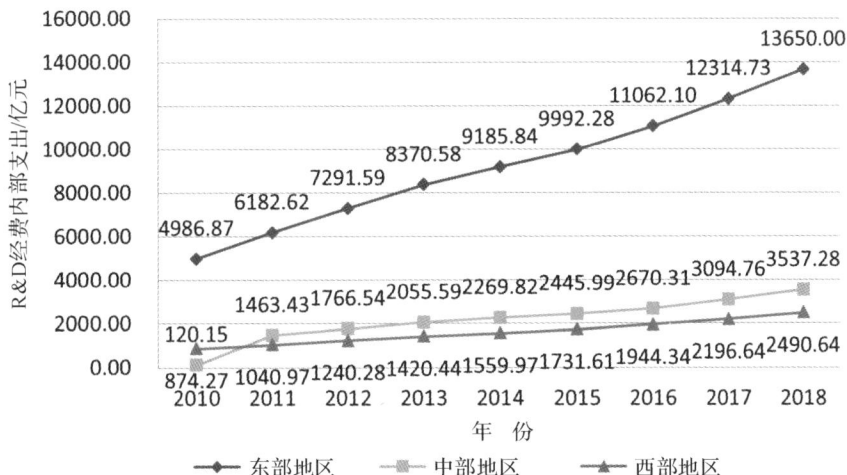

图 3.7 2010—2018 年东部、中部、西部三大区域 R&D 经费投入

(二)技术创新产出情况

由图 3.8 可知,2010—2018 年,中部地区的发明专利申请数呈现逐年增长的态势,东部地区的发明专利申请数仅在 2017 年有小幅回落,西部地区的发明专利申请数在 2018 年有所下降,但总体来看,三大区域的发明专利申请

数呈现增长趋势。其中,东部地区的发明专利申请数增长幅度十分明显,从2010 年的 21.23 万件增长到 2018 年的 92.20 万件,增长了高达 3.34 倍,年平均增长率高达 37.14%。中部、西部地区的发明专利申请数与东部地区的差距越来越大,区域差异突出,中部地区和西部地区仍需加大创新人员和创新经费投入力度,来支持其创新活动的可持续开展。

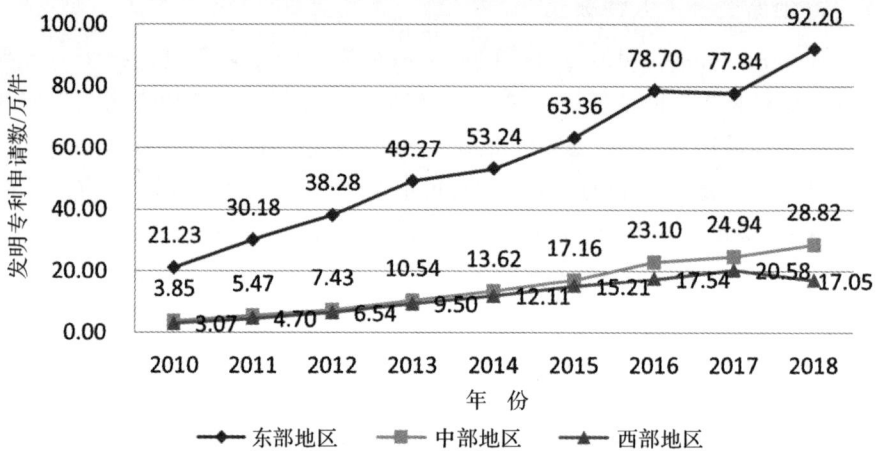

图 3.8　2010—2018 年东部、中部、西部三大区域发明专利申请数

如图 3.9 所示,2010—2018 年间,除西部地区的新产品销售收入在 2018年有所回落外,中国东部、中部地区的新产品销售收入均呈现逐年增长的态势。与发明专利申请数相似,由于经济发展水平、研发资源、市场环境等方面

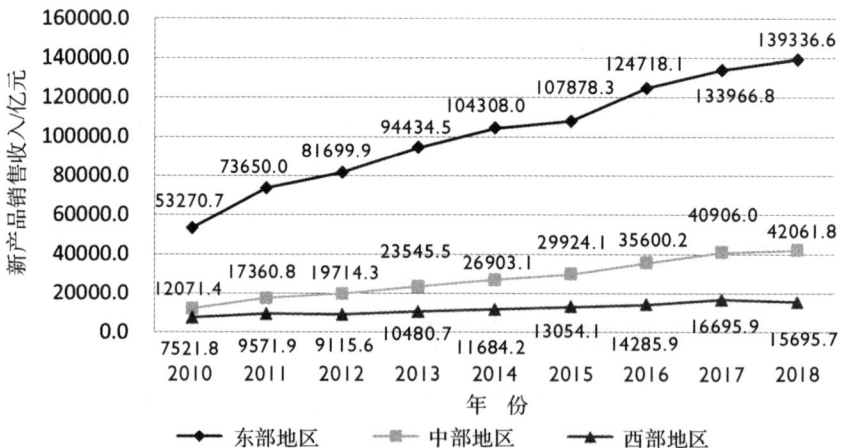

图 3.9　2010—2018 年东部、中部、西部三大区域新产品销售收入

的差异,东部地区的新产品销售收入远远高于中部地区和西部地区的新产品销售收入,具有明显的区域差异性。

第三节 SBM 数据包络模型设定

数据包络分析(DEA)是目前测度效率的主流研究方法之一,与参数类方法相比,DEA 不涉及具体的生产函数形式及分布假设,对数据没有量纲的要求,而且在处理多投入与多产出的效率测度问题上具有独特优势。该方法将决策单元投影到有效的生产前沿面上,再比较不同决策单元相对前沿面的偏离度,以此对决策单元的相对效率进行测度。经典的 DEA 模型(如 CCR 模型、BCC 模型)大都属于径向模型,无效率的测度只能通过等比例改进投入或者产出的程度来衡量,并未考虑松弛变量的优化。针对这个问题,Tone(2001)将松弛变量直接纳入目标函数中,提出了 SBM 模型,凭借投入或者产出改变的平均比例对无效率程度进行测量,以此解决松弛变量的问题。因此,与射线性 DEA 模型相比,SBM 模型对效率值的测度更为准确。以往研究构建的测度指标仅考虑了"创新成功",然而创新活动无法避免失败的风险,若不将"创新失败"导致的非期望产出纳入测度模型,效率测度结果将与实际存在较大偏差。综上所述,本书选择基于非期望产出的 SBM 模型对区域技术创新效率进行测度。

假设存在 k 个需要测度的决策单元,每个决策单元有 m 种投入、n 种期望产出与 g 种非期望产出,分别记作 $x_i(i=1,2,\cdots,m)$、$y_j(j=1,2,\cdots,n)$、y_t $(t=1,2,\cdots,g)$,则非期望产出的 SBM 模型结构如下:

$$\rho^* = min \frac{1 - \frac{1}{m}\sum_{i=1}^m \frac{s_i^-}{x_{i0}}}{1 + \frac{1}{n+g}\left(\sum_{r=1}^n \frac{s_{rj}^+}{y_{r0}} + \sum_{r=1}^g \frac{s_{rj}^-}{y_{r0}}\right)} \tag{3-1}$$

$$s.t. \begin{cases} x_{i0} = \sum_{r=1}^k \lambda_r x_{ir} + s_i^- \\ y_{j0} = \sum_{r=1}^k \lambda_r y_{jr} - s_j^+ \\ y_{t0} = \sum_{r=1}^k \lambda_r y_{gr} + s_t^- \\ s_i^- \geqslant 0, s_j^+ \geqslant 0, s_t^- \geqslant 0, \lambda_r \geqslant 0 \ (\forall i, \forall j, \forall t, \forall r) \end{cases}$$

其中,x_{ir}、y_{jr}、y_{gr} 分别表示第 r 个生产单元的第 i 种投入、第 j 种期望产出、第 g 种非期望产出;s_i^-、s_j^+、s_t^- 分别表示投入、期望产出与非期望产出的松弛变量;λ_r 为要素规划的权重;ρ^* 为被评价生产单元的效率值,若 SBM 模型的 $\rho^*=1$,则表示生产单元位于效率的前沿面上,此时 s_i^-、s_j^+、s_t^- 均为 0,生产单元达到 DEA 有效;若 $0<\rho^*<1$,则表示生产单元 DEA 无效,此时通过优化资源配置可以改善效率。

第四节 变量选取与数据来源

通过总结、借鉴前人的研究,本书将从以下两个方面对影响区域技术创新效率的因素进行研究,分别为区域协同创新因素(政府投入、金融支持、产学研合作)及区域开放式创新水平因素(国内知识技术转移度、国际知识技术转移度、外商直接投资)。以上指标所用数据均来源于《中国统计年鉴》及《中国科技统计年鉴》。

一、变量选取

采用包含非期望产出的 SBM 模型测度区域技术创新效率时,投入产出变量的选择将对结果产生重要影响,但当前区域技术创新效率的评价体系尚未形成统一的标准,在构建评价指标体系的过程中一般都会要求遵循可行性、科学性、综合性、可比性等基本原则。本书对选取的投入与产出变量及其处理做如下说明。

(一)技术创新投入变量

人力及资金投入是技术实现创新的首要条件。根据国家统计局的指标解释,R&D 人员全时当量是地区之间人力投入的可比指标,主要反映全时人员与非全时人员折算后的工作总数,因此本书选择 R&D 人员全时当量作为区域技术创新活动的人力投入指标。关于技术创新的资金投入,本书选取 R&D 经费内部支出衡量 R&D 活动的直接支出,以及活动产生的服务费、管理费、外协加工费等间接费用。同时考虑到 R&D 经费内部支出存在的滞后效应,即当期 R&D 经费内部支出可能会对后期的创新产出产生影响,因此本书参考已有研究的一般做法,采用永续盘存法对 R&D 经费内部支出的存量进行测算,并将此作为区域技术创新的资金投入指标。

构造 R&D 价格指数是对 R&D 经费存量进行估算的第一步,R&D 经费囊括设备、仪器购置等资产性支出及人员劳务费等日常性支出,因此可以通过固定资产投资指数 $IFAPI_{it}$ 与居民消费价格指数 CPI_{it} 加权合成 R&D 价格指数,对应的表达式为:

$$RDPI_{it} = (1 - \lambda_{it}) \times IFAPI_{it} + \lambda_{it} \times CPI_{it} \tag{3-2}$$

本书参考吕岩威与李平(2016)[①]的处理方法,将 λ_{it} 设定为 0.85,因此式(3-2)可进一步表达为:$RDPI_{it} = 0.15 \times IFAPI_{it} + 0.85 \times CPI_{it}$。在此基础上,本书以 2010 年为研究基期,对历年的 R&D 经费内部支出进行平减,以此消除价格带来的影响。

接着对永续盘存法进行说明,其基本公式为:

$$K_{it} = (1 - \delta) \times K_{i(t-k)} + \sum_{k=0}^{n} R_{i(t-k)} \alpha_{ik} \tag{3-3}$$

在式(3-3)中,$K_{i(t-1)}$、K_{it} 分别表示为在第 $t-1$ 期与 t 期,第 i 地区的 R&D 经费存量,$R_{i(t-k)}$ 是在 $t-k$ 期 i 地区的实际 R&D 经费内部支出;α_{ik} 表示 $R_{i(t-k)}$ 的贴现系数,k 为 R&D 经费平均滞后期,本书假定 α_{ik} 与 k 都为 1;δ 是 R&D 经费存量的折旧率,本书参考多数学者的取值,将其设定为 15%。因此式(3-3)可转化为:$K_{it} = 0.85 \times K_{i(t-1)} + R_{i(t-1)}$。

下面需要计算基期的 R&D 经费存量,本书沿袭 Griliches(1980)在研究中采用的方法,将 R&D 经费存量的基期表达式确定为:

$$K_{i0} = R_{i0} / (g + \delta) \tag{3-4}$$

在上式中,R_{i0}、K_{i0} 分别表示第 i 地区在基期的实际 R&D 经费支出与 R&D 经费存量;g、δ 分别为 R&D 经费存量的平均增长率与折旧率,本书借鉴已有研究将 g 假定为 R&D 经费内部支出的平均增长率,同时依据经验法则将 δ 设定为 15%。

(二)技术创新产出变量

与技术创新的投入相比,产出更具复杂性,通过对现有文献进行梳理,大致可以将技术创新分为两个阶段,分别对应知识产出与经济产出两个部分。

本书借鉴吴传清等(2017)、李政等(2018)测算效率时设计的指标体系,选取发明专利申请数、新产品销售收入作为区域技术创新的期望产出,主要

---

① 吕岩威,李平.科技体制改革与创新驱动波及:1998—2013[J].改革,2016(1):76-87.

基于两个方面的考虑：

第一，专利是知识的体现形式之一，按照国家统计局的分类，专利主要包括外观设计、实用新型和发明专利。其中，发明专利被明确为一项新的技术方案，具有若干项技术特征，更具有实用性、创造性和新颖性，所以相较于外观设计和实用新型专利而言，发明专利具有较高的技术水平。因此发明专利保证了技术创新产出成果的质量，并且不易受到通货膨胀的影响，不会出现价值被低估或者高估的情况。

第二，如果单独使用发明专利申请数作为技术创新的产出指标，则无法突出技术创新活动的经济内涵与价值差异，而且许多创新活动出于商业保护的原因并未申请专利，但选取新产品销售收入可以反映技术创新的最终市场价值。因此，为避免单一指标导致结果产生严重的片面性，本书选择发明专利申请数、新产品销售收入作为技术创新的期望产出变量。

关于如何量化技术创新的非期望产出，学界普遍从环境成本的角度对其展开研究，如工业废水排放量、工业废气排放量（刘军等，2020）等是比较常用的非期望产出指标。但随着国家越来越重视生态环境的保护，"三废"排放量得到有效控制，同时大量污染废弃物也已经被处置利用。而企业一般是通过创新来达到获取超额利润的目的，如果出现创新失败的情况，则将影响到企业正常的贷款业务。因此，本书借鉴吕岩威等（2020）的研究，从创新失败的视角构建非期望产出，选取商业银行不良贷款率作为反映地区企业创新成败的指标。

二、数据来源

基于数据的可得性，本书选择2010—2018年我国内陆30个省区市（除西藏之外）为研究对象，原始数据均来自于2011—2019年的《中国金融年鉴》、《中国科技统计年鉴》及《中国统计年鉴》。其中，R&D人员全时当量、R&D经费内部支出、发明专利申请数、新产品销售收入均取自《中国科技统计年鉴》及《中国统计年鉴》，地区商业银行不良贷款率来自《中国金融年鉴》。又由于2011年之后《中国科技统计年鉴》不再统计"大中型工业企业"的新产品销售收入，所以2011—2018年的新产品销售收入以各地区"规模以上工业企业"作为统计口径，同时为消除价格带来的影响，本书借鉴此类研究的一般处理方法，利用各地区的生产者出厂价格指数（PPI）对该项指标进行平减。2010—2018年各变量含义及描述性统计结果如表3.1所示。

表 3.1　投入产出变量描述性统计

	变量	观测数	均值	标准差	最小值	最大值
投入指标	R&D 人员全时当量/万人年	270	11.8	13.0	0.4	76.3
	R&D 经费存量/亿元	270	1186.7	1304.2	22.86	6083.88
期望产出	发明专利申请数/万件	270	2.8	3.8	0.0193	21.6
	新产品销售收入/亿元	270	4710.6	6544.0	8.1	38598.2
非期望产出	商业银行不良贷款率/%	270	1.5	0.8	0.35	4.4

第五节　效率测算及结果分析

一、省级层面效率测算结果及分析

根据构造的变量体系,本书借助 Matlab2018 软件,将获取到的投入产出数据代入非期望产出 SBM 模型,对我国 30 个省级行政区 2010—2018 年的技术创新效率进行测算,具体结果如表 3.2 所示。

表 3.2　各省区市年度技术创新效率值

省区市	2010 年	2011 年	2012 年	2013 年	2014 年	2015 年	2016 年	2017 年	2018 年	均值
北京	0.49	0.43	0.41	1.00	1.00	1.00	1.00	1.00	1.00	0.82
天津	0.64	0.54	0.76	1.00	0.62	0.50	0.57	0.38	0.35	0.60
河北	0.30	0.28	0.42	0.43	0.38	0.32	0.33	0.32	0.39	0.35
山西	0.27	0.29	0.33	0.36	0.26	0.21	0.29	0.29	0.40	0.30
内蒙古	0.21	0.17	0.21	0.21	0.15	0.13	0.13	0.16	0.24	0.18
辽宁	0.42	0.46	0.49	0.58	0.39	0.31	0.36	0.33	0.37	0.41
吉林	0.42	0.46	0.50	0.25	0.36	0.31	0.37	0.42	0.36	0.38
黑龙江	0.19	0.15	0.21	0.26	0.22	0.20	0.16	0.17	0.23	0.20

续表

省区市	2010 年	2011 年	2012 年	2013 年	2014 年	2015 年	2016 年	2017 年	2018 年	均值
上海	1.00	1.00	1.00	0.76	0.64	0.61	0.68	0.66	1.00	0.82
江苏	1.00	1.00	1.00	1.00	1.00	1.00	1.00	1.00	1.00	1.00
浙江	0.70	1.00	0.70	1.00	0.71	1.00	1.00	1.00	1.00	0.90
安徽	0.61	0.59	1.00	1.00	1.00	1.00	1.00	1.00	1.00	0.91
福建	0.49	0.46	0.48	0.44	0.34	0.29	0.37	0.36	0.42	0.41
江西	0.31	0.26	0.38	0.45	0.38	0.32	0.47	0.55	1.00	0.46
山东	1.00	0.66	1.00	1.00	0.71	0.67	0.64	0.50	0.40	0.73
河南	0.38	0.32	0.35	0.53	0.47	0.39	0.42	0.48	0.50	0.43
湖北	0.41	0.35	0.46	0.52	0.45	0.42	0.55	0.60	0.62	0.49
湖南	0.52	0.50	0.66	1.00	0.59	0.52	0.74	0.61	0.52	0.63
广东	1.00	0.83	0.68	1.00	0.71	0.84	1.00	1.00	1.00	0.90
广西	0.34	0.34	0.55	1.00	1.00	1.00	1.00	1.00	0.54	0.75
海南	1.00	1.00	0.53	0.47	0.33	0.25	0.25	0.25	0.26	0.48
重庆	1.00	1.00	1.00	1.00	1.00	1.00	1.00	1.00	0.51	0.95
四川	0.37	0.38	0.40	0.47	0.45	0.38	0.39	0.43	0.33	0.40
贵州	0.46	0.51	0.52	0.44	0.59	0.37	0.42	0.43	0.48	0.47
云南	0.39	0.35	0.39	0.35	0.31	0.23	0.24	0.24	0.26	0.31
陕西	0.32	0.30	0.33	0.39	0.31	0.18	0.19	0.35	0.28	0.29
甘肃	0.30	0.31	0.42	0.42	0.41	0.28	0.19	0.19	0.21	0.30
青海	0.09	0.05	0.07	0.11	0.07	0.14	0.18	0.21	0.29	0.13
宁夏	0.27	0.26	0.40	0.65	0.44	0.41	0.32	0.37	0.44	0.40
新疆	0.31	0.26	0.32	0.36	0.36	0.32	0.33	0.27	0.30	0.31

根据表 3.2 可知：

(1)从横向来看，在考察期内，历年达到 DEA 有效的省区市及数量均有差异。2011 年、2012 年、2014 年达到 DEA 有效的省区市最少，仅有 5 个，只占到所有省区市数量的 16.7%，2013 年则有 10 个省区市的技术创新活动达到 DEA 有效，占比达 33.3%。所以在 2010—2018 年，DEA 有效省区市的占比在 16.7%～33.3%波动，上述测算结果说明我国绝大部分省区市在技术创新活动中都未能实现创新资源的最优配置，同时在创新管理模式上也存在部分缺陷，地区之间技术创新的发展不平衡现象依然比较严重。

(2)从纵向来看，不同省市的技术创新效率差异较为明显。在 2010 年—2018 年间，技术创新效率排名前 10 位的省区市分别为：江苏、重庆、安徽、上海、广东、浙江、北京、山东、广西、湖南。同时江苏、重庆、安徽、上海、广东、浙江、北京的技术创新效率都达到 0.8 以上，这些省市都是引领我国技术创新水平与未来发展趋势的先发地区。因为江苏、上海、广东、浙江、北京、山东等省市处于东部沿海地区，创新的人才环境、政策环境及物质环境更为优越，相应的技术创新效率位于全国前列具备一定的合理性，中西部的广西、安徽、重庆、湖南可能因为技术创新规模较小，更容易减少资源的冗余，技术创新效率由此提高。而技术创新效率均值在 0.6 以下的地区则包括河北、陕西、黑龙江、内蒙古、青海。在研究时域内，江苏的效率均值始终为 1，青海的效率均值最低，仅为 0.13。

无论是从人才环境、资金环境还是经济社会环境来看，我国区域之间创新生态的差异较大。为进一步分析技术创新效率在不同生态环境下的差异，参考已有研究的一般做法，将我国 30 个内陆省区市(鉴于数据的不可得性，不涵盖西藏自治区)划分为东部、中部、西部三大地区。其中，东部地区包括辽宁、河北、北京、天津、山东、江苏、上海、浙江、福建、广东、海南 11 个省市；中部地区包括江西、安徽、湖南、湖北、河南、山西、吉林、黑龙江 8 个省市；西部地区包括四川、重庆、贵州、云南、广西、陕西、甘肃、青海、内蒙古、宁夏、新疆 11 个省区市。

二、东中西部地区层面效率测算结果及分析

由表 3.3 可知，在 2010—2018 年，我国技术创新平均效率为 0.523。分区域来看，中西部地区技术创新效率均值分别为 0.474、0.408，明显低于全国平均水平，东部地区技术创新效率均值高于全国平均水平，达到 0.673。上述

数据表明我国技术创新效率仍然处于较低水平,而其中东部地区的技术创新效率大幅度领先中西部地区,这与中西部地区科研人才投入、研发资金投入较少有很大关系。我国技术创新效率标准差为 0.286,说明 30 个省区市之间的效率存在较大差异。虽然东部地区平均效率最高,但是标准差为 0.279,是三大区域中效率差异最大的地区,中部地区、西部地区的效率标准差则分别为 0.238、0.259,说明东部地区 11 个省市间技术创新效率存在的差异相对较大。

表 3.3　2010 年—2018 效率描述性统计

地区	最小值	最大值	标准差	平均值
全国	0.047	1.000	0.286	0.523
东部	0.245	1.000	0.279	0.673
中部	0.149	1.000	0.238	0.474
西部	0.047	1.000	0.259	0.408

(一)东部地区技术创新效率

分析图 3.10 可以发现,从 2010—2018 年,江苏始终位于东部 11 个省市技术创新效率的前沿面上,即 DEA 方法测算的效率值连续 9 年为 1,是东部地区技术创新效率表现最好的省份。在其他东部省市中,北京、上海、浙江、广东、山东等省市表现也较好,在不同年份都能达到 DEA 有效。其中,北京虽然在前三年均未实现 DEA 有效,但是此后连续 6 年保持在效率的前沿面上,全面展现了国家创新中心城市的实力。浙江从资源小省到共同富裕示范区,离不开对资源投入利用率的重视,反映在技术创新上,浙江在 2011 年、2013 年以及 2015—2018 年效率值为 1,其余年份也处于较高水平。上海、广东处于技术创新的前沿,效率值也位于东部前列。天津、海南、福建、辽宁、河北等省市在东部地区表现并不突出,效率均值位于 0.41~0.60。其中河北是东部效率最低的地区,效率仅在 0.28~0.43 区间波动,对比相邻地区,效率提升空间还非常大。

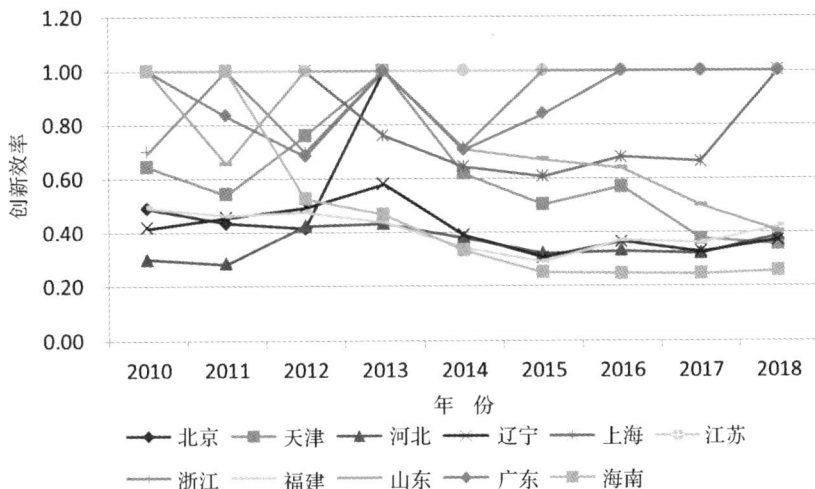

图 3.10　2010—2018 年东部地区技术创新效率变化趋势

(二)中部地区技术创新效率

分析图 3.11 可以发现,安徽连续 9 年都是中部地区技术创新效率最高的省份,并且在 2012—2018 年连续 7 年为 1,技术创新实力跻身全国第一方阵。除安徽之外,湖南的效率在中部地区也相对较高,表明湖南具备技术创新的发展潜力。中部技术创新效率最低的是黑龙江,基本在 0.2 上下波动,但后期测算结果表明,黑龙江技术创新效率呈现出一定的上升趋势。

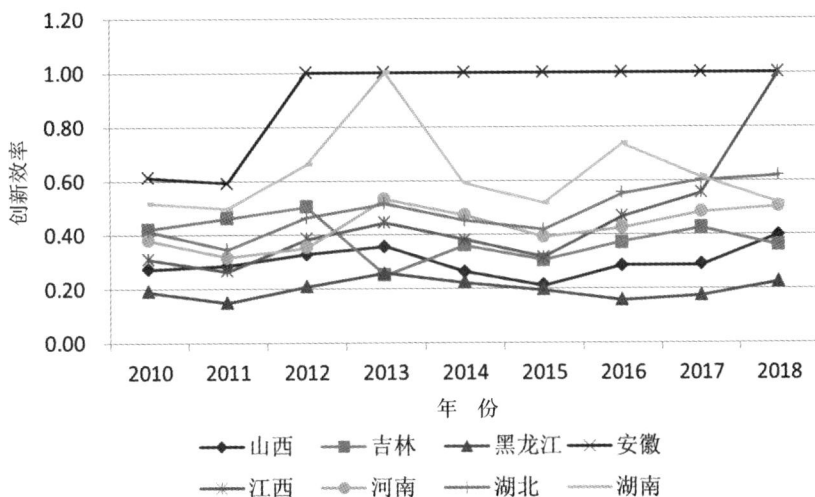

图 3.11　2010—2018 年中部地区技术创新效率变化趋势

(三)西部地区技术创新效率

分析图 3.12 可以发现,重庆与广西技术创新效率要明显高于西部的其他省份,其中重庆的效率最高,在 2010—2017 年间均位于西部前沿面上,广西表现稍微逊色,只在 2013—2017 年达到 DEA 有效。贵州、宁夏技术创新规模较小,容易减少资源的冗余,相应的平均效率超过 0.4,这比其他西部省区市都要高。青海的效率最低,平均为 0.13。为改变西部地区技术创新的落后面貌,我国应出台针对技术创新的优惠政策,安排财政支持与税收减免,刺激鼓励西部地区提升创新能力,为效率提质增速。

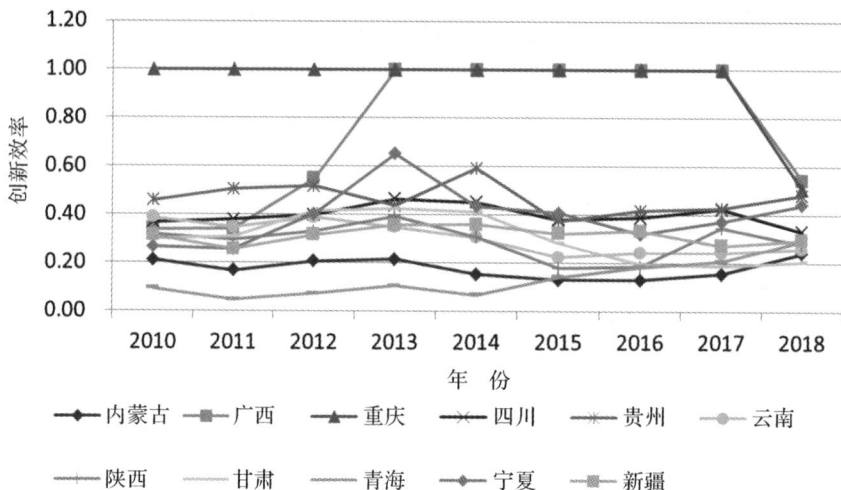

图 3.12　2010—2018 年西部地区技术创新效率变化趋势

第六节　本章小结

本章首先分析了区域创新总体情况,然后在分别分析省级层面和东中西部地区层面的技术创新投入与技术创新产出数据的基础上,构建包含非期望产出的 SBM 模型,对我国省级层面和东中西部地区层面 2010—2018 年的技术创新效率分别进行测算,最后对测算结果进行分析。

通过从省级和东中西部地区两个层面分析技术创新投入产出,发现:总体来看,2010—2018 年间,我国创新投入与创新产出呈现出同步上升的趋势,但是波动幅度及其在不同区域间的情况存在差异。得益于较为发达的经济及活跃的市场环境,东部地区的大多数省份的技术创新投入和技术创新产出始终稳定在第一梯队,明显高于中西部地区的省份。在近些年我国深入推进中西部开发的政策引导下,中西部地区的技术创新投入和技术创新产出也稳定增长,但是由于经济基础相对较为薄弱,具体数值与东部地区相比还有很大差距,还需要制定长远的创新活动规划与具体落实措施。

通过分析我国省级层面和东中西部地区层面 2010—2018 年的技术创新效率,可以发现:技术创新效率既有"马太效应",也有"赶超效应"。从省级层面来看,我国绝大部分省区市在技术创新活动中都未能实现创新资源的最优配置,同时不同省区市技术创新效率所存在的差异依然比较明显。在 2010—2018 年间,江苏、重庆、安徽、上海、广东、浙江、北京的技术创新效率都达到 0.8 以上,一直是引领我国技术创新水平提升的创新高地;而内蒙古、黑龙江、青海的技术创新效率始终处于较低水平,在研究时域内创新效率均值甚至低于 0.20,技术创新效率的"马太效应"表现明显。江苏的技术创新效率始终为 1,位居全国首位,这是其前期创新高投入在后续若干年转化成创新成果的重要体现,可以将这种现象理解为创新过程从"厚积薄发"到"厚积厚发",也就是说,存在创新的"赶超效应"。从东中西部地区层面来看,东部地区的技术创新效率始终领先并大幅度领先于中西部地区,在研究时域内中西部地区的技术创新效率均值甚至低于全国平均水平,中西部地区还需要继续蓄力去提升技术创新效率。

第四章　开放式创新对区域
创新绩效影响的实证分析

　　在第三章运用非期望产出 SBM 模型测算区域技术创新效率的基础上，本章将分别采用全国总样本和分区域样本两个层面的数据，运用面板 TOBIT 模型实证检验开放式创新与区域技术创新效率之间的关系，并基于研究结论，为通过开展开放式创新活动来有效提升技术创新效率提出政策建议。

第一节　面板 TOBIT 模型设定

　　TOBIT 模型是经济学家托宾（Tobin）为解决因变量受限问题而提出的，且采用最大似然估计法（MLE），可保证 TOBIT 模型得到的估计量是一致的，由此衍生的 DEA-TOBIT 两步法在分析效率的影响因素方面得到广泛使用。本章所采用的通过非期望产出 SBM 模型测算得到的技术创新效率值，介于 0 到 1 之间，属于典型的截断数据。针对这种类型的数据，在实证分析中若采用 OLS 估计，则参数估计的结果可能会存在偏误和不一致的缺陷，而采用最大似然估计法（MLE）的 TOBIT 模型是可以进行有效的实证分析的。因此，为了尽可能地利用时间及横截面上的信息，本章设定面板 TOBIT 模型展开实证分析，其一般形式如式（4.1）所示。

$$y_{it} = \begin{cases} c_1, & if \quad y_{it}^* \leqslant c_1 \\ y_{it}^*, & if \quad c_1 \leqslant y_{it}^* \leqslant c_2 \\ c_2, & if \quad y_{it}^* \geqslant c_2 \end{cases} \qquad (4.1)$$

$$y_{it}^* = x_{it}\beta + \mu_i + \upsilon_t + \varepsilon_{it}$$

其中，y_{it} 代表因变量，y_{it}^* 代表潜变量，x_{it} 代表自变量，ε_{it} 表示误差项，且 ε_{it} 服从 $N(0,\delta^2)$，μ_i 代表个体效应，v_t 代表时间效应。

为了重点考察开放式创新对区域技术创新效率的影响，构建如下面板截取回归模型：

$$TE_{it} = \begin{cases} \alpha_0 + \alpha_0 OI_{it} + \sum \beta_j X_{jit} + \mu_i + v_i + \varepsilon_{it}, & 0 \leqslant TE_{it} \leqslant 1 \\ 0, & \text{其他} \end{cases} \quad (4.2)$$

其中，TE 代表区域技术创新效率；OI 代表地区开放式创新水平，回归系数 α_1 用以判定开放式创新对区域技术创新效率的作用效果；X 代表一系列与技术创新密切相关的控制变量。本书借鉴石大千等（2016）、李政等（2017）对区域创新效率研究的有益成果，选择的控制变量 X 具体包括：产业升级水平（IND）、研发投入强度（INT）、金融发展水平（FIN）；u_i 为不随时间变化而随个体变化的随机变量；v_t 为不随个体变化而随时间变化的随机变量；除此之外，α_0、β 与 ε 分别表示常数项、控制变量的回归系数、误差项。

切萨布鲁夫根据知识的流动方向将企业采用的开放式创新模式归纳为内向型与外向型两种，借鉴这一划分模式，本章将区域层面的开放式创新活动划分为内向开放式创新（IOI）与外向开放式创新（OOI）两种类型，所以模型（4.2）可以进一步改写为如下形式：

$$TE_{it} = \begin{cases} \delta_0 + \delta_1 IOI_{it} + \sum \beta_j X_{jit} + \mu_i + v_t + \varepsilon_{it}, & 0 \leqslant TE_{it} \leqslant 1 \\ 0, & \text{其他} \end{cases} \quad (4.3)$$

$$X_{jit} \in \{IND_{it}, INT_{it}, FIN_{it}\}$$

区域的开放式创新活动具体可以表现为外部技术咨询与创新服务的购买、异质知识的获取等内向模式，以及技术与知识的出售转让等外向模式。将这两种模式对比来看，内向开放式创新的形式比外向开放式创新更加多样，根据现有统计数据，反映地区内向开放式创新的行为具体包括技术引进（TEI）、技术购买（TEB）、$R\&D$ 经费外部支出（RDE）。为了分别反映不同内向开放模式对区域技术创新效率产生的影响，在此对内向开放式创新做进一步分解，将模型（4.3）改写为如下形式：

$$TE_{it} = \begin{cases} \lambda_0 + \lambda_1 TEI_{it} + \lambda_2 TEB_{it} + \lambda_3 RDE_{it} + \lambda_4 OOI_{it} + \sum \beta_j X_{jit} + \\ \quad \mu_i + v_t + \varepsilon_{it}, \quad 0 \leqslant TE_{it} \leqslant 1 \\ 0, \qquad\qquad\qquad\quad \text{其他} \end{cases} \quad (4.4)$$

$$X_{jit} \in \{IND_{it}, INT_{it}, FIN_{it}\}$$

另外,考虑到在影响区域技术创新效率的过程中,内向开放式创新与外向开放式创新之间可能存在调节效应,需要对模型做进一步的扩展,即在模型(4.4)的基础上加入内向开放式创新的三种表现形式与外向开放式创新的交互项 $TEI_{it} \times OOI_{it}$、$TEB_{it} \times OOI_{it}$、$RDE_{it} \times OOI_{it}$,用以分析三种内向开放式创新与外向开放式创新共同作用下产生的效果,进而构建如下模型:

$$TE_{it} = \begin{cases} \sigma_0 + \sigma_1 TEI_{it} + \sigma_1 TEB_{it} + \sigma_3 RDE_{it} + \sigma_4 OOI_{it} + \sigma_5 TEI_{it} \times \\ \quad OOI_{it} + \sigma_6 TEB_{it} \times OOI_{it} + \sigma_7 RDE_{it} \times OOI_{it} + \\ \quad \sum \beta_j X_{jit} + \mu_i + v_t + \varepsilon_{it}, \quad 0 \leqslant TE_{it} \leqslant 1 \\ 0, \quad\quad\quad\quad\quad\quad\quad 其他 \end{cases} \quad (4.5)$$

$$X_{jit} \in \{ IND_{it}, INT_{it}, FIN_{it} \}$$

在模型(4.5)中,若 σ_5 显著大于 0,则表示外向开放式创新与技术引进之间存在互补效应,两者共同作用能够促进区域技术创新效率的提升;若 σ_5 显著小于 0,则表示两者之间更多的是替代效应;若 σ_5 不显著大于或小于 0,则说明在影响区域技术创新效率的过程中,技术引进与外向开放式创新之间不存在调节效应。技术购买、R&D 经费外部支出与外向开放式创新之间的调节效应分析与此相同,不再对其进行详细阐述。

本章将基于模型(4.2)、(4.3)、(4.4)、(4.5)分别检验开放式创新对区域技术创新效率的总体效应,以及不同类型开放式创新因交互作用产生的调节效应。为减少多重共线性的影响,对相关变量做了中心化处理。

第二节　变量选取与数据来源

基于已有相关研究、本章核心研究目的及面板 TOBIT 模型的实证研究需要,本章的变量选取与数据来源情况如下。

一、变量选取

(一)被解释变量

区域技术创新效率(TE)是本章开展实证检验的被解释变量,具体的评价过程与测算结果已经在第三章得到全面阐述,本章不再对其进行赘述。

(二)核心解释变量

1.技术引进(*TEI*)

借鉴谢子远与王佳(2020)的研究,选取购买国外技术的合同金额作为表征各地区引进国外技术的水平与规模。这部分的合同金额主要包括购买国外设备仪器、技术资料等的支出,因此本章根据研究时域内的历年汇率对这部分金额进行单位换算。由于缺少可直接使用的技术支出价格指数,为减少人为设定带来的误差,依照已有研究的一般做法,用GDP指数进行平减,尽量弱化价格带来的影响。

2.技术购买(*TEB*)

与技术引进不同,技术购买主要反映地区从内部其他组织或者国内其他地区购买技术资料、仪器设备等所支付的费用。本章选择购买国内技术费用支出作为技术购买的代理变量,为减少价格带来的影响,这部分支出同样用GDP指数进行平减。

3.R&D经费外部支出(*RDE*)

R&D经费外部支出是指本单位委托其他主体从事R&D活动或者寻求与外单位合作的转拨费用,合作结束后外部单位将向委托方转移研究成果,反映了区域获取外部知识的规模与水平。前文已构造了R&D经费支出价格指数,故这部分费用采用R&D支出价格指数进行平减。

4.内向开放式创新(*IOI*)

根据前文设定的模型,地区内向开放式创新的衡量将以剔除价格影响后的技术引进经费、技术购买经费与R&D经费外部支出总额作为代理变量。

5.外向开放式创新(*OOI*)

外向开放式创新主要反映地区通过出售技术、转让知识等行为达到获取收益的目的。借鉴张旭华(2017)的研究,选择地区技术输出合同金额作为外向开放式创新的代理变量,并用GDP指数进行平减。

6.开放式创新(*OI*)

技术创新的开放水平可以通过研发要素的获取与溢出能力来反映,区域创新主体通过对内与对外开放,使创新要素能够突破约束限制。因此本章综合内向与外向两个开放角度来量化地区的开放式创新水平,选择经价格平减处理的技术引进经费、技术购买经费、R&D 经费外部支出与技术输出合同金额之和作为地区开放式创新的代理变量。

(三)控制变量

1.产业升级水平(*IND*)

产业升级意味着生产要素在产业链环节上发生了重置,创新资源由低效率部门转向高效率部门,技术创新效率势必受到影响。本章选择第三产业产值占 GDP 的比重来表征地区产业升级水平。

2.研发投入强度(*INT*)

地区对创新活动的重视程度可以通过研发投入强度来反映,一般而言,升技术创新效率需要建立在适当的研发强度上。本章选择 R&D 经费内部支出占 GDP 的比重来表征研发投入强度。

3.金融发展水平(*FIN*)

贠菲菲等(2019)、张黎娜等(2020)研究发现金融发展会对区域技术创新产生重要影响。本章选择金融业增加值与 GDP 的比值作为金融发展水平的代理变量。

综上所述,具体相关变量的定义如表 4.1 所示。

表 4.1 变量定义

变量类型	变量	符号	变量说明
被解释变量	区域技术创新效率	*TE*	通过非期望产出 SBM 模型计算出的区域技术创新效率
核心解释变量	技术引进	*TEI*	各省年度引进技术实际支出
	技术购买	*TEB*	各省年度购买技术实际支出
	R&D 经费外部支出	*RDE*	各省年度 R&D 经费实际外部支出
	内向开放式创新	*IOI*	*TEI+TEB+RDE*
	外向开放式创新	*OOI*	各省年度技术输出实际合同金额
	开放式创新	*OI*	*IOI+OOI*

变量类型	变量	符号	变量说明
控制变量	产业升级水平	IND	各省第三产业产值/GDP
	研发投入强度	INT	各省R&D经费内部支出/GDP
	金融发展水平	FIN	各省金融业增加值/GDP

二、数据来源

考虑到我国2010年才开始对各省市R&D经费外部支出的情况进行统计,为保证数据的完整性与时间的一致性,本章以2010年为研究基期,选取2010—2018年中国内陆30个省区市(由于部分数据的不可得性,不包括西藏自治区)的相关数据进行实证分析,所有的原始数据都取自《中国统计年鉴》、《中国科技统计年鉴》、国家统计局数据库。其中,各省市技术引进支出、技术购买支出、R&D经费内外部支出、技术输出合同金额的具体数据来自《中国科技统计年鉴》,各省市金融业增加值、第三产业产值、GDP、GDP平减指数的具体数据来源于国家统计局数据库。同时,为了在不影响回归结果的前提下得到相对一致的回归系数,将核心解释变量的单位统一为百亿元。

各变量描述性统计分析如表4.2所示,可以看出,区域技术创新效率(TE)的最大值为1.0000,最小值为0.0500,相差20倍,说明技术创新效率的空间差异较大;开放式创新(OI)的最大值为43.6463,最小值为0.1533,相差将近285倍,且标准差为6.7100,这表明不同省市的开放式创新水平差异巨大;内向开放式创新(IOI)、外向开放式创新(OOI)及内向开放式创新的三个维度指标的最大值与最小值相差也较大,进一步说明不同省市开展各类开放式创新活动的水平存在差异。

表4.2 变量描述性统计

变量	观测数	均值	标准差	最小值	最大值
区域技术创新效率(TE)	270	0.7536	0.1844	0.0500	1.0000
技术引进(TEI)	270	0.4872	0.8280	0.0003	5.0170
技术购买(TEB)	270	1.7154	1.9761	0.1172	12.8498
R&D经费外部支出(RDE)	270	0.2263	0.3201	0.0040	2.6180
内向开放式创新(IOI)	270	2.4288	2.8166	0.1434	15.2961

续表

变量	观测数	均值	标准差	最小值	最大值
外向开放式创新(OOI)	270	1.9570	4.2363	0.0044	28.3502
开放式创新(OI)	270	4.3858	6.7100	0.1533	43.6463
产业升级水平(IND)	270	0.4522	0.0962	0.2862	0.8309
研发投入强度(INT)	270	0.0158	0.0109	0.0034	0.0601
金融发展水平(FIN)	270	0.0639	0.0298	0.0196	0.1740

三、数据平稳性检验

对面板数据进行平稳性检验需要采用合适的面板单位根检验方法,通过对比分析各类方法的特征,本章选取 llc 检验和 fisher-adf 检验方法综合考察变量的平稳性,面板单位根的具体检验结果如表4.3所示。根据投票规则,本章选取的变量均为平稳序列,可以进行下一步的计量回归分析。

表 4.3　面板单位根检验结果

变量	llc 检验		fisher-adf 检验		
	t^*	P	Z	L^*	Pm
TE	−10.7428***	270.1873***	−1.9695**	−7.5392***	19.1874***
TEI	−29.0798***	360.0727***	−7.9537***	−15.6336***	27.3928***
TEB	−6.7157***	265.6954***	−0.6367	−7.7987***	18.7773***
RDE	−2.5748***	263.4417***	−2.3273***	−8.1771***	18.5716***
IOI	−15.3531***	260.6177***	−2.1534**	−8.1313***	18.3138***
OOI	−5.2799***	212.8430***	0.8381	−4.3667***	13.9526***
OI	−12.4470***	189.6121***	0.5225	−3.8149***	11.8319***
IND	−5.0504***	338.6961***	−3.2411***	−11.9634***	25.4414***
INT	−10.2552***	173.3565***	−0.5773	−4.1345***	10.3480***
FIN	−6.8612***	99.4545***	2.3087	1.4843	3.6017***

注: *** $p<0.01$,** $p<0.05$,* $p<0.1$。

第三节　计量结果与分析

一、全国总样市结果分析

根据构建的指标体系及收集整理的相关数据,利用 Stata16 软件对全国层面的 4 个面板 TOBIT 模型(因变量受限的面板截取回归模型)进行回归估计,模型(4.2)、(4.3)、(4.4)、(4.5)的估计结果如表 4.4 所示。

首先从模型(4.2)的回归结果来看,核心解释变量开放式创新(OI)在 1% 的水平下显著为正,其系数为 0.033,表明开放式创新每增长 1%,区域技术创新效率可以提升 0.033%。我国实施创新驱动发展战略可以为区域技术创新营造良好的开放氛围,另外我国积极推动创新要素引进来与走出去的有机融合,也有助于不同区域之间深化创新合作,互补性资产与知识的区域重组能够快速改善地区技术创新的生态环境,进而提升区域技术创新效率。

从模型(4.3)结果来看,加入内向开放式创新(IOI)与外向开放式创新(OOI)两个自变量后,两个变量对区域技术创新效率的影响系数均为正,并且 IOI 通过 5% 的显著性检验,其系数为 0.046,表明内向开放式创新水平每增长 1%,区域技术创新效率可以提升 0.046%,但是 OOI 的正向作用并不显著。一个可能性原因是内向开放式创新的实施有助于创新主体突破区域边界和市场限制,外部专有技术资源和互补性知识为区域技术创新提供强大动能。而外向开放式创新虽然能够依托外部组织扩展新市场,在一定程度上弥补了区域性市场的不足,但是不完善的知识产权保护制度等问题使外向开放式创新面临较大风险,因此,外向开放式创新在短期内未发挥显著作用。

表 4.4　全国层面回归结果

解释变量	模型(4.2)	模型(4.3)	模型(4.4)	模型(4.5)
Constant	0.7255***	0.7156***	0.7317***	0.5469***
	(5.59)	(5.53)	(5.64)	(4.16)
IND	−0.6761*	−0.7171*	−0.7188*	−0.4044
	(−1.70)	(−1.79)	(−1.77)	(−1.01)

续表

解释变量	模型(4.2)	模型(4.3)	模型(4.4)	模型(4.5)
INT	−1.4322	−0.9803	−4.2085	3.1391
	(−0.26)	(−0.18)	(−0.75)	(0.57)
FIN	0.2257	0.4102	0.6662	0.2033
	(0.17)	(0.30)	(0.48)	(0.15)
OI	0.0333***			
	(4.46)			
OOI		0.0228	0.0303*	−0.0071
		(1.47)	(1.78)	(−0.31)
IOI		0.0458**		
		(2.51)		
TEI			0.0752**	0.1640***
			(2.04)	(3.78)
TEB			0.0107	−0.0095
			(0.42)	(−0.37)
RDE			0.2784*	0.3973**
			(1.83)	(2.39)
TEI×OOI				−0.0197***
				(−2.88)
TEB×OOI				0.0087*
				(1.90)
RDE×OOI				−0.0412
				(−0.98)
Wald Chi2	27.64***	28.61***	30.08***	42.97***
Observations	270	270	270	270
ID	30	30	30	30

注：*** $p<0.01$，** $p<0.05$，* $p<0.1$。括号内为 z 值。

通过分析模型(4.4)可以发现,在内向开放式创新的三种不同路径中,技术引进(TEI)的估计系数为正且通过了5%的显著性水平检验,说明国外技术的引进对提升区域技术创新效率有一定的正向作用;技术购买(TEB)对区域技术创新效率的影响为正,但是未通过显著性水平检验;R&D经费外部支出(RDE)的估计系数为正且通过10%的显著性水平检验,表明地区R&D经费外部支出在一定程度上可以促进区域技术创新效率的提升。

从模型(4.5)的估计结果看,技术引进与R&D经费外部支出的系数依然显著为正,技术购买系数为负且未通过显著性检验,这与模型(4.4)的估计结果基本一致。但是在加入外向开放式创新与技术引进、技术购买、R&D经费外部支出的交互项后,$TEI×OOI$的符号显著为负,说明在影响区域技术创新效率的过程中,外向开放式创新与技术引进活动呈现为替代关系,当前若同时展开这两种形式的创新活动不利于区域技术创新效率的提高;而$TEB×OOI$的符号显著为正,这说明技术购买活动与外向开放式创新呈现为互补关系,两者共同对区域技术创新产生正向影响;$RDE×OOI$系数为负且没有通过显著性水平检验。以上结果表明外向开放式创新与技术引进、技术购买两者间存在异质调节效应,而与R&D经费外部支出之间不存在调节作用。

此外,从控制变量的回归结果看,除模型(4.5)中的产业升级水平不显著,其他3个模型中产业升级水平显著为负,这表明近年来产业升级水平不足,抑制了区域技术创新效率提升。而模型(4.5)的产业升级水平系数与模型(4.2)相比较低,说明在内向型与外向型开放式创新共同作用的情况下,产业升级不足对区域技术创新效率的抑制作用会得到一定程度的缓解。其他两个控制变量,研发投入强度和金融发展水平的影响在4个模型中均不显著。

二、分区域样市结果分析

在前文得出开放式创新对我国技术创新效率的整体效应及各种创新开放活动衍生的异质效应后,为了探究开放式创新在不同地区是否也会存在差异性、具体影响效果是否不同,本节沿袭第三章中区域技术创新效率测算的区域划分标准,分别对东部地区、中部地区与西部地区三个区域样本进行估计。

(一)东部地区结果分析

从模型(4.2)的回归结果可知,核心解释变量开放式创新(OI)在1%的水平下显著为正,其影响系数为 0.052,表明开放式创新水平每提高 1%,区域技术创新效率可以提升 0.052%,开放式创新的整体水平对东部地区技术创新效率具有显著的正向作用,这与全国总样本的回归结果是一致的(见表 4.5)。

表 4.5　东部地区回归结果

解释变量	模型(4.2)	模型(4.3)	模型(4.4)	模型(4.5)
Constant	1.5601*** (4.79)	1.6429*** (4.95)	1.9016*** (5.72)	1.6876*** (4.72)
IND	−2.0884** (−2.11)	−1.9602** (−2.00)	−2.6199*** (−2.72)	−2.2639** (−2.41)
INT	−4.6407 (−0.48)	−4.7367 (−0.45)	−8.5456 (−0.80)	−1.2041 (−0.12)
FIN	−0.8558 (−0.30)	−2.4181 (−0.81)	−1.5924 (−0.54)	−1.7281 (−0.65)
OI	0.0522*** (4.37)			
OOI		0.0865*** (3.12)	0.1179*** (3.78)	0.0732* (1.86)
IOI		0.0173 (0.67)		
TEI			0.0585 (1.19)	0.1227** (2.32)
TEB			−0.0756** (−2.02)	−0.0814** (−2.27)
RDE			0.5282** (2.55)	0.6303*** (3.32)
TEI×OOI				−0.0242*** (−2.80)
TEB×OOI				0.0054 (1.03)

续表

解释变量	模型(4.2)	模型(4.3)	模型(4.4)	模型(4.5)
$RDE \times OOI$				-0.0492 (-1.12)
Wald chi2	28.09***	29.82***	38.57***	50.79***
Observations	99	99	99	99
ID	11	11	11	11

注：*** $p<0.01$，** $p<0.05$，* $p<0.1$。括号内为 z 值。

从模型(4.3)的估计情况来看，内向开放式创新对东部地区技术创新效率的影响系数为正，但未通过显著性水平检验。根据模型(4.4)的回归结果，从内向开放式创新的三种路径来看，技术购买对东部地区技术创新效率有显著的负向影响，影响系数为 -0.076，表明东部地区技术购买水平每提高 1%，则其区域技术创新效率会降低 0.076%，这是因为相较于中、西部地区，东部地区的技术水平更高，所以东部地区直接购买国内其他地区的技术已经无法促进自身技术创新效率的提高。技术引进没有通过最低水平的显著性检验，无法验证技术引进与东部地区技术创新效率的作用关系。外部 R&D 活动对东部地区的技术创新效率具有显著的正向影响，影响系数为 0.528，说明 R&D 经费外部支出每增加 1%，东部地区的技术创新效率提升 0.528%，这得益于东部地区有强劲的 R&D 能力及更充足的 R&D 经费，开展外部研发活动进一步强化了其创新分工，使其可以通过外部研发的方式提高技术创新效率。模型(4.3)、(4.4)、(4.5)的回归结果都一致显示，外向开放式创新的系数显著为正，由此充分说明外向开放式创新对东部地区的技术创新效率具有正向影响。东部地区通过外向开放式创新输出技术，有助于降低其闲置技术的研发与购买成本，从而再次优化资源配置；企业也不再局限于自身的市场，可以通过知识产权许可或转让、新创企业、创新联盟等途径构建开放式商业网络，依托外部合作组织发现、进入和开拓新市场，降低进入壁垒和成本。这些使外向开放式创新在东部地区有更为合适的载体，能够发挥更明显的作用，从而有助于提高其技术创新效率。

模型(4.5)引入了内向开放式创新与外向开放式创新的三种乘积项，估计结果显示技术引进与外向开放式创新的交互项系数显著为负，这说明技术引进与外向开放式创新为替代关系；而技术购买、外部 R&D 活动与外向开放式创新的乘积项没有通过最低水平的显著性检验。许多发达国家拥有高水平的研发团队和领先的技术，东部地区通过引进和消化吸收这些技术，在一定程度上的确可以提高技术创新效率，但是目前发达国家通过技术保护等手段抑制了技术溢出，增加了东部地区引进核心技术的难度，同时东部地区在研发新技术时，没有充分考虑中、西部地区的要素禀赋情况，因此东部地区无法在短时间内实现技术"引进来"与"走出去"的良性互动。

(二)中部地区结果分析

从模型(4.2)和模型(4.3)的估计结果可知，开放式创新对中部地区技术创新效率具有不显著的负向影响，将开放式创新细分为外向开放式创新与内向开放式创新后，得到的结果同样不显著(见表 4.6)。

表 4.6 中部地区回归结果

解释变量	模型(4.2)	模型(4.3)	模型(4.4)	模型(4.5)
Constant	−0.1785 (−1.02)	−0.1357 (−0.78)	−0.1569 (−0.79)	−0.298 (−1.32)
IND	−0.0193 (−0.03)	−0.2375 (−0.42)	−0.1508 (−0.24)	−0.1386 (−0.20)
INT	54.3681*** (5.25)	53.5432*** (5.26)	57.5108*** (5.2)	68.2593*** (5.45)
FIN	−0.4198 (−0.16)	−0.3216 (−0.13)	−1.2556 (−0.45)	0.4019 (0.14)
OI	−0.001 (−0.07)			
OOI		−0.0592 (−1.41)	−0.0467 (−0.98)	−0.1031 (−1.62)
IOI		0.0827 (1.43)		
TEI			0.0404 (0.28)	−0.0204 (−0.14)

续表

解释变量	模型(4.2)	模型(4.3)	模型(4.4)	模型(4.5)
TEB			0.1084* (1.74)	0.0862 (1.35)
RDE			−0.316 (−0.72)	−0.371 (−0.76)
TEI×OOI				−0.4928* (−1.69)
TEB×OOI				0.1085* (1.70)
RDE×OOI				−0.4125 (−1.18)
Wald chi2	36.79***	40.42***	41.36***	48.56***
Observations	72	72	72	72
ID	8	8	8	8

注：*** $p<0.01$，** $p<0.05$，* $p<0.1$。括号内为 z 值。

根据模型(4.4)的估计结果，从内向开放式创新的三种路径看，技术购买通过 10% 的显著性水平检验且系数为正，说明购买国内技术可以提高中部地区的技术创新效率；而技术引进和外部 R&D 活动均未对中部地区的技术创新水平产生显著影响。这可能是因为东部地区的技术水平较高，而中部地区紧邻东部地区，在购买国内先进技术上具有突出的地缘优势，有助于其接受东部地区技术溢出带来的红利。但是，由于中部地区研发资本匮乏、消化吸收与自主创新能力较弱，无法像东部地区一样通过引进国外技术、开展外部研发等方式提高技术创新效率。在加入内向开放式创新与外向开放式创新的三种交互项后，模型(4.5)的估计结果显示，技术引进与外向开放式创新的交互项的回归系数显著为负，说明技术引进与外向开放式创新是替代关系。这是因为技术引进需要大量资金，而技术输出需要拥有技术储备，但是中部地区的研发资本没有东部地区那么充裕，且自主研发能力偏弱，所以两者的共同作用会对技术创新效率产生负向影响。技术购买与外向开放式创新的交互项在 10% 的显著性水平下为正，两者呈现互补关系。这主要得益于中部地区崛起等相关政策的支持,中部地区购买国内技术面临的壁垒较少,相关技术也更容易被中部地区吸收消化;同时,中部地区可以出售部分储备技术来获得创新收益,用于增强自主创新能力。因此,技术购买与外向开放式创新这两种方式具有显著的互补性。外部研发活动与外向开放式创新的交互项并不显著,所以无法验证两者的交互关系。

(三)西部地区结果分析

由表 4.7 可知,外向开放式创新对西部地区技术创新效率具有不显著的负向作用;引进国外技术、购买国内技术、外部研发等方式对西部地区技术创新效率具有不显著的正向作用;在加入内向开放式创新与外向开放式创新的三种交互项后,核心解释变量对西部地区技术创新效率的影响依然不显著。

表 4.7　西部地区回归结果

解释变量	模型(4.2)	模型(4.3)	模型(4.4)	模型(4.5)
$Constant$	0.7420***	0.7274***	0.7230***	0.7488***
	(4.37)	(4.30)	(3.94)	(3.94)
IND	−1.0050**	−0.9931**	−0.9962*	−1.0118*
	(−2.01)	(−1.98)	(−1.96)	(−1.94)
INT	−15.7427	−16.7636	−17.1618	−17.1973
	(−1.27)	(−1.33)	(−1.28)	(−1.18)
FIN	4.2864***	4.1861***	4.2185***	4.3122***
	(2.68)	(2.62)	(2.63)	(2.61)
OI	0.0019			
	(0.12)			
OOI		−0.0278	−0.0281	−0.0714
		(−0.91)	(−0.85)	(−1.08)
IOI		0.0425		
		(1.05)		
TEI			0.0578	0.0368
			(0.60)	(0.32)

解释变量	模型(4.2)	模型(4.3)	模型(4.4)	模型(4.5)
TEB			0.0339 (0.70)	0.0409 (0.81)
RDE			0.223 (0.41)	0.1209 (0.18)
TEI×OOI				−0.0962 (−0.57)
TEB×OOI				0.0081 (0.26)
RDE×OOI				0.1058 (0.33)
Wald chi2	9.40*	10.45*	10.47	10.84
Observations	99	99	99	99
ID	11	11	11	11

注:*** $p<0.01$,** $p<0.05$,* $p<0.1$。括号内为 z 值。

与东部地区、中部地区相比,西部地区 R&D 经费十分短缺、R&D 能力更是十分薄弱,无论是引进国外的技术还是购买国内的先进技术,西部地区的大多数企业、研究机构、高校都无法实现有效吸收。而且,由于存在政府支持力度比较小、缺乏科技研发人才、技术水平相对滞后等问题,西部地区进行各类开放式创新活动的动力不足。虽然为换取西部地区广阔的市场,先发地区能够向西部地区转移并协助其消化吸收相对先进的核心技术,以带动西部地区技术创新效率的提高,但是西部地区发展较为落后,自主创新能力不足,短时间内无法形成显著的技术赶超趋势。

第四节　结论与建议

本章以 2010—2018 年中国内陆 30 个省区市(不包括西藏)的技术创新活动为研究对象,运用面板 TOBIT 模型实证检验开放式创新与区域技术创新效率之间的关系，主要目的是探析开放式创新在区域技术创新效率提升过程中发挥的支撑引领作用，为通过开展开放式创新活动来实现区域技术创新效率的有效提升提供新思路。

一、研究结论

通过运用面板 TOBIT 模型，分别基于全国总样本和分区域样本两个层面，实证检验开放式创新与区域技术创新效率之间的关系，得到如下主要研究结论。

（一）从全国层面来看，地区开放式创新水平对我国技术创新效率具有显著的正向影响

从内向开放式创新的具体路径来看，我国能够通过引进国外技术与开展外部研发的方式提高区域技术创新效率。这两种方式能够充分考虑我国技术禀赋需求，降低新技术的引进与学习成本，有助于提高我国技术创新水平。此外，外向型开放式创新与不同路径的内向型开放式创新相结合，会带来不同的调节效应：外向型开放式创新与技术引进活动代表的内向型开放式创新有替代关系，与技术购买活动代表的内向型开放式创新有互补关系。如果内向型与外向型开放式创新共同作用，产业升级不足对区域技术创新效率的抑制作用会得到一定程度的缓解。

（二）从分区域层面来看，开放式创新水平对我国东部地区的技术创新效率具有显著的正向影响

东部地区可以通过引进国外技术、开展外部研发及外向开放式创新的方式提高区域技术创新效率，但是当前东部地区尚未实现技术输出与技术引进在提升区域技术创新效率过程中的正向循环。中部地区可以通过购买国内先进技术的方式提高区域技术创新效率，这种方式与外向开放式创新存在显著的互补关系，而引进国外技术与外向开放式创新呈现为显著的替代关系。西部地区的 R&D 经费短缺、创新能力薄弱，各类开放式创新活动均未对西部地区的技术创新效率产生直接的影响，同时关于内向开放式创新与外向开放式创新的三种交互作用也得不到显著性的结论。

二、政策建议

我国技术创新水平现阶段依然相对滞后,且省际及东中西部地区间存在较大差异,技术创新效率的提升仍然任重而道远。同时,技术创新等级提升对创新要素的需求越来越高,亟须通过开展开放式创新活动来实现创新资源的有效交流互动,进而带动区域技术创新效率提质增速。基于研究结论,为了使开放式创新在提升区域技术创新效率的过程中更好地发挥作用,提出以下政策建议。

(一)提高创新主体开放程度,提倡内外开放式创新相结合

受限于传统的创新观点,我国在较长一段时期内沿袭着封闭创新的思路。然而,过分依赖区域内创新主体储备的资源,而未对外部创新要素予以充分重视,将无法实现创新资源的有效交流与互动,技术深层次变革引致的要素需求也无法得到满足。对此,应该提高区域内创新主体的开放程度,尤其是应该鼓励内向型与外向型开放式创新相结合。与技术溢出不同的是,开放式创新更强调创新主体的主动性,因此,对于产业创新链的各利益相关者,应该制定差异化的政策,以最大化各主体的开放式创新投入。

(二)提高技术引进与购买的适用性,注重吸收融合再创新

作为内向型开放式创新的两种必不可少的途径,技术引进与技术购买都能促进区域技术创新绩效的提升。因此,我国应该建立健全技术引进机制与技术购买机制,提高技术引进与购买的质量。不仅要积极对接全球技术资源,充分发挥引进国外技术而引致的技术溢出效应,也要注重国内技术的交流互动,鼓励国内产学研等主体展开技术研发合作,组建地区技术联盟,促进技术创新要素有效共享。此外,考虑到与外向型开放式创新匹配的替代或互补效应,在技术引进与购买的过程中,要高度重视其适用性,以增强内外技术吸收融合与再创新。尤其是在我国"双循环"的战略视野下,更应充分考虑国内不同地区要素禀赋与技术差距,关注技术引进质量,重视提高国内技术市场交易质量,不断提高技术自给能力。

(三)注重地区创新异质性,坚持因地施策

针对各类开放式创新活动在提升技术创新效率的过程中所存在的区域

差异性,国家及地方政府应该因地施策,避免创新模式照搬及"一刀切"等不合理的政策导向。东部地区应继续树立开放式创新的发展理念,探索实施各类开放式创新活动,并提升技术消化吸收能力,把国外先进的技术知识融入我国技术体系,使之转化为我国的技术优势,从而将东部地区打造为国外技术的承载地,降低国内其他地区学习与购买国外新技术的壁垒与成本。中西部地区应该提高研发强度,大力引进高端研发人才,切实增强自主创新能力;地方政府还应优化创新要素配置,为创新主体提供适当的财政支持与税收补贴,提高中西部对技术溢出效应的吸收水平。此外,东中西部地区之间应该加强研发交流,尤其是中西部地区应该优化先进技术承接环境,主动承接东部地区的技术梯度转移,促进我国区域技术创新协调联动发展。

第五章　企业家精神与区域技术创新

　　早期新古典学派增长模型把劳动力和资本投入作为经济增长的主要动力,但在经济增长核算中发现,劳动和资本不能解释全部经济增长。熊彼特较早将企业家精神和创新联系起来,他认为经济变革以创新精神为中心,是"创新"的成果,并将企业家等同于创新①。1991 年,格罗斯曼和赫尔普曼将技术创新引入内生增长模型,认为研究开发决策取决于劳动力成本、企业获取的知识及出售新产品、新技术获得的利润。事实证明,技术创新并不是自发的,而是由企业家愿景、洞察力、判断力等精神驱动企业家在社会发展背景下发现机会—寻找资源—承担风险—获得收益的过程。企业家发掘市场需求、把握创新时机、筹集配置资源等,在很大程度上取决于企业家的创新创业精神。目前,企业家精神还没有一个统一的概念,而且,在不同时代、不同区域的企业家所展现出的企业家精神也有明显差异。本章对不同时期中西方企业家精神的内涵、企业家精神的作用及影响因素、企业家精神的培育和发展现状等进行较为系统的分析,以此揭示企业家精神与区域技术创新之间的内在逻辑。

第一节　企业家精神的相关文献综述

一、企业家精神内涵界定

　　"企业家"一词最早由法国学者坎蒂隆(Cantillon,1755)提出,他认为企业

---

　　①　Schumpeter J A. The Creative Response in Economic History[J]. The Journal of Economic History,1947,7(2):149-159.

家在商品的生产、交换、流通过程中发挥资源调配作用,强调企业家在追求利润过程中承担价格不确定性风险的精神①。而中国对企业家精神的研究较晚,在研究初期中国沿袭了西方对企业家精神的定义,邢以群(1994)②、吕爱权、林战平(2006)③及陈伟、赵富洋(2008)④等提出企业家精神主要表现为创新精神、竞争意识、创业精神、洞察力、风险意识和追求利润。随着对企业家精神的深入研究,部分学者对企业家精神的定义不再仅限于对企业家个体特征的描述,而是结合社会不同方面和企业家行为等对企业家精神进行解释。企业家精神的发展离不开社会经济环境,具体表现在企业家不断使其行为动机符合社会价值体系要求,使其行为手段不断规范化和理性化的过程中。一部分学者从个体、企业、社会三个层面对企业家精神进行解释,其中个体层面的企业家精神指个人所拥有的信誉、追求和威望等;吴敬琏(2018)提出企业层面的企业家精神主要是指创新精神,是企业家精神的重要组成部分⑤;郭燕青(2018)认为,社会层面的企业家精神主要体现的是企业家积极承担非营利性的社会责任⑥。姜忠辉、徐玉蓉(2015)从企业家的个体特征、行为特征和所处环境三个不同角度定义企业家精神,提出个体特征角度的企业家精神表现为创新、冒险、进取精神等;行为特征角度的企业家精神表现为机会主义、价值导向、追求市场平衡等;与所处环境相结合的企业家精神贯穿在企业初创、成长、成熟和变革企业生命周期四个阶段,企业家在创业初期和企业发展的变革期主要表现为创新精神和创业精神,在企业的成长期表现为寻求机会和协调市场的能力,在企业的发展成熟期表则现为配置资源的能力和敬业精神⑦。

---

① Richard Cantillon,Robert F. Hébert. An Essay on Economic Theory[M]. Auburn:udwig von Mises Institute,2010:64-77.

② 邢以群.企业家及其企业家精神[J].浙江大学学报(人文社会科学版),1994,40(2):67-74.

③ 吕爱权,林战平.论企业家精神的内涵及其培育[J].商业研究,2006,49(7):92-95.

④ 陈伟,赵富洋.自主创新过程中的企业家精神[J].科技管理研究,2008,28(3):11-12.

⑤ 吴敬琏.企业家精神的本质和核心就是创新精神[J].商业观察,2018,4(3):39.

⑥ 郭燕青.企业家精神及其创新生态系统构建研究[J].企业经济,2018,38(12):2,5-12.

⑦ 姜忠辉,徐玉蓉.企业家精神的内涵与外延探析[J].中国海洋大学学报(社会科学版),2015,28(1):71-77.

二、创新与企业家精神理论

早期新古典学派增长模型把劳动力和资本投入作为经济增长的主要动力,但在经济增长核算中发现劳动和资本不能解释全部经济增长。熊彼特(Schumpeter,1911)较早将企业家精神和创新联系起来,他认为经济变革以创新精神为中心,是创新的成果,并将企业家等同于创新,认为经济发展的本质是实施新的生产资料组合,包括采用新产品、新生产方式、开辟新市场和新原材料或半成品供应基地、采用新组织形式①。而企业家具体实施这些新组合,他们追逐利润、承担风险,具有创新精神、竞争精神、挑战精神以及冒险精神,因此熊彼特认为经济发展的主要动力是企业家精神。鲍莫尔(Baumol,1970)一方面沿袭了熊彼特对企业家的解释,将企业家定义为从事创新活动的个人,认为企业家是经济体扰动器,能够使经济各个方面保持活跃状态,企业家拥有想象力、领导力、勇敢、机灵等特征;另一方面与熊彼特将模仿者作用放在经济发展次要位置不同,他强调模仿型企业家的核心作用②。芝加哥学派代表人物奈特(Knight,1921)认为③,企业家提供个人能力、承担责任,具有保障要素所有者免受不确定性影响的职能。米塞斯(Mises,1951)④和柯兹纳(Kirzner,1973)⑤则提出,利润来源于企业家积极寻求获利机会并对新信息保持警觉的精神,企业家通过满足消费者最为迫切的需求,进行生产资料配置,对信息的警觉降低了资本损失发生的概率以获取更多利润。德鲁克(Drucker,1985)则认为⑥,企业家精神是基于经济和社会的理论,是行为特征而非个性特点,创新来源于企业内部意外事件、程序的需要、工业结构或市场结构的变化和外部人口、认知、情绪和新知识的变化,企业家精神表现为寻求变革,对变革做出反应并利用变革。赫伯特等(Hebert et al.,1989)则认为企

---

① 熊彼特.经济发展理论[M].郭武军,吕阳,译.北京:华夏出版社,2015:56-80.

② 鲍美尔.企业家精神[M].孙贺君,译.武汉:武汉大学出版社,2010:8-11.

③ Knight F H. Risk, Uncertainty and Profit[M]. New York:Houghton Mifflin Company,1921:61-63.

④ Ludwing von Mises. Profit and Loss[M]. Auburn:Ludwig von Mises Institute, 2008:10-16.

⑤ Israel M. Kirzner. Competition and Entrepreneurship[M]. Chicago:The University of Chicago Press,1973:37.

⑥ 德鲁克.创新和企业家精神[M].《世界经济科技》周刊编辑室,译.北京:企业管理出版社,1989:25-27.

业家是做出影响产品和资源的使用、组织形式的判断性决策的人[①],这一定义不仅包含了对风险、不确定性、创新、感知和变化的讨论,还容纳了市场体系中的协调、套利、所有权、投机、创新和资源配置。蒂德(Tidd,2001)则认为创新全过程可具体划分为创新的过程、内容、环境和影响四个部分[②],企业家积极参与创新全过程,而创新完成后产生的社会影响和技术变化又进一步推动了企业家精神水平的提升。

三、企业家精神与创新绩效

企业家精神在塑造区域创新文化、加速区域技术知识集聚及完善区域社会关系网络三个方面,对区域创新产生正向的外部影响(王瑛,2008)[③]。企业家并不是简单的改革措施的被动跟随者,而是积极的参与者和推动者,企业家所具有的创新精神、冒险精神、领袖精神等是企业技术创新的内部驱动力(李响、吴虹,2010)[④]。在当代创新驱动的经济中需要两种类型的企业家:创新型企业家,将创新的技术解决方案推向市场;模仿型企业家,通过模仿现有技术使其适应各种需求,从而促进新技术在整个经济体系中的传播(Cieślik,2017)[⑤]。宛群超、袁凌(2019)在空间集聚和区域创新绩效的研究中发现,产业集聚为企业家精神的产生提供了信息支持,而集聚程度的增强带来技术知识的正外部性,增加了企业创新收益,提高了企业创新的意愿,因此能够推动区域创新绩效的提升[⑥]。经济不确定性会增加投资项目的评估难度,对创新的投入产出产生影响,冉茂盛等(2021)对经济不确定性、企业家精神和区域创新绩效三者之间的关系进行研究,结果表明经济不确定性通过影响企业家

---

① Hebert R F, Link A N. In Search of the Meaning of Entrepreneurship[J]. Small Business Economics, 1989, 1(1): 39-49.

② Joe, Tidd. Innovation Management in Context: Environment, Organization and Performance[J]. International Journal of Management Reviews, 2001, 3(3): 169-183.

③ 王瑛. 企业家精神在区域创新系统演化中的作用机理研究[J]. 科技管理研究, 2008(7): 310-312.

④ 李响, 吴虹. 企业技术创新的动力机制分析[J]. 技术与创新管理, 2010, 31(4): 397-400.

⑤ Jerzy Cieślik. Entrepreneurship in Emerging Economies[M]. Cham: Palgrave Macmillan, 2017: 167-169.

⑥ 宛群超, 袁凌. 空间集聚、企业家精神与区域创新效率[J]. 软科学, 2019, 33(8): 32-38.

对投资收益的预期来影响企业家对高风险创新和创业行为决策,对企业家创新的积极性产生不利影响,进而减少对创新项目的投入,对区域创新绩效产生负向影响①。林瑶鹏和林柳琳(2022)对企业家精神在制度供给和区域创新关系中发挥的作用进行研究,研究结果表明知识产权保护制度和创业制度能够通过影响企业家精神进而对区域创新产生影响②。

跨国企业是对外直接投资的主体,而企业家是企业的管理者,莫赫伯等(Mokhber et al. ,2016)指出③,为应对外部竞争,在市场中谋求生存,企业领导者往往需要识别机会并进行创新活动。金中坤和潘镇(2016)认为④,具有创新精神和创业精神的企业家在不完全市场中能够发现、利用、传播和创造市场信息,及时识别国际化机会,提高生产要素使用效率,扩大市场交易规模。林柳琳(2020)认为,企业家创新精神在开拓市场、转变企业发展模式、开发新产品和新技术方面具有重要作用,而具有创业精神的企业家在承担风险的同时能够获得更高的报酬⑤,因此对 OFDI 逆向技术溢出作用于区域创新绩效中的竞争效应、技术知识学习及技术扩散产生影响。孙冰和田胜男(2022)关于企业家精神对技术扩散作用的研究表明⑥,企业家精神对技术创新扩散不仅具有直接促进作用,还以知识共享为中介影响技术创新扩散。企业家精神对技术创新扩散具有直接促进作用,技术知识共享能够减少创新扩散的不确定性,而企业家的创新创业精神会影响知识共享程度,因此企业家精神又能够以技术知识共享为中介间接影响技术创新的扩散,进而对区域创新绩效产生影响。

---

①　冉茂盛,陈亮,李万利.经济不确定性、企业家精神与区域创新效率[J].研究与发展管理,2021,33(3):149-162.

②　林瑶鹏,林柳琳.制度供给、企业家精神与区域创新[J].技术经济与管理研究,2022,43(1):61-66.

③　Mokhber M,Tan G G,Vakilbashi A,et al. Impact of Entrepreneurial Leadership on Organization Demand for Innovation:Moderating Role of Employees Innovative Self-efficacy[J]. International Review of Management and Marketing,2016,6(3):415-421.

④　金中坤,潘镇.企业家精神、社会资本与 OFDI 地区差异分析[J].技术经济与管理研究,2016,37(2):8-13.

⑤　林柳琳.企业家精神对企业创新的影响机制研究[J].产业创新研究,2020,4(9):129-130.

⑥　孙冰,田胜男.企业家精神如何影响技术创新扩散:一个有调节的中介模型[J].系统管理学报,2022,31(1):134-142.

四、企业家精神的影响因素

企业家精神的产生与发展受到诸多因素的影响,但主要受到外部文化氛围、教育培训、金融发展、社会需求、产权保护,以及企业家本身机会感知能力和年龄与性别的影响。

(一)外部环境

傅家骥等(1990)提出[1],企业家精神受到企业家创新创业文化氛围、教育培养、竞争压力、市场和技术的机会支持、外部机构的指导和扶持、完善的信息系统等因素影响。成功企业家的示范和激励能够拉动企业家精神的成长和发展,教育提升了企业家精神产生所要求的文化素质;激烈的竞争压力迫使企业家产生维持企业生存的自我革新精神,国家项目、技术资源和小企业发展项目创造了企业家成长的良好环境;风险资本、咨询服务和完善的信息系统起到支持企业家精神生产和发展的作用。其中,企业家的教育水平与创业成功之间有较强的正向关系,创业成功之后的预期回报将会增加个人成为企业家的可能性[2],突出了教育对企业家精神的重要性。为培育企业家精神,学校设立创业大赛,在学术环境中鼓励创业,促进了新企业的创立和专利注册[3]。此外,奥德兹等(Audretsch et al.,2017)具体分析了美国不同区域的历史文化对企业家精神的影响[4],发现具有移民历史背景的地区具有更高水平的企业家创业精神。不同的历史背景促使各区域形成独特的发展路径,在其特有的区域文化氛围中,经济体在发展过程中形成一定程度的路径依赖,这种惯性并不利于企业家精神的产生。

---

① 傅家骥,洪后其.企业家精神的培养与技术创新扩散[J].中外管理导报,1990,2(2):4-11.

② Foreman-Peck J,Zhou P. The Strength and Persistence of Entrepreneurial Cultures [J]. Journal of Evolutionaty Economics,2013,23(1):163-187.

③ Marques J P C. Impact of Competitions for Ideas and Business Plans on Firm Creation and Development of Entrepreneurial University:Case Study of the IPC in Portugal [J]. Triple Helix,2016,3(1):1-13.

④ Audretsch D B,Obschonka M,Gosling S D,et al. A New Perspective on Entrepreneurial Regions:Linking Cultural Identity with Latent and Manifest Entrepreneurship[J]. Small Business Economics,2017,48(3):1-17.

赵薇等(2010)指出①,社会需求是企业家精神产生的驱动力,创新精神源于社会需求内部矛盾及外部创新文化氛围和产权保护等因素的激励。在我国,企业家精神还受到创新思想、人力资本、金融发展和法治水平等影响,创新思想和人力资本是企业家创业活动的基础,金融发展水平的提高有利于提高企业家创业的金融可得性,法治发展是企业家创业成功的基本保证②。也有学者表示,企业家精神除受个体特点、地区因素、行业特点等影响外,还与产业集聚、金融系统、政策制度等因素有关③,产业集聚能减少创业创新交易成本、增强企业竞争力、使企业专业化,推动了企业创新创业的积极性;金融系统为企业家提供良好的融资环境、风险分担机制和公平的市场竞争环境,降低了创新创业活动中的风险和不确定性及市场的准入门槛;而良好的制度环境能促进大众创新创业精神的产生。当前,我国企业家受到经济和制度环境的约束,倾向于通过同质化的投资对现有制度的突破等手段追求短期收益,呈现明显的过度创业且创新精神不足的特征,并且由于思维惯性和路径依赖,企业家的过度创业会对企业家的创新精神产生"挤出效应"④。

(二)个人感知能力

有研究表明,个人主观体验、感觉和情绪会影响企业或个人在创新、主动性及风险承担方面的战略态度,积极的情绪和创业取向有显著的推动作用⑤。薛红志等(2003)⑥提出,企业家精神源于个人主动抓住机会的愿望和摆脱困境的被动选择。塞代等(Sedeh et al.,2021)⑦也提及,企业家对自己能力和技能

① 赵薇,德登.企业家创新精神原动力研究[J].山东社会科学,2010,24(7):91-96.

② 杨勇,朱乾.企业家精神的决定因素——来自中国省级面板数据的经验[J].经济经纬,2011,28(5):71-74.

③ 张美岭,陈勇勤.企业家精神的影响因素分析与政策启示[J].现代管理科学,2015,34(7):12-14.

④ 胡德状,刘双双,袁宗.企业家创业过度、创新精神不足与"僵尸企业"——基于"中国企业—劳动力匹配调查"(CEES)的实证研究[J].宏观质量研究,2019,7(4):64-79.

⑤ Bernoster I, Mukerjee J, Thurik R. The Role of Affect in Entrepreneurial Orientation[J]. Small Business Economics,2020,54(5):235-256.

⑥ 薛红志,张玉利,杨俊.机会拉动与贫穷推动型企业家精神比较研究[J].外国经济与管理,2003,23(6):2-8.

⑦ Sedeh A A, Pezeshkan A, Caiazza R. Innovative Entrepreneurship in Emerging and Developing Economies: The Effects of Entrepreneurial Competancies and Institutional Voids [J]. The Journal of Technology Transfer,2021,46(7):1-26.

的信心产生的认知结构有助于创新创业。创业机会来源于使市场失衡的因素、提高生产可能性的因素及创业活动本身的影响，企业家在一个机会上采取行动时，他们同时也创造了更多的创业机会，因此，一个经济体中的创业精神越强烈，其他人获得的创业机会就越多，也即企业家精神能够推动更多的企业家精神的产生①。

（三）年龄和性别

年龄和性别也是影响企业家精神的重要因素。创新创业过程伴随一定的风险，相较于年轻人，老年人更多是风险厌恶者②，创业意愿和年龄之间呈现倒 U 形关系，中年人更具有创业精神③。个人参与创业活动主要有两个原因：一是创业是可选择的职业之一，二是对现在的工作不满意或者无法找到工作，创业是最后的选择，分别产生"机会型"企业家和"必要型"企业家。两种类型的企业家创业的年龄高峰阶段在 25～34 岁，且男性参与创业的可能性要比女性高出约 50％，但两种类型的女性企业家的年龄构成和男性存在差异。女性群体中，机会型创业和年龄之间存在 N 形关系，55～64 岁女性群体基于机会型创业的概率反而有所提高④。

第二节　我国企业家精神的培育与发展

一、改革开放的制度红利与企业家精神的发展

中国的改革开放，被西方经济学家普遍认为是二战以后人类历史上最重要的经济改革。通过政府"顺势而为"的改革与民间自下而上的"自觉行动"

---

① Holcombe，R. G. The Origins of Entrepreneurial Opportunities[J]. The Review of Austrian Economics，2003，16(1)：25-43.

② Rolison，J. J. ，Hanoch，Y. ，Wood，S. Risky Decision Making in Younger and Older Adults：The Role of Learning[J]. Psychology ＆ Aging，2012，27(1)：129-140.

③ Minola，T. ，Criaco，G. ，Obschonka，M. Age，Culture，and Self-employment Motivation[J]. Small Business Economics，2016，46(2)：187-213.

④ Hay M，Cox L W，Reynolds P W，et al. Global Entrepreneurship Monitor——2002 Executive Report [R/OL]. [2009-11-24]. https：//papers. ssrn. com/sol3/papers. cfm? abstract_id＝1509260＆rec＝1＆srcabs＝1008086＆pos＝1.

让中国经济在很长时间内保持高速增长①。伴随中国改革开放进程的,正是企业家精神的苏醒和繁荣。20世纪80年代初期的农村承包责任制之所以激发了农业活力,是因为制度解放了农民的企业家精神。而随后进行的是企业转型的三条路径:一是改造国有企业,使之成为与市场经济相适应的现代企业;二是将国有资本逐步从一般性竞争领域退出;三是发展民营经济,形成多种所有制共同发展的格局。这三条路径的改革,使企业获得了自主权,培育了大批企业家②。

在改革开放初期,我国实施对外开放、对内改革,由于市场经济处于初始发展阶段,经济发展水平较低,各项制度尚不完善,经济发展存在诸多不确定性。此时,个人发展存在机遇的同时也存在诸多挑战。因此,企业家精神在此阶段主要体现为承担风险、善抓机会、奉献、敬业和节俭等方面(见图5.1)。

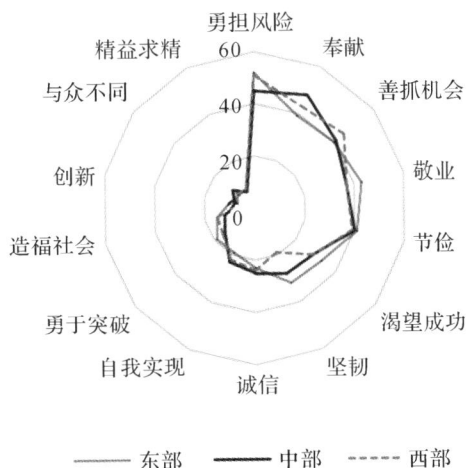

图 5.1 改革开放初期企业家精神特征③

1978年,党的十一届三中全会推行了农村土地联产承包责任制,极大地激发了农业劳动者的积极性,不仅大大提高了农业生产效率,而且通过体制机构创新,在资源短缺、物资匮乏的年代,涌现出了一批创业企业,"傻子瓜

---

① 蔺雷,吴家喜.第四次创业浪潮[M].北京:中信出版社,2016:7.

② 吴敬琏.当代中国经济改革[M].上海:上海远东出版社,2003:85-198.

③ 李兰,仲为国,彭泗清,等.当代企业家精神:特征、影响因素与对策建议——2019中国企业家成长与发展专题调查报告[J].南开管理评论,2019,22(5):4-12.

子"就是当时的一个创业传奇。美的、格兰仕等乡镇企业开始蓬勃发展，尽管存在许多亟待解决的问题，但无疑带动了地方经济的发展，更重要的是，人们的思想慢慢解放，开始释放出创新与创业的生机与活力。

1984 年，党的十二届三中全会提出了以城市为重点的经济体制改革，并提出增强企业活力、政企分开、所有权与经营权两权分离、积极发展多种经济形式等举措，制度改革掀起了一波创业浪潮。从小岗村的 18 位农民创业开始，横店集团的徐文荣、裁缝出身的步鑫生、希望集团的刘氏四兄弟……中国大地每天都发生着创业创富神话。1984 年也被认为是中国的"企业元年"，因为从这一年开始，一批有影响力的企业和后来被认为是优秀企业家的典型代表涌现出来，如联想与柳传志、万科与王石、海尔与张瑞敏等，至今仍让人津津乐道。

1992 年，党的十四大明确了建立社会主义市场经济体制是我国经济体制改革的目标，之后引发了一波下海经商的创业浪潮，吸引了大批的社会精英，甚至形成了"全民下海"的创业奇景，1992 年、1994 年、1996 年全国民营企业数的增长率分别达到 28.8%、81.7%和 25.2%。在这一波创业浪潮中，一批卓越的创业者和优秀企业崭露头角，如俞敏洪与新东方、潘石屹与 SOHO、王传福与比亚迪等，还有很多我们熟知的大型民营企业，在此前后成立或实现了跨越式发展，如格力、联想、华为、万科、绿城等。

2001 年，中国加入 WTO（世界贸易组织），国内外文化与思想在交流在碰撞中产生了剧烈的反响。新经济环境造就了张朝阳、丁磊、王志东、陈天桥等一大批网络英雄，这些当年的大学生、留学生凭借技术优势和资本市场的力量，以传统经济不可企及的速度，成长为新一代创业英雄。而且，随着互联网的兴起及创投资本的涌现，一些新兴的创业者及互联网企业崭露头角，如李彦宏与百度、马云与阿里巴巴、马化腾与腾讯等，今天国内互联网领域的几大巨头几乎都成立于这段时期（百度成立于 2000 年，阿里巴巴成立于 1999 年，腾讯成立于 1998 年），这绝不是巧合。它们在各自的领域内迅速复制了国外的成功模式，并将之本土化，顺利地在中国生根发芽；经过 20 年的发展，又分别以搜索引擎、社交和电商为核心，构造了各自的生态系统，成为中国乃至世界的互联网巨头[1]。

---

① 常林朝，赵渤，邵俊岗. 孵化创新与创新孵化[M]. 北京：经济科学出版社，2016：124.

随着改革开放的深入开展,我国市场需求约束出现,以需求拉动总量扩张的发展模式难以维持经济高速发展。尤其是在加入 WTO 之后,市场需要高质量、低成本、新功能的产品,我国资金、技术密集型产品等本就处于竞争的劣势领域,面对更加严峻的挑战。为实现经济的可持续发展,应对激烈的国际竞争,迫切需要通过技术、产品和管理创新,提高产品竞争力,拓展市场空间,保持经济增长。因此,在此阶段企业家精神重点表现为创新、善抓机会、勇于突破、自我实现等(见图 5.2)。

2008 年国际金融危机影响深远,各国冲突矛盾加剧,世界格局深度调整,我国面临前所未有的机遇和挑战。党的十八大提出创新驱动发展战略,将科技创新摆在国家发展全局的核心位置。2014 年概念首次提出"大众创新、万众创业",意在市场历练中激发创新和创业精神,打造发展新引擎、增添新动力。自 2010 年以来,我国初创企业数量每年以近 100% 的速度增长,到 2015年,我国首次创业者人数近 300 万人。同时,全国 3800 万名专业知识分子中,约有 1000 万名在非国有企事业单位工作;全国科技人力资源总量中,70% 在45 岁以下,62% 在 30 岁以下[①]。"双创"时期,企业家更加关注创新、诚信和精益求精,造福社会的社会责任意识提高(见图 5.3)。

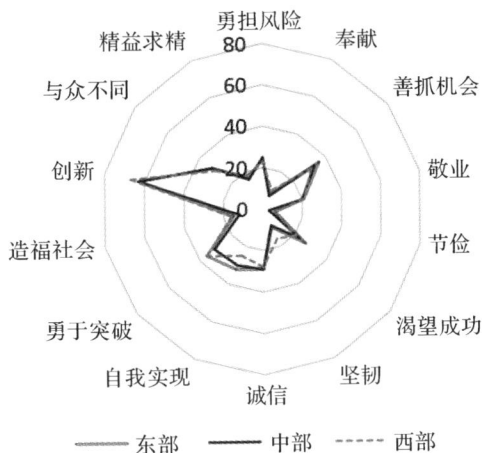

图 5.2　互联网时期企业家精神[②]

①　蔺雷,吴家喜.第四次创业浪潮[M].北京:中信出版社,2016:241.
②　李兰,仲为国,彭泗清,等.当代企业家精神:特征,影响因素与对策建议——2019中国企业家成长与发展专题调查报告[J].南开管理评论,2019,22(5):4-12.

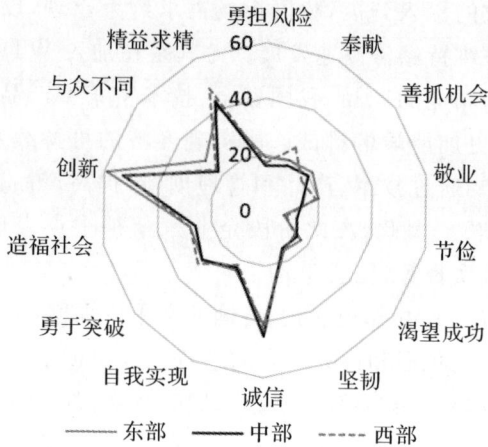

图5.3 "双创"时期企业家精神①

当前我国经济发展进入新常态,要求发展朝着更高质量方向前进,在"创新、协调、绿色、开放、共享"的新发展理念指引下,企业家精神集中体现为诚信、敬业、创新、奉献和造福社会。

如果从更具体的时间维度解读中国企业家精神的来源,可以追溯改革开放以来的历次科技体制改革。如前所述,企业家精神只有在适度的条件,如合适的激励制度、经济基础设施条件下,才能发挥出应有的生产性作用。从这个角度来看,中国一系列的制度改革就是企业家精神产生与发展的最大推动力。

以1978年、1985年、1995年、2006年、2012年、2018年召开的6次国家重要科技战略会议为标志,可将中国科技体制改革划分为6个主要阶段,在各个阶段推出的重要的创新政策如表5.1所示。这些改革举措循序渐进地改善了中国创新的制度环境,引导着中国的企业家不断涌现,并带动了一大批创业者,为实现中国创新强国、伟大复兴的"中国梦"而不断奋斗。

表5.1 改革开放后中国科技体制改革的重要举措

创新阶段	改革方向	核心举措
试点探索阶段 (1978—1984年)	科学技术是第一生产力,推动科学技术现代化	完善科技成果管理、科技进步奖励、科技成果有偿转让、建立技术市场、支持科研人员兼职和流动、建立专利制度

① 李兰,仲为国,彭泗清,等.当代企业家精神:特征,影响因素与对策建议——2019中国企业家成长与发展专题调查报告[J].南开管理评论,2019,22(5):4-12.

创新阶段	改革方向	核心举措
正式启动阶段 (1985—1994 年)	科技成果商品化;促进科技与经济的结合,解放和发展科技生产力	放活科研机构,促进多层次、多形式的科研生产横向联合,建设高水平科研实体;改革科技人员管理制度,放宽放活对科技人员的政策;实施《技术合同法》和《科学技术进步法》及"863 计划"
不断深化阶段 (1995—2005 年)	"科教兴国"战略确立,构建以企业为中心的科技创新体系	发展高技术及其产业;深化科技体制改革;国家创新工程启动;支持企业技术改造、引进消化吸收;启动面向中小企业的科研项目;促进和鼓励企业自身能力建设
自主创新阶段 (2006—2011 年)	提出自主创新战略和建设创新型国家的目标	促进企业自主创新成果产业化;实施《企业所得税法》;实施《高新技术企业认定管理办法》和《企业研究开发费用税前扣除管理办法》,激发企业加大技术创新投入
全面深化阶段 (2012—2017 年)	形成以企业为创新主体、市场为导向、产学研结合的技术创新体系	促进创新要素集聚;培育发展创新型企业,建设产业技术创新战略联盟和产业共性技术研发基地;突破核心、关键和共性技术;形成技术标准,推动转化重大科技成果;"大众创业、万众创新";修订《中小企业促进法》;加快实施创新驱动
创新引领阶段 (2018 年至今)	优化创新环境,提升科技成果转化速度和效率;强化国家战略科技力量	形成开放共享的技术创新服务平台;修订实施《专利法》和《促进科技成果转化法》;加大产权保护力度;进一步提高企业研发费用税前扣除比例,缓解中小企业和民营企业压力;运用国家战略促进重点高校、科研机构及企业对关键、核心技术的攻关

资料来源:陈志,苏楠,朱焕焕,等.中国企业的创新道路:特色实践与政策演进[M].北京:中国社会科学出版社,2020:101-105.

二、创新创业教育与企业家精神培育

世界上较早的企业家精神方面的教育大概开始于 20 世纪 40 年代。1947年,麦尔斯·梅斯(Myles Mace)于哈佛大学首次开设企业家精神教育课程——新创企业管理。此后，美国引领着世界企业家精神培育事业的发展。1947—1970 年间，美国企业家精神教育处于探索期，由于企业课程精神教育缺乏时代依托，其发展进程缓慢。继哈佛大学开设创业教育课程之后，1953 年伊利诺伊大学开设小企业或创业发展课程，纽约大学开设创业与创新课程；1954 年斯坦福大学开设了第一门 MBA 小企业课程。

20 世纪 70 年代初，美国经济结构转型，信息产业的迅速发展推动工业经济开始向信息经济转变，中小企业带动经济发展，推动了美国创业教育的发展。到 1991 年，美国开设了创业课程的大学从 70 年代的 16 所增至 1060 所[①]，美国创业教育快速发展。同时，《商业周刊》《小企业和企业家》和《国际创业学杂志》等一批重要期刊创办，《企业家精神与经济发展》《创新与企业家精神》《创业、创新与经济增长》等重要理论书籍出版发行。至 20 世纪 90 年代，在经济全球化和信息技术革命的推动下，美国技术、商业实践和经济政策的良性互动，产生了巨大的经济效益，也给世界经济发展带来巨大影响。

虽然中国古代与现当代涌现出大量有关生产与经商方面的智慧与思想，但由于形成书面化的成果较少，很难得到大范围推广。在改革开放之后，我国对企业家精神方面的培育开始兴起。"知识"作为资源，推动了科技进步和经济增长，企业的核心竞争力向创新和变革转变，更需要创新型人才对企业进行管理，而且，"科学技术是第一生产力"、科教兴国等国家战略的提出，大大推动了企业家精神的培育。

（一）企业家创新创业精神培育的发展阶段

1989 年，联合国教科文组织正式提出"创业教育"概念，我国创业教育的研究开始萌芽。我国高校创业教育发展体现为政府引导型，发展历经四个阶段：萌芽期、探索期、推进期和深入发展期。

萌芽期（1989—2002 年）。1989 年，"面向 21 世纪教育国际研讨会"首次提出了"创业教育"的概念；1990 年，作为联合国教科文组织创业教育课题成员国之一，参与"提高青少年创业能力的教育联合革新项目"，进行创业教育研究；1998 年，清华大学举办第一届"挑战杯"大赛，掀起青年大学生自主创业的热潮；1999 年，《面向 21 世纪教育振兴行动》的发布，推

---

① Vesper，K. H.，Gartner，W. B. Measuring Progress in Entrepreneurship Education [J]. Journal of Business Venturing，1997，12(5)：403-421.

动我国创业教育的开展及研究的快速发展。在这一时期,高校创新创业教育缺乏政府的指导。

探索期(2002—2010年)。2002年,第一批创业教育研究试点院校确定,政府给予试点院校创业教育研究上政策和资金方面的支持。试点教育院校在创业教育实践过程形成以课堂教学为主,提高创业意识和技能为主,基地实习、政策支持和指导服务综合支持的教育模式,并且取得了良好的预期成果。2008年,中国高等教育学会将"中国高校创新创业教育的理论与发展研究"作为重点专项规划课题,主要研究创新创业教育的中外比较研究、我国创新创业教育支持体系研究、我国创新创业教育的人才培养定位和发展模式研究等,进一步完善了支持自主创业的政策。

推进期(2010—2015年)。2010年,《关于大力推进高等院校创新创业教育和大学生自主创业工作意见》促使创业教育形成"四位一体、整体推进"的发展格局。为推进创业教育工作,加强宏观指导,教育部于2010年成立了创业指导委员会,主要开展创业教育理论和实践研究、师资培训、经验交流及指导高等院校开展创业实践活动和课程建设。2012年,教育部印发《普通本科学校创业教育教学基本要求(试行)》,对教学目标、原则、内容、方法、组织等进行整体布局,《创业基础教学大纲》对创新创业教育的具体开展进行引导。

深化发展期(2015年至今)。2015年,为充分发挥高校人才优势,凝聚社会各界力量,在教育部指导下,由137所高校和50家企业事业单位、社会团体组成的中国高校创新创业教育联盟成立。同年,基于国家创新驱动发展战略、经济提质增效的迫切需求,进一步推动"双创",国务院办公厅发布了《关于深化高等学校创新创业教育改革的实施意见》,进一步完善人才培养质量标准、创新人才培养机制,提出改革教学方法、强化创新创业实践等具体意见。2016年,建设第一批区域、高校、科研院所和企业"双创"基地,2017年,又建设了92个基地。2020年,为推动双创基地的特色化、功能化和创新化发展,按照创业就业、融通和创新、精益创业、全球化创业4个方向,建设92个示范基地。2021年,《关于进一步支持大学生创新创业的指导意见》的发行,为解决大学生融资难、经验少、服务不到位问题提供有利的政策支撑。

(二)企业家精神培育的环境

2015年,我国进入企业家精神培育的深化阶段,GEM框架下中国企业家创新创业生态系统评级如表 5.2 所示。表 5.2 从金融支持、政府政策、政府创业项目、创业教育、研发转移、商业和法律基础设施、市场内部环境、硬件设施和社会创新创业文化氛围等方面,集中反映出我国 2015—2020 年间我国企业家培育环境和与世界主要国家的比较状况。

表 5.2 2015—2020 年中国企业家精神培育环境

培育环境	2015—2016 年	2016—2017 年	2017—2018 年	2018—2019 年	2019—2020 年
金融支持	4.86 (14/62)	5.52 (4/65)	5.45 (5/54)	4.60 (27/54)	5.80 (3/54)
政府政策:支持和相关性	5.78 (3/62)	5.20 (14/65)	4.67 (16/54)	4.79 (17/54)	5.89 (8/54)
政府政策:税收和官僚主义	4.44 (21/62)	4.71 (17/65)	4.27 (19/54)	4.60 (14/54)	6.16 (2/54)
政府创业项目	4.00 (28/62)	4.40 (32/65)	4.73 (20/54)	4.46 (25/54)	5.46 (11/54)
中小学创业教育	2.59 (43/62)	3.29 (26/65)	3.22 (22/54)	3.38 (19/54)	4.13 (11/54)
大学及成人创业教育	5.03 (16/62)	5.32 (12/65)	5.06 (17/54)	5.27 (15/54)	5.74 (6/54)
研发转移	4.09 (21/62)	4.08 (26/65)	4.25 (21/54)	4.04 (28/54)	5.57 (2/54)
商业和法律基础设施	4.34 (51/62)	4.21 (58/65)	4.43 (46/54)	4.23 (47/54)	5.37 (18/54)
内部市场活力	7.24 (2/62)	6.98 (3/65)	7.13 (1/54)	6.67 (5/54)	6.88 (3/54)
内部市场负担或准入监管	4.27 (23/62)	4.43 (3/65)	4.38 (19/54)	4.41 (23/54)	5.23 (6/54)

培育环境	2015—2016 年	2016—2017 年	2017—2018 年	2018—2019 年	2019—2020 年
有形基础设施	6.92 (16/62)	7.30 (23/65)	7.00 (7/54)	7.40 (6/54)	7.70 (7/54)
文化和社会规范	4.98 (23/62)	5.78 (12/65)	5.27 (15/54)	6.02 (8/54)	6.78 (4/54)

注:根据 2015—2019 年"Global Entrepreneurship Monitor"报告相关数据整理绘制。

2015—2020 年,我国企业家培育环境不断改善。具体来看,我国企业家精神培育主要由政府引导,政府积极进行反垄断,降低了市场的准入门槛和进入成本,新市场不断形成,鼓励成功、提倡自创、鼓励创新创业的社会氛围逐渐形成,积极推动了创新创业;中央、地方政府给予创新创业政策、税收优惠,并规范政府行政,提高行政效率,构建创新创业孵化器且政府项目覆盖范围不断提高,对创新创业形成有效支持;注重创新创业的教育培训,高等院校是创新创业教育的重点,但在中小学阶段就对创新创业进行鼓励、指导和关注,并且在工商管理和专职教育中注重创新创业教育。此外,市场内部充足的活力和完善的有形基础设施为企业家创新创业精神的产生提供了良好的宏观环境。

同时,我国创新创业培育缺少商业和法律基础设施、政府创业项目略显不足、中小学创业教育较为滞后,应当在创新创业教育培育过程中给予重点关注。

三、区域层次创新创业活动的现状分析

企业家创新创业精神,对于区域创新创业活动有直接的影响。利用北京大学发布的创新创业指数及《中国科技统计年鉴中》关于开展与实现创新的企业数据,对我国区域层次创新创业的发展现状进行分析描述。

(一)区域创新创业总体状况

利用北京大学发布的中国创新创业指数,使用 ArcGis10.2 软件,采用自然间断分级法,可以将区域企业家创新创业分为五个等级。当前我国企业家精神发展存在较为明显的区域性特征。从总量指数水平看,北京、江苏、上海、浙江、广东、山东处于创新创业发展水平的第一梯队,是引领创新创业的

重要增长极；考虑人口数量因素，北京、天津、上海、浙江、福建、广东人均创新创业意识高于其他省份。

(二)不同区域企业创新状况

2016—2019 年东、中、西三大地区限额以上企业开展创新活动和实现创新数如图 5.5 所示。东部、中部和西部开展创新、实现创新企业数目在2016—2019 年间均呈现增长趋势，并依东—中—西从高到低顺序呈阶梯状分布。具体来看，东部地区各年开展创新及实现创新的企业数量均高于中、西部地区；与西部相比，中部开展及实现创新的企业的数目又相对较多。

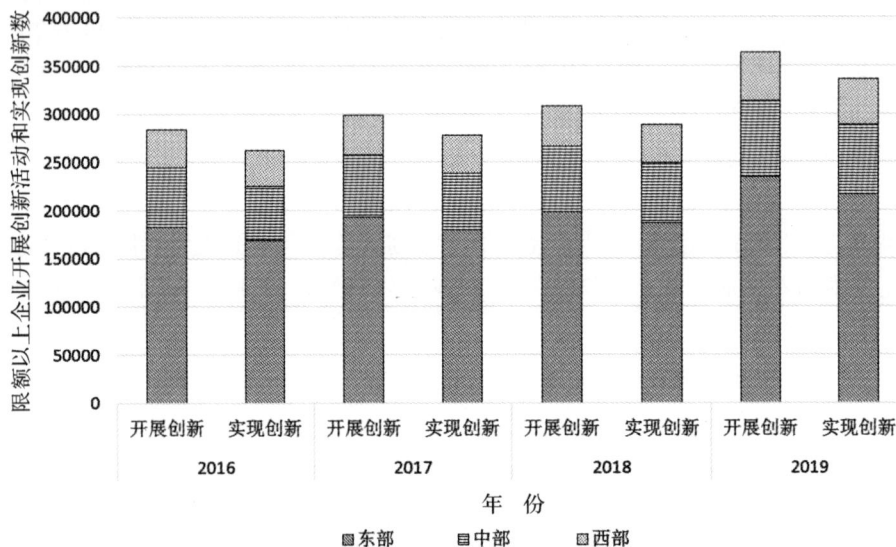

图 5.5　2016—2019 年东、中、西部限额以上企业创新情况①

资料来源：依据 2016—2019 年《中国科技统计年鉴》相关数据整理绘制。

2016—2019 年，我国东、中、西不同区域的限额以上企业开展创新、实现创新的企业数与当地的企业总数的比值如图 5.6 所示。总体上，东部地区开

———

① 东部地区包括北京、天津、河北、辽宁、上海、江苏、浙江、福建、山东、广东、海南等11 个省市。中部地区包括山西、吉林、黑龙江、安徽、江西、河南、湖北、湖南等 8 个省。西部地区包括内蒙古、广西、重庆、四川、贵州、云南、西藏、陕西、甘肃、青海、宁夏、新疆等 12个省区市。

展创新、实现创新企业数目分别与该地区的总企业数之比高于中部和西部地区;2016—2017 年中部地区开展创新和实现创新的企业数与其所有企业数的比值要低于西部地区,2018 年之后中部地区超过西部地区,实现创新中、西部状况与开展创新状况类似。分地区具体看,2016—2018 年东部地区开展创新活动状况较为平稳,在 2019 年其占比增加,东部地区实现创新的企业占比在 2016—2018 年间稳中有进。2019 年,由于开展创新的企业的比例增多,实现创新的企业占比增加;中部地区开展创新、实现创新的企业占比于 2016—2019 年间均不断增长;西部地区企业开展创新创业活动不稳定,在 2019 年呈现增长趋势。

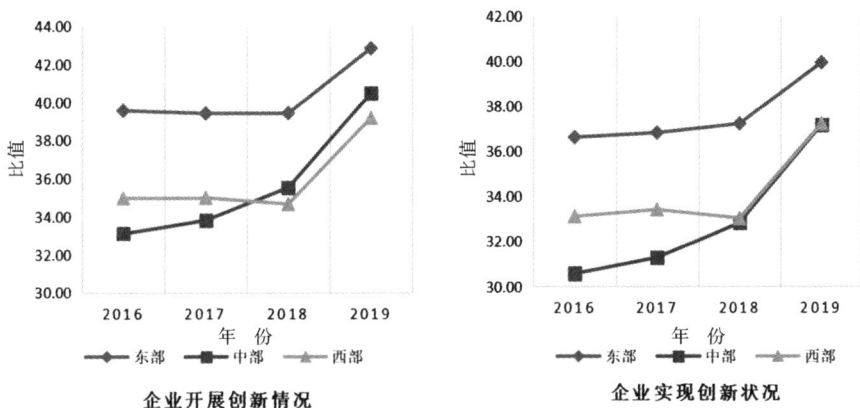

图 5.6 2016—2019 年限额以上企业创新趋势

资料来源:依据 2016—2019 年《中国科技统计年鉴》相关数据整理绘制。

创新创业需要资本、人才、技术、政策等方面的支持,我国东部、中部和西部创新创业发展水平存在差异与不同时期采取的区域发展策略存在一定关联。1978—1990 年,我国采取东部沿海优先发展战略,在东部地区设立沿海经济特区、沿海开放城市、沿海经济开放区和经济特区等,东部地区率先实现资本、资源、技术等的积累,为东部创新、创业奠定基础;1990—2012 年左右,由于资源不断向城市积累,区域差距不断扩大,地区差距逐渐成为制约区域发展的关键因素,在此阶段我国提出沿海与内地协同发展的政策,具体如内陆省会、沿江和延边地区实施全方位的对外开放政策,西部大开发政策(2001),东北振兴(2003),中部崛起(2006),东部率先发展(2006),主体功能区(2007)等;2013 年之后,我国又提出了沿海与内地协调共享发展的战略,建设长江经济带、粤港澳大湾区、京津冀协同、雄安新区等。2017 年,党的十九大召开,我国进入高质量发展新时期,更需要创新驱动经济发展,因此成为各区域创新创业发展的转折期。

第三节　企业家精神与区域创新：
英国工业革命的启示

目前,世界正处于百年未有之大变局,中国能否实现中华民族的伟大复兴,与能否实现创新强国的战略息息相关。以史为鉴可以知兴衰,回顾世界经济发展历程,数次技术革命不仅造就了大批的企业家,推出了大量的新技术新产品,而且带动处于潮头的技术强国走向辉煌。18 世纪 60 年代,英国工业革命推动英国成为世界经济强国。无论是经济学家、历史学家还是侧重历史研究的社会学家,对现代经济增长源于英国这一观点都达成了共识。① 尽管研究英国工业革命的文献众多,但涉及时机和因果关系的许多细节仍有争议,例如,英国的工业革命是科学推动的吗? 为什么英国能够比其他欧洲国家更早实现工业革命? 因此,本书从企业家精神和区域创新的角度解读英国工业革命,并从中获取一些启示。

一、英国工业革命的起源

瓦特发明了蒸汽机,这被公认为第一次产业革命,也是英国工业革命的标志。但事实上,早在 17 世纪,英国经济就已经迎来了大量技术创新。18 世纪上半叶,英国在机械制造领域有许多重大创新成果诞生,与此同时,在交通业、纺织业等领域,也发生了多场“革命”。

1712 年,英国工程师托马斯·纽科门发明了能够使用的纽科门蒸汽机,但是,一直到 1770 年,这种蒸汽机几乎仅仅应用于煤炭非常廉价的地区矿井排水作业,并且它具有明显的弊端,即高耗能、低效率。一马力功率运转一小时,平均需要 45 磅煤炭,但因为它有实用价值,1733 年纽科门蒸汽机实现了商业化运作。此后,英国在蒸汽机改良上进入了“集体发明时代”。1769 年,约翰·斯米顿改良的蒸汽机,将煤耗降到了 17.6 磅。1776 年,瓦特和其他人对它进行了改进,包括分离冷凝器、双动式、蒸汽套管、“太阳与行星”曲柄齿

---

① 莫克尔.启蒙经济:英国经济史新论[M].曾鑫,熊跃根,译.北京:中信出版社,2020:1-6.

轮,不仅使煤耗降到了 8.8 磅,提高了蒸汽机的使用效率,而且也提高了蒸汽机的通用性和可靠性,使之易于安装、维护和检修。在瓦特改良了蒸汽机之后,仍旧有人不断进行改良;到 18 世纪 90 年代,煤耗最低降到了 2 磅。事实证明,英国工业革命的发生绝不只是瓦特发明了蒸汽机这一单独事例,而是由集体发明导致的蓬勃的创新浪潮。数据显示,在 18 世纪 40 年代和 50 年代,每年取得的平均专利数量为 8.5 件和 9.9 件;到了 60 年代,平均专利数量上升为 22.1 件,到了 80 年代,则提高至 51.2 件[①]。正是集体创新的热潮,引发了英国工业革命,带动了英国乃至全球的创新与经济增长。

二、企业家精神与英国工业革命

熊彼特曾将"经济增长的国王"这项桂冠授予企业家,从理论和实证证据来看,这种盛誉确实毫不为过[②]。任何创新,无论是单纯的技术进步还是工业组织方式的改进,都依赖企业家的首创精神。如果忽视企业家,我们将无法对历史上的经济增长给出完全充分的解释[③]。企业家擅长利用他们周围环境中隐含的激励和机会,突破各种限制。他们对整个经济做出了巨大贡献,是因为他们有能力把内在的潜能用在更有利可图的用途上[④]。

有研究表明,这些企业家受教育程度和创业创新程度没有什么显著相关性,与家庭显赫背景也没有什么相关性。这与我们现在有关于企业家的概念不同,英国工业革命时期的企业家都是兢兢业业的劳动者、技术行家和商业能手,他们胆识过人且锲而不舍,一门心思扑在事业上。莫克尔(2020)认为,英国工业家和企业家之所以大获成功,除了他们才智出众、一心创业之外,还因为他们有能力、有意愿学习并充分利用他人理念。除了那些耳熟能详的发明英雄外,工业革命依赖的是一支更庞大的默默无闻的高技能匠人和仪器制造者队伍,他们把最初的构想转变成具体实物并非偶然,而是持续改造创新的结果。工业革命时期的英国,能够实现各种精彩创意的高质量技艺的繁荣发展(不管源自本国还是外国),无疑推动了工业革命的兴起和发展。

①　莫克尔.启蒙经济:英国经济史新论[M].曾鑫,熊跃根,译.北京:中信出版社,2020:96-97.

②　张维迎,王勇.企业家精神与中国经济[M].北京:中信出版社,2019:21-24.

③　鲍莫尔.企业家精神[M].孙智君,等译.武汉:武汉大学出版社,2010:4-5.

④　兰德斯,莫克,鲍莫尔.历史上的企业家精神:从古代美索不达米亚到现代[M].姜井勇,译.北京:中信出版社,2016:326.

工厂制是英国工业革命(1760—1830)的主要技术创新,铁路和蒸汽船则是维多利亚时代(1830—1900)的主要技术创新。维多利亚时代的英国人在基础设施领域,特别是交通运输而非制造业部门,留下了深刻烙印。维多利亚时代的英国人称得上伟大的建造者,他们建造了宏伟壮丽的公共建筑,包括港口、铁路、城市供气和供水系统等在内的大规模基础设施体系。这些基础设施为工厂的聚集,即马歇尔所描述的专业化工业区的形成和发展提供了支撑,也为企业家精神提供了更广阔的施展空间。首先,交通的便利性减少了交易成本、信息成本和时间成本,有利于劳动力流动;其次,原本封闭的制造体系变得开放,来自其他先进工厂的技术和缄默性知识的溢出效应得到扩展,企业家的创意源泉得以丰富;最后,跨行业交流日益增多,信息交流方式多样化推动了集体发明的出现。

三、制度与非正式制度对于英国工业革命的作用

18世纪英国工业革命期间,在原有制度基础之上,英国新增的制度更有利于支持"技术上的"创新型企业家精神。新增的制度主要包括正式制度与非正式制度两种形式①。

正式制度总是和法律规则、知识产权及对工业家有利的政府立法这些相联系。事实上,在工业革命"开启"前的100多年里,英国制造业和服务部门的进入壁垒和排他性安排便已被打破,或因不遵守这些规则的行为而受到削弱。诺斯认为,当时英国之所以能首先完成工业革命,并不是因为当时英国的蒸汽技术最先进——事实上,蒸汽机的一些重要技术早已在世界上很多国家被发明甚至使用。英国的成功得益于这些技术的普及与产业化。从根本上看,这些成就源于完善的私人产权制度。由于私人的产权制度得到了保障,民间的投资和金融创新活动便因此得以激活,需要大量资金投入的蒸汽机研发工作也由此得到了巨大的推进。从这个意义上,诺斯认为所谓的工业革命,实质上并不是一场技术革命,而是一场制度革命。产权清晰化提升了英国经济组织的效率,进而加快了英国工业革命。在诺斯看来,企业家是制度变迁的主角,是"对内含于制度框架中的激励进行回应的人"。作为追求利润的经济人,他们会运用自己的才能或默会知识来搜寻获利机会、估算成功

---

① 兰德斯,莫克,鲍莫尔.历史上的企业家精神:从古代美索不达米亚到现代[M].姜井勇,译.北京:中信出版社,2016:222-248.

概率,并挖掘组织的资源以承担风险、获取潜在收益。正是企业家的学习和有目的活动,塑造了制度变迁的方向①。

　　非正式制度表现为公认的行为准则、信念模式、信任关系和类似的社会模式。在工业革命前几十年里,大批的社交网络、俱乐部、互助会、学术协会和社会纷纷兴起,创造出一个"市民社会"、一个社会网络。一套超越正式"法律规则"、对机会主义行为施以明确惩罚,且使创业活动在英国更有吸引力的社会规范逐渐形成。这些规范可称为"绅士—企业家"(gentleman-entrepreneur)文化。

　　社会网络是英国企业家精神的重要支撑,它们通过传播信息使声誉机制产生效力。将创造力导向生产性活动的制度是创业成功的主要根源。18世纪,一些土地精英和商业精英都接受了一种新的启蒙思想:经济活动并非零和博弈,营造一个自由准入、竞争和不受约束的创新构成的自由市场环境是利国利民之事。而且,在这一时期,私人提供公共产品成为现实。民间协会创办医院、学校、孤儿院、诉讼协会、慈善救济委员会,创建收费道路和运河公司。由于人们希望成为其他人眼中的好人,因此愿意行善,这既符合他们自己的利益,也符合社会利益。可以说,英国的社会网络自觉地以声誉机制克服了集体行动的矛盾。得益于非正式的制度,社会的运行效率远比所有参与者均采取完全的纳什均衡策略,也就是采取自私自利、不合作的行为时要高。虽然也有投机行为,但投机行为是少数现象,且"市民社会"无情地处置此类行为,使共同价值体系能够建立起来。

　　"绅士—企业家"文化很大程度上取决于他们对社会接受度的渴望。除了物质层面,对社会地位晋升的期望也激励了有志于成为企业家的人。社会地位不仅指政治地位和职位及其对个人社会网络的影响和控制能力,而且指家庭婚姻对象、居住区位及子女接受教育等情况,这些对"社会阶层"归属的期望鼓励所有人积极投身于正当的有创造性的事业,也成就了普通民众的企业家精神。

四、英国工业革命对中国当代企业家精神的启示

　　鲍莫尔(2010)用游戏规则部分地解释了中世纪的中国为什么没有延续唐宋时期伟大的发明创造与繁荣,反而陷入经济增长放缓甚至明代末期的倒

---

①　张维迎,王勇.企业家精神与中国经济[M].北京:中信出版社,2019:57,60-61.

退。问题不在于发明上的下滑和逐渐停滞，而是大量的发明没有成为经济增长和工业扩张的基础。商业虽然繁华，但是，非农业产品的生产方面似乎没有发生变化，没有从工匠的商铺进入到工厂阶段。他认为，游戏规则不太有利于生产性企业家精神是重要的原因。从企业家精神、制度与非正式制度及英国工业革命关系的分析中不难看出，企业家精神对于促进英国工业革命的发生发展的确有重要意义。以史为镜，基于现代经济社会，如何培育企业家精神就成为值得思考的问题。

首先，企业家与资源配置过程存在双向关系，一方面，企业家是资源的配置者；另一方面，企业家精神本身又被视为生产过程的一种投入品，它可能对经济的总体产出规模或其增长做出贡献。如果企业家从事直接生产性活动面临的危险有所增加，将诱使他们将努力投入积聚土地和在政府中钻营等行为上。这不仅仅改变了经济中生产性努力的方向，而且会减少经济产出并且阻碍其增长。同样，如果企业家投入生产性活动中的报酬发生变化，也会诱致企业家精神重新配置[1]。在某个特定的时空，企业家到底会以什么方式行动，这完全取决于现行的游戏规则——经济中通行的报酬结构[2]。如果说创新型企业家是创造性破坏和变革的动力，那么他们本身只有在具备良好的资源禀赋及制度可预测的环境下才能茁壮成长。

其次，制度和企业家精神、企业家活动之间也是一种双向关系，即制度不仅决定企业家活动的水平，企业家的活动同样可以对制度创新发挥作用。许多杰出的企业家不仅是商业上的企业家，其实也扮演了"制度企业家"的角色。这是因为，制度变化，特别是新的制度要普遍起作用，离不开政府和正规法律，但是，既得利益集团和习惯势力往往会束缚住政府的手脚，使其难以对技术和市场的潜在机会及其需要的规则改变做出非常迅速的反应，经济增长也常常因此而"卡住"。制度企业家是一群特殊的企业家，他们对制度创新过程中的盈利机会的敏感，使他们能够带头提出创新的游戏规则。他们创新了"制度"这种比较抽象的产品，更重要的是他们首先成为制度创新的最大获利者[3]。

最后，企业家精神和硬件设施是互补性的投入要素，一个擅长培育硬件设施的国家将为那些能充分利用它们的人提供极其难得的机会。英国技术

① 鲍莫尔.企业家精神[M].孙智君，等译.武汉：武汉大学出版社，2010：21-23.
② 鲍莫尔.企业家精神[M].孙智君，等译.武汉：武汉大学出版社，2010：28.
③ 张维迎，王勇.企业家精神与中国经济[M].北京：中信出版社，2019：34-35.

领导地位的顶峰通常被认为是 1851 年,这一年在伦敦海德公园举办了一场著名的世界博览会。此后,荣获博览会奖章的英国企业家人数开始减少,同时美国和欧洲大陆国家的获奖企业家却不断增加。随着维多利亚时代的推进,企业家越来越把他们的努力倾注在大型基础设施项目上,因为工厂生产日渐无利可图,基础设施项目却获利丰厚,工程车间取代工厂变成了英国制造业的中心。到 19 世纪末,维多利亚时代的英国经济已主要依靠帝国主义殖民地建设的推动。当帝国主义时代于 1914 年突然中断时,英国的企业家精神饱受打击[①]。事实证明,不是企业家精神衰退引致英国产业经济衰退,而是激发与培育企业家精神的基础条件发生了改变,当企业家精神的关注点从生产性活动转移到非生产性活动时,企业家精神对于创新及区域经济增长的动力作用就会消失殆尽。

第四节　企业家精神与区域创新:中国当代典型案例

当今的中国,创业者地位不断提升,创业者新阶层正在崛起,创业资源不断丰富,创业机会持续涌现,创业文化日益浓郁,可以说一场前所未有的蝶变正在神州大地展开,中国已经悄然向创业型社会迈进[②]。

一、顺德家电:"敢为天下先"

位于珠江三角洲腹地的顺德,北接广州,南界中山,西临新会,东连南沙,且邻近港澳。改革开放 40 多年来,顺德经济蓬勃发展、社会全面进步,逐渐由一个以"桑基鱼塘"而闻名的传统农业县发展成为一个以"顺德制造"而辉煌的工业城市,尤其是在家电制造行业取得累累硕果,并于 2006 年被中国轻工业联合会授予"中国家电之都"的称号,且该称号多次复评成功。目前,顺德是全国最大的冰箱、空调、微波炉、热水器等家用电器生产基地,不仅拥有美的、格兰仕、海信科龙、容声、万家乐等国内外知名家用电器品牌,还拥有小熊、云米、德尔玛等在市场上表现日益耀眼的新锐家电企业,是中国家电产业的区域"排头兵"。

① 兰德斯,莫克,鲍莫尔. 历史上的企业家精神:从古代美索不达米亚到现代[M]. 姜井勇,译. 北京:中信出版社,2016:259-260.

② 蔺雷,吴家喜. 第四次创业浪潮[M]. 北京:中信出版社,2016:244.

(一)顺德家电产业发展简史

顺德家电从小作坊式的乡镇企业到走向国际性的跨国公司，从技术仿制到自主创新，从传统制造到智能制造，逐渐发展成为中国家电产业的典型代表，在中国家电产业发展历史中有着举足轻重的地位。

1. 萌芽期

20 世纪 70 年代，得益于毗邻港澳的优越地理位置及"改革开放"政策的推进，敢为人先、有经商头脑的顺德人通过拆解、研究境外亲友带回来的电风扇等小家电，开始仿制、组装自己的家电品牌。1975 年，顺德县（现为佛山市顺德区）二轻电线厂和北滘电器塑料厂成功制成台式金属电风扇，并于 1976 年正式投产，这被看成是顺德家电产业发展揭开序幕的大事件。

2. 起步发展期

20 世纪 80 年代初，处于"改革开放"政策推进前沿的顺德，大批农民"洗脚上田"，开始从境外引进生产技术和产品，以期通过技术引进和技术模仿来实现生产制造能力的快速提升，最早的一批乡镇企业应运而生，尤其集中于家电制造业[①]。其中，坐落于顺德北滘镇的蚬华电器制造厂就是当时顺德乡镇企业利用外来资本和技术发展家电制造业的范例。到 80 年代后期，顺德的美的、万家乐、容声等家电品牌已经在全国颇有知名度。凭借着家电制造的快速发展，80 年代，顺德就以"以集体经济为主、以工业为主、以骨干企业为主"的经济发展思路[②]，铸就了"顺德模式"的辉煌（这被学者们视为"农村工业化"的成功模式）[③]，并与东莞、中山、南海一起被称为"广东四小虎"。

3. 蓬勃发展期

1992 年是一个分水岭，这一年，邓小平来到顺德，激励着顺德企业迈着更加大胆的步伐发展，顺德又在全国率先推行政企分开的产权制度改革。在这次产权制度改革中，政府的角色从对企业进行直接管理转变到为企业发展提供全方位服务，顺德迈开了建立适应市场经济发展要求的现代企业

---

① 包鸿.顺德家电：历风雨三十载　机遇再次垂青[J].现代乡镇，2009(12)：47-48.

② 王晓.陈春花解码"顺德奇迹"背后的企业家精神[J].山东国资，2018(12)：84-86.

③ 丁焕峰.顺德区域创新与发展的理论思考[J].华南理工大学学报（社会科学版），2007(5)：31-37.

产权制度的步伐。这一时期,顺德的乡镇企业掀起了一片改制热潮,赋予了企业更多腾飞活力,以美的为首的乡镇企业纷纷进行股份制改造,众多民营企业在这个时期趁势而起,全球知名的微波炉生产企业格兰仕就是于 1992 年进入家电行业的,万家乐、万和、康宝等企业也是在这一时期成长起来的。

4. 创新转型发展期

进入 21 世纪后,顺德成为全球最大的家电生产基地,并已基本形成规模集群效应。这一时期,继续秉持"敢为天下先"精神的顺德企业家意识到技术模仿和引进不是企业可持续发展的长久之计,自主创新能力的提升才能为企业可持续发展注入源源不断的活力。2001 年,顺德在县一级率先与中国工程院达成长期合作,成立中国工程院(顺德)院士咨询活动中心,为推进"顺德制造"向"顺德创造"转型提供人才支持。根据顺德区民政和人力资源和社会保障局的统计,截至 2020 年底,顺德已拥有各类专业人才 15 万多人,博士后科研工作站 33 家,全区在站博士后 96 人。目前,顺德家电企业已经从规模化发展跃升为创新化、智能化、生态化、国际化发展,正依靠日益完善的家电产业体系和强大的自主创新能力实现新的"蜕变"。

(二)顺商精神——顺德家电产业发展的原动力

顺商精神是广东顺德在长久发展中所孕育的本土企业家精神①,是一种"敢为天下先","包容、务实、创新、进取"的精神。陈春花认为,企业家精神的本质是创新,创新一定源于实践。陈春花在改革开放 40 年时,著书回顾了多年稳居全国"百强区"之首的顺德在这 40 年的发展历程,并着重强调了企业家精神在顺德改革创新中所发挥的重要作用,并将顺德人独创的发展模式凝练为:转变政府角色、明晰产权保护、龙头企业带动、尊重市场规律、敢为人先的精神②。

改革开放以来,作为"可怕的顺德人"的代表,顺德企业家群体以敢为人先、务实进取的作风,几十年如一日地在制造业等实体经济领域闯出了自己的一片天地,并铸就了令人钦佩的"顺商精神",这种精神,正是顺德家电产业得以兴盛的原动力。20 世纪 70 年代的境外引进、80 年代的模仿研制、90 年

---

① 陈琪,喻千,李美燕. 创业文化中融入本土企业家精神的路径研究——以广东顺德"顺商精神"为例[J]. 中国集体经济,2021(15):70-73.

② 陈春花. 中国企业创新与企业家精神[J]. 企业管理,2019(6):22-25.

代的产权制度改革、21世纪的创新转型，处处都是顺商奔波的身影。在这一过程中，不仅涌现了带领美的改制上市的何享健、带领格兰仕走向世界第一的梁庆德等优秀企业家，更催生了一个极富商业精神的群体——顺商。正是在企业家精神的激励之下，顺商才通过勤勤恳恳和先行先试的努力，打造了"顺德制造"的名片，造就了家电产业的"顺德奇迹"。小到个人，大到社会，大胆闯、大胆试、大胆实践，敢为天下先的顺德成就了"家电王国"的美誉，成就了全国县域经济发展的样板。

"一马当先数十年，而今迈步从头越。"当年的产权制度改革，今天的村级工业园改造，敢为天下先的顺商仍在政府政策的支持下鼓足那一股精气神，在深化改革、创新转型的路上铿锵前行，继续书写顺德的区域奇迹。

二、浙江杭州：电商创业者的"天堂"

有着"上有天堂，下有苏杭"美誉的杭州，是浙江省省会城市。近年来，随着信息技术的融入与发展，杭州的电子商务发展势如破竹，涌现出以阿里巴巴为首的一大批电子商务平台，并不断衍生出农村电商、跨境电商、直播电商、社交电商、生鲜电商、新零售等新业态、新模式。而且，因杭州的电商起步早、发展速度快、覆盖领域广、聚集程度高、经济效益好，其在电子商务界还有一个响亮的称号——中国电子商务之都。

（一）杭州电子商务的发展

1999年堪称中国电子商务的元年，同时也是杭州电子商务发展的元年。这一年，王峻涛在北京创办了B2C网站8848，邵亦波在上海创办了首家C2C电子商务平台易趣网，马云在杭州创建了电子商务B2B网站阿里巴巴，成为中国电子商务界较早的一批"吃螃蟹的人"。

20余年来，伴随着电子支付、快递物流、网络营销等信息化服务及大数据、云计算、物联网、5G等技术应用的日益成熟化和系统化，淘宝、天猫、网易等电商"独角兽"联手布局的"电商矩阵"在杭州崛起，并焕发勃勃生机。目前，杭州已经聚集了淘宝直播、有播、有赞等直播平台和如涵、缇苏、微念科技等MCN机构，涌现出云集、贝贝网等社交电商平台和阿里巴巴国际站、天猫国际、网易考拉海购、生意宝等跨境电商平台，各类电商业态方兴未艾，并以创新无止境的姿态走向全国、走向全球。

据《2020年中国电商上市公司市值数据报告》显示，截至2020年底，杭州市共拥有 10 家电商上市公司,位列全国第三(仅次于北京、上海)①。此外,据杭州市商务局数据显示,2021 年上半年,杭州市网络零售额达到 4168.5 亿元,占全省网络零售总额的 40.4%,占比保持浙江省各城市首位,电商产业规模和效益持续扩大②。杭州正变身为领先技术的"孵化之城"、创新创业的"智慧之城"、电商从业者的"天堂"。

(二)杭州电子商务发展的动力

在浙商精神的熏陶下,杭州各级政府的推动下及创新创业者们奋斗下,杭州的电子商务不断实现纵深发展,电子商务生态系统越发完善。

1. 浙商精神

浙商精神的发展由来已久。在改革开放之前,浙江仅仅是一个自然资源匮乏、国有企业稀少的落后农业省份,但随着国家由计划经济向市场经济过渡,勤劳智慧、有经商头脑的浙江人成为我国走向市场经济的先行者,逐渐将浙江打造为一个民营经济大省,在此过程中也孕育了"自强不息、坚韧不拔、勇于创新、讲求实效"的浙江精神,这也是浙商精神的集中体现③。杭州作为浙江省省会城市,深受浙商精神的影响,在时代变迁、中国经济转型发展的背景下积极适应时代潮流。当信息经济时代来临时,杭州企业家将自强、坚韧、创新等浙商精神完美地展现在创业实践当中,带领杭州以"中国电子商务之都"的身份惊艳世人。

2. 政府支持

除了浙商精神的熏陶,杭州的制度环境也是推动其电子商务蓬勃发展的关键,主要表现在政府部门对电商创业环境的营造、电商创业平台的搭建及对电商创新创业者们的支持。近年来,杭州市陆续出台了农村电子商务项目无偿资助、电子商务企业专项资金项目、杭州市级科技企业孵化器、杭州大学生创业融资"风险池"等扶持项目,设立了中国首个跨境电子商务综合试验

---

① 网经社电子商务中心.2020 年中国电商上市公司市值数据报告[R/OL].[2021-12-16](2021-12-01).https://www.100ec.cn/zt/2020ssszbg/.

② 杭州市商务局.浙江省 2021 年上半年网络零售统计数据.[EB/OL].[2021-08-20](2021-12-03).http://sww.hangzhou.gov.cn/art/2021/8/20/art_1551502_58896679.html.

③ 王洪霞.从浙商精神看中国传统文化的现代价值[J].当代经济,2016(17):120-122.

区,连续 8 年举办"电商中国·中国(杭州)国际电子商务博览会",搭建余杭梦想小镇、东方电商小镇等特色创业小镇,建立未来科技城、海创园等众创空间、孵化器平台,积极整合社会各界资源,打造全球领先的电子商务创新创业中心。

3. 创新创业者

传统的浙商精神、杭州各级政府的支持,在一定程度上都助力了创新创业基因在杭州市生根发芽,吸引了无数的创新创业者们在杭州扎根,成为杭州市电子商务发展的动力与支柱。在这个庞大的创新创业队伍中,本土电商巨头阿里巴巴起到了很好的表率作用,不仅创造了众多电商发展新机遇,也为杭州电商产业培养了一大批优秀的"阿里系"创新创业人才,堪称电子商务领域的"黄埔军校"。其中,蘑菇街、有赞、贝贝网等杭州知名电商创业公司的创始团队主要成员都是阿里巴巴的前员工。此外,作为浙江省最高学府的浙江大学,也是为杭州市电子商务创业公司输送"浙大系"智力资本的源泉。还有一群"海归系"创业者,他们或曾就职于(谷歌、苹果、优步等)海外企业的精英们,或是杭州市政府通过"人才引进"政策招募的专业学者们,也有怀揣创业梦想的年轻留学生,在杭州电商创业氛围及杭州各级政府政策的吸引下,来到杭州寻找电商创业新天地。

三、案例小结

得益于由来已久的区域创新创业基因、政府制度创新的落实、创新人才的集聚,顺德和杭州都在经历着新阶段的创新蝶变,这也为中国乃至世界其区域的创新发展提供了借鉴。

首先,制度创新,营造企业家创新创业环境。企业家创新是区域创新的"密码"和动力之源,而产权制度、公共政策等制度的不断演进创新,会为企业家营造合乎时宜的创新创业环境,激励企业家创新[①]。为了营造区域创新氛围,激发企业家创新精神,使企业家能在合法合规的环境中大显身手,政府应该积极贯彻国家发展战略,结合时代技术的演进和人们需求的变化,因地制宜地在不同发展阶段推行不同的制度,合时宜的制度改革创新所形成的红利,最终会经由企业家之手转化为区域创新的成果。企业家创新能对助推区

---

① 郭万达,廖令鹏.深圳特区 40 年:促进企业家创新的七大因素[J].开放导报,2020(4):73-78.

域创新起多大作用,一定程度上取决于政府的制度创新是否与时俱进。

其次,集聚人才,为企业家精神注入更多可能性。人才作为区域创新创业的主体,也是筑就企业家精神的主体,具有主观能动性和创造性,既可以消化吸收引进的外来技术,也可以为自主创新添砖加瓦,为区域创新战略的稳步实施提质增速。集聚人才,一方面要留住本土企业家、本地高校人才;另一方面也要吸引外来高素质人才,既使老一辈企业家的创业创新基因得以传承,又为新时代的企业家精神补充新鲜血液,为区域创新"遍地生花"注入更多可能性。

第六章　对外直接投资的逆向
技术溢出效应分析

对外直接投资（OFDI）也称为国际直接投资，指本国企业或者个人向国外企业进行投资的行为。我国对外直接投资的主要方式是通过东道国法律规定的程序或渠道，购买全部或部分所有权来参与或控制东道国企业和在东道国建立新的企业或工厂，利用当地的资源进行生产经营活动。布鲁斯（Bruce，1991）①以日本和美国为研究对象，较早对 OFDI 逆向技术溢出效应的存在性进行检验，研究结果表明日本企业或个人在美国 R&D 资本密集型行业的投资与日本的技术能力水平提升正向相关，证明了技术水平较低的地区向高技术水平地区投资存在技术溢出效应。大卫和埃尔赫南（David & Elhanan，1995）②提出，OFDI 是重要的技术溢出渠道，并对全要素生产率和通过对其他国家进行投资的方式获取到的技术溢出的关系进行检验，结果表明通过对外直接投资获得的技术溢出能够促进全要素生产率的提升，进一步证实了对外直接投资存在逆向的技术溢出效应。

OFDI 是获得技术溢出进行二次创新提升创新效率的重要渠道，其作用方向和力度会因投资动机的异质性而表现出明显的差别。企业对外直接投资众多动因中的"战略资源寻求型"对外投资，"战略资源寻求型"动机往往是新兴市场国家对发达国家进行直接投资的关键决定因素。本章从对外直接

---

① Kogut B, Chang S J. Technological Capabilities and Japanese Foreign Direct Investment in the United States[J]. Review of Economics & Statistics, 1991, 3(3):401-413.

② Coe D T, Helpman E. International R&D Spillovers[J]. European Economic Review, 1995, 39(5):859-887.

投资理论入手,对 OFDI 逆向技术溢出存在性、影响因素、对创新绩效的影响及 OFDI 推动技术进步机制进行研究。

第一节　对外直接投资的相关文献综述

一、对外直接投资理论

对外直接投资理论不断发展,当前主要包括传统对外直接投资理论、发展中国家对外直接投资理论及结合中国国情的对外直接投资理论。

(一)传统对外直接投资理论

美国学者海默(Hymer,1976)提出了基于垄断优势的国际直接投资理论,认为通过取得不同国家企业的控制权,可以有效消除企业间不利竞争、减少成本,并且可以利用公司优势建立国外业务,进而获取利润。他认为,国际的直接投资是市场不完全的产物,企业在不完全竞争的条件下可以获得各种垄断优势是对外直接投资的主要动力。对外直接投资行为只有在特殊的情况下才会产生,包括:不同国家的企业在同一市场上销售产品或在不完全竞争的条件下相互交易;一些企业比其他企业更具优势,也即企业间能力存在差异;不同国家企业相互依赖;未开展过国际贸易的产业。这些因素可以单独也可能相互交织,共同影响对外投资。维农(Vernon,1966)指出,新产品产生于发达国家,因为只有发达国家具有生产新产品的技术和经济条件,产品经历从作为新产品进入市场到被市场淘汰的整个过程,具体包括:新产品的引入阶段、成熟阶段、标准化生产阶段和退出市场。首先,敏锐的企业家观察到市场对某一产品存在需求,存在获利机会,于是将符合市场需求的产品生产出来,并引入市场。其次,新产品被引入与其初始生产国经济发展条件处于同一水平的发达国家,为应对该产品迅速扩大的需求,生产者对其进行一定程度的标准化,产品实现一定程度的规模化生产。再次,随着产品的标准化的成熟,新产品在发达国家的获利机会减少,而在发展中国家仍具有盈利机会,于是新产品被引入发展中国家。一方面发展中国家的劳动力成本较低,可以在降低生产成本的同时生产出完全相同的产品;另一方面完全标准化的产品便于模仿学习,发展中国家能够迅速掌握该项产品的生产技术。最后,该项产品几乎不存在收益,退出市场。

内部化理论由巴克莱和卡森(Buckley & Casson，1976)提出，他们将跨国公司定义为在不同国家拥有和控制活动的企业，认为企业在市场不完善的情况下可以实现利润最大化；当中间产品市场不完善时，存在通过创建内部市场以绕过中间产品市场的动机；并且当跨国市场的内部化产生时产生了跨国公司。他们发现，1940年之后跨国公司的海外业务量迅速增长，但一部分国际直接投资存在不符合资本从资本丰富的国家向资本匮乏的国家流动的特征，而是呈现双向流动。外部市场可能存在多种不利因素，包括：依靠市场联系的相互依赖的活动存在时滞，协调市场关系的关键因素的缺失；需要一种在外部市场上不可行的歧视性定价促进对一种中间产品的市场力量的有效利用；由于市场力量产生的不确定性情况；买方和卖方对产品的性质或价值的认识差异；政府通过从价税或限制资本流动对国际市场的干预及国家间收入和利润税率的差异等情况。内部化能够有效地避免外部市场带来的损失。邓宁在综合了内部化理论、垄断优势理论及区域理论的基础上，构建了综合的国际生产折中理论。他认为，企业只有同时拥有所有权优势、内部化优势及区位优势，才可能实现跨境经营。

(二)发展中国家对外直接投资理论

20世纪80年代中期以后，发展中国家跨国公司迅速崛起，欠发达地区的对外直接投资额快速且持续增加，以中国为代表的新兴发展中国家向发达国家进行直接投资。传统对外直接投资理论着眼于发达国家向发展中国家的直接投资，无法解释不具备所有权优势、技术水平处于劣势的欠发达地区的这种投资行为，西方学者开始对这一现象进行深入的研究，并且在发展中国家对外直接投资理论的研究中获得了较快的发展。主要成果有小规模技术理论、技术地方化理论及技术创新产业升级理论。

小规模技术理论认为，发展中国家对外直接投资主要是为了保护出口市场，大多数发展中国家只有在出口市场受到威胁时才会考虑对外投资。发展中国家大多数制成品的市场规模较小，如果使用发达国家的技术进行生产制造，会导致企业规模过大，与市场规模不相符，只有使技术符合小规模生产制造，发展中国家企业家才能获取利润。小规模生产技术是投资企业本国市场环境的反映，它能满足一些低收入国家有限的工业品需求，从而使发展中国家企业在小规模生产技术领域中获得相对于发达国家的竞争优势。但该理论强调的是，发展中国家的小规模生产技术来源于发达国家，是经过改进的发达国家技术或者是其已经淘汰的技术，发展中国家对外直接投资的领域不是"技术水平高"的行业①。

技术地方化理论是小规模技术理论的新发展,它指出发展中国家并非仅仅对引入的发达国家的成熟技术进行简单模仿与继承,而是会依据自身特点对引进的技术进行消化吸收,使其符合本国生产要素条件和市场需求,因此,发展中国家在对外投资过程中形成了竞争优势。

技术创新产业升级理论认为,技术创新、技术能力水平同样是发展中国家跨国公司对外投资的决定因素,该理论以获得技术积累为内在动力。发展中国家企业的竞争优势来自为适应其市场和生产条件的模仿能力和外国技术的适应能力,其对外直接投资区域选择遵循周边国家—其他发展中国家—发达国家的先后顺序。在对外直接投资早期,欠发达地区对外直接投资的目的地主要是周边国家,主要是利用海外华侨网络等种族关系;在欠发达地区拥有一定的海外投资经验之后开始向其他发展中国家投资;最后,随着本国技术的积累、工业化水平的提高,发展中国家开始向发达国家投资,以获得更为先进的技术知识。

(三)中国对外直接投资理论

随着我国经济的发展,出现了展现中国特色的对外直接投资理论,包括程慧芳的对外直接投资的比较优势理论、欧阳峣的大国综合优势理论、裴长洪的国家特定优势理论。

程慧芳(1998)提出对外直接投资的比较优势理论,指在对外投资过程中、在生产要素配置、产品生产与销售的效率和效益、投资产业和区位选择、国际市场的进入与退出、投资母国政府与宏观经济环境的支持等方面与其他投资国或地区所表现书来的相对优势,具有层次性、相对性、潜在性和动态性的特点,这种比较优势只有在竞争过程中转变成国际竞争力或竞争优势后才能有效实现比较利益。欧阳峣(2009)认为大国综合优势的形成主要是由于国家的"大"而产生的特殊优势,包括因规模经济而产生的分工优势,因差异性而产生的互补优势,因多元结构而产生的适应性优势,因独立系统而产生的稳定优势。这里的大国是一个较为综合的概念,指的是国土辽阔、人口众多、市场巨大、资源丰富,并且能成为国际市场上某些产品价格制定者享有主权利益的国家才能称为大国。裴长洪、樊瑛(2010)率先提出国家特定优势概

---

① 威尔斯.第三世界跨国企业[M].叶刚,杨宇光,译.上海:上海翻译出版公司,1986:19-38.

念，认为我国对外直接投资和主流解释对外直接投资的核心观点有所不同，我国企业的对外直接投资不可以完全用利润最大化来解释，因为我国企业受到政府的支持，并且承担发展和宏观经济调控目标，他们将我国对外直接投资的国家特定优势归结为我国政府的服务和引导。裴长洪、郑文（2011）对国际投资理论进行了补充解释，提出在对外投资过程中，母国的收入水平、服务业发展水平等基础性条件是不可忽视的，正是由于母国的自身发展条件的不同，才造就了不同国家在与其他国家竞争中的特定优势，例如，行业优势、规模优势、区位优势、组织优势等。

二、OFDI 逆向技术溢出效应的存在性

对外直接投资溢出效应是指，在对外直接投资过程中，东道国对投资母国在其产业结构、技术进步、制度等方面产生的影响，是经济外在性的一种表现。而技术外溢通常是指技术水平较高者对相对落后者的技术进步产生的影响。技术溢出有别于技术转让，前者是非预期行为，跨国公司、高校、研究机构等均可能产生技术溢出行为，而后者是有意识的技术流动①。

按照传统的理论，国际直接投资过程技术往往从投资国流向东道国，而默尼耶（Meunier，2014）在中国对欧盟的投资研究中发现，直接投资中技术流动并未朝着传统的方向发展，中国从对欧盟的投资中获得了溢出的技术知识②。符磊、朱智洺（2019）认为，新兴国家跨国公司在技术溢出上具有不同的属性：其一，新兴国家属于技术溢出的客体；其二，在新兴国家获取发达国家技术溢出的过程中，跨国公司发挥了重要的促进作用，提高了对先进技术的敏感度及获取技术溢出的主动性，其数量和质量提升了技术溢出的强度。在开放经济条件下，我国进出口贸易、对外直接投资、外商直接投资等均是技术溢出的渠道，而逆向技术转移主要发生在技术获取型对外直接投资中，对外直接投资逆向技术溢出是指投资国利用跨国公司内部机制获取东道国的较为先进的技术，并在母国企业间扩散、模仿和创新，这与传统发达国家向发展中国家直接投资的技术溢出方向相反，因此称为对外直接投资的逆向技术溢出。

---

① 崔新健，章东明.逆向技术转移和逆向技术溢出的内涵研究[J].中国科技论坛，2016(12)：78-82.

② Meunier S，Burgoon B，Jacoby W. The Politics of Hosting Chinese Investment in Europe—An Introduction[J]. Asia Europe Journal，2014，12(2)：109-126.

国内外 OFDI 逆向技术溢出的研究主体集中在发展中国家和发达国家。21 世纪以来,作为最大的发展中国家,我国对外直接投资总量和速度不断提升,因此一大批学者对我国的对外直接投资是否产生了技术溢出进行了较为集中的研究。李娟等(2017)研究表明,通过对外直接投资从东道国获取的技术溢出存在创新效应,有助于中国创新能力的提升,但仅在东部地区显著[①],而陈浦秋杭等(2020)进一步以东部地区中江苏省各地级市为样本,利用 2009—2019 年相关数据对江苏各地区 OFDI 和全要素生产率之间的关系进行检验,研究结果同样表明通过对其他国家(地区)进行直接投资有助于本地区全要素生产率的提升[②]。

三、OFDI 逆向技术溢出的影响因素

影响对外直接投资逆向技术溢出的因素众多,当前我国对 OFDI 逆向技术溢出的影响因素主要集中在:基于吸收能力的影响、基于东道国特征的影响。

(一)投资方式与行业

对外直接投资方式主要包含跨国并购和绿地投资两种,其中跨国并购指投资母国企业通过东道国法律规定的程序或渠道购买所有权参与或控制东道国企业;绿地投资则指投资母国利用当地的资源在东道国设立新的企业或建造工厂进行生产经营活动。孙灵希、储晓茜(2018)对中国在其他国家(地区)进行投资的不同进入方式和全要素生产率的关系进行了研究,发现跨国并购能够显著提升投资企业的全要素生产率,而绿地投资方式对全要素生产率的影响不显著[③],庞磊(2018)则发现企业通过海外并购和绿地投资的方式进行对外直接投资,均有助于投资母国的技术进步[④]。柴庆春

---

①　李娟,唐珮菡,万璐,等.对外直接投资、逆向技术溢出与创新能力——基于省级面板数据的实证分析[J].世界经济研究,2017,36(4):59-71,135.

②　陈浦秋杭,邓晶,陈清华.对外直接投资是否存在逆向技术溢出效应?[J].世界经济与政治论坛,2020,40(6):158-166.

③　孙灵希,储晓茜.跨国并购与绿地投资的逆向技术溢出效应差异研究[J].宏观经济研究,2018,40(10):141-153.

④　庞磊.OFDI 逆向技术溢出门槛与母国技术进步——基于绿地投资与企业海外并购的比较[J].首都经济贸易大学学报,2018,20(4):49-57.

和张楠楠(2016)发现对外直接投资的技术溢出效应还存在行业差距,投资母国(地区)制造业和科学研究与技术服务业的生产率和对东道国相应行业投资具有较高的关联度,而对国外采矿业、租赁和商务服务业及建筑业的投资与国内对应行业的生产效率关联度较弱①。陈颂和卢晨(2017)进一步分析通过不同投资方式在获得的其他国家(地区)R&D资本存量对母国不同行业生产率的长期和短期影响,结果表明绿地投资在长期内推动了母国(地区)技术水平的提升,而并购在第一产业和第二产业短期内的技术溢出效应更显著②。

(二)基于东道国特征

对外直接投资逆向技术溢出不仅受到投资国或地区的吸收能力及本国对外直接投资规模的影响,还受到东道国特征及与东道国之间技术差距的影响(蔡冬青、周经,2014)。胡宗彪等(2011)、吴建军(2013)指出,东道国企业的人力资本水平、人才流动程度、投资软环境等,都是OFDI逆向技术溢出的重要影响因素,东道国的技术创新能力是影响我国对外直接投资技术进步效应的首要因素,东道国的经济自由度、政府治理水平、经济制度质量及宗教文化等影响投资企业在东道国获取知识、技术要素的成本效率。叶红雨、韩东、王圣浩(2017)通过实证发现,东道国的技术水平、人力资本、金融发展水平都会促进我国企业在东道国获取技术溢出效应,而东道国与我国的制度质量、知识产权保护水平、宗教文化等,对投资东道国获取技术溢出过程产生不利影响。并且,虽然我国对技术水平较高的国家投资可以获取技术溢出,但是也应该注意与东道国的技术差距,只有与东道国的技术差距处在合适的区间,从东道国获取的技术溢出才能够被投资母国吸收,对外直接投资逆向技术溢出效应才更显著。

四、OFDI逆向技术溢出与区域创新绩效的相关研究

虽然当前的一些学者印证了通过对外直接投资获得逆向技术溢出的可能性,但OFDI逆向技术溢出是一个复杂的过程,学术界对外直接投资逆向技

① 柴庆春,张楠楠.中国对外直接投资逆向技术溢出效应——基于行业差异的检验分析[J].中央财经大学学报,2016,36(8):113-120.
② 陈颂,卢晨.不同投资方式的OFDI逆向技术溢出效应研究[J].国际商务(对外经济贸易大学学报),2017,31(6):86-97.

术溢出对区域创新绩效的影响仍具有不确定性,主要存在四种结论:

第一种结论认为 OFDI 逆向技术溢出有助于提高创新绩效。中国的技术寻求型 OFDI 的效果是显著的,不同于以往的"市场换技术",技术寻求型 OFDI 通过"资本换技术"显著地提升了国内的技术水平,有效促进了投资母国的技术进步(杜龙政、林润辉,2018)。相较于技术开发阶段,OFDI 逆向技术溢出在技术转化阶段对区域创新能力的影响更为显著,并且只有面向发达东道国的 OFDI 能够给我国带来显著的逆向技术溢出[1]。皮博鲁伯乐斯等(Piperopoulos et al.,2018)研究发现,对外直接投资对新兴市场经济体的创新绩效有正向作用,跨国公司可以通过获取知识技术及从东道国的市场环境中学习来提高创新绩效。

第二种结论认为 OFDI 逆向技术溢出不利于创新。OFDI 逆向技术溢出对我国的创新能力无论是长期还是短期均具有消极作用,主要是由于我国的对外直接投资主要流向技术含量不高的行业,且主要目的是资源寻求型和市场寻求型的。相较于市场寻求型和资源寻求型的对外直接投资,技术寻求型的对外直接投资由于东道国的知识产权保护,企业间的相互竞争都将增加投资成本,提高技术型 OFDI 的进入壁垒,同时研发过程的不确定性和研发结果的不可控性也将产生一定的机会成本[2]。此外,东道国知识产权保护制度越健全,越不利于中国企业通过对外直接投资获取逆向技术溢出[3]。

第三种结论认为 OFDI 逆向技术溢出对区域创新绩效的影响不显著。我国对外直接投资对模仿创新、自主创新和二次创新的影响在统计上均不显著[4],这主要是由于技术寻求型的对外直接投资存在资金成本、文化环境及制度因素等方面的限制,所以中国对外直接投资对我国的创新所产生的作

①　周经,黄凯.OFDI 逆向技术溢出提升了区域创新能力吗?——基于空间杜宾模型的实证研究[J].世界经济与政治论坛,2020(2):108-130.

②　窦虹麟,屠金萍.中国对外直接投资的逆向技术溢出机理研究——基于母国和东道国双重视角[J].现代商业,2018(6):38-39.

③　Papageorgiadis, N., Xu, Y., Alexiou, C. The Effect of European Intellectual Property Institutions on Chinese Outward Foreign Direct Investment[J]. Management and Organization Review,2019,15(1):81-110.

④　茹运青,孙本芝.我国 OFDI 不同进入方式的逆向技术溢出分析——基于技术创新投入产出视角的实证检验[J].科技进步与对策,2012,29(10):16-20;谢钰敏,周开拓,魏晓平.对外直接投资对中国创新能力的逆向溢出效应研究[J].经济经纬,2014,31(3):42-47.

用并不显著。此外，由于对外直接投资的动因不同，技术寻求型的对外直接投资有效地提升了区域创新绩效，而以资源寻求为动机的 OFDI 并没有明显地提高区域创新绩效①。

第四种结论认为 OFDI 逆向技术溢出对区域创新绩效的影响不确定，可能基于其他重要影响因素而存在。一部分学者认为，OFDI 逆向技术溢出对区域创新影响存在不确定性，原因在于存在人力资本、金融发展水平、市场化程度、研发强度、资本密度和技术差距等吸收能力的影响，这些因素使 OFDI 逆向技术溢出对创新绩效存在一定的门槛效应。我国存在显著的区域差异，只有吸收能力迈过相应的门槛，对外直接投资才能推动区域创新绩效的提升②。

第二节　对外直接投资的逆向技术溢出效应：路径与机制

跨国公司是对外直接投资的主角，在开放经济条件下，技术溢出的渠道主要是贸易、对外直接投资和跨国公司内部技术转让。对外直接投资的技术溢出主要表现为：知识外溢和竞争效应。一般情况下技术溢出发生在发达国家向欠发达地区投资过程中，而发展中国家可以通过跨国公司与东道国的技术领先企业建立紧密联系，实现知识获取，获得反向外溢效应。借助知识溢出涉及示范、模仿和传播，技术较为先进地区企业通过与发展中国家跨国公司的合作项目，对员工进行培训教育，使发展中国家获取生产产品所需要的新技术，或者通过产业关联及"干中学"，产生技术外溢。陈向东（2008）认为，发展中国家可以通过示范—模仿、竞争、产业间溢出及对员工进行培训等方式从对发达国家的投资中获得技术溢出。示范—模仿，指基于跨国公司与东道国企业之间存在技术差距，发展中国家跨国企业可以通过学习、模仿技术水平较高的东道国企业来提高技术水平。此外，技术水平较低国家的跨国企业可以将新设备、新产品或者新的加工方法引入国内市场。竞争效应，一方面指在有限的市场资源条件下，跨国公司与东道国企业之间的竞

①　赵甜，方慧. OFDI 与中国创新效率的实证研究[J]. 数量经济技术经济研究，2019，36(10)：58-76.

②　赵刚. 对外直接投资的逆向技术溢出及其吸收能力门槛效应——基于中国省际数据的实证检验[J]. 未来与发展，2019，43(1)：56-66.

争加剧,刺激发展中国家跨国企业为有效的利用现有资源,提升技术水平;另一方面,跨国公司的进入一定程度上削弱了产业垄断,有助于东道国的技术进步,发展中国家跨国公司的技术水平也随之提高。我国企业通过直接投资的方式在发达国家购并高新技术企业、跨国公司的研发部门,或者与当地拥有先进技术的高技术企业合资设立新技术开发公司,能够最大限度地获取技术外溢,同时国外研发机构将大量技术信息及时、准确、直接地传递到国内公司总部。综上所述,投资国获取国外先进技术资源需要通过以下四个途径来实现。

一、研发成果直接利用途径

投资国母公司在对外投资过程中获取外溢技术最简单、直接、有效的方式是直接获取东道国企业的研发成果,也可以与东道国的先进企业共享技术含量高的专利,将国外引进的先进技术运用于子公司生产,再将先进技术传至母公司,最后提升跨国企业整体生产技术水平。在对外直接投资的过程中,母国(地区)的跨国公司可以嵌入东道国技术发达的产业集聚地,接触并寻求核心技术、信息及其他资源。跨国公司能够通过产业集聚,积极有效地参与东道国企业的合作交流。一方面,通过直接利用国外研发成果,可以缩短母国企业技术水平提升的时间,实现快速有效地提高生产技术水平;另一方面,借助所获得研发成果进行产品升级,能够在同行业者和消费者之间树立新形象,提高企业产品的市场占有率,使企业能够更进一步地扩张,在规模扩大的同时也获得了更高的收益。

二、研发要素吸收途径

研发要素是指能够促进一国科技开发、技术提升的要素,包括科技研究人员,公共基础建设等要素。我国进行对外直接投资,就是为了接近并利用这些资源。投资国母公司进行 OFDI 活动,在东道国创建子公司,使子公司直接接触到当地的一些先进研发要素、技术要素、成熟的管理经验等,这些是 OFDI 获取外溢技术的主要资源,所以获取研发要素是 OFDI 获取的最好的国外资源。技术人才地良性流动和交流,是提升技术水平的重要渠道。在开放的经济环境中,国内外公司之间的合作与交流逐渐增多,相关技术人员、管理人员等之间的流动大量存在于我国的 OFDI 中,人员流动能够产生新的知识外溢,通过培训等方式进一步扩大这种外溢效应,有助于提升母公司的技术研发能力和知识吸收能力。

三、研发费用分摊途径

投资国进行 OFDI,一方面是为了获取发达国家的先进技术,另一方面可以利用东道国一些相对优惠的政策和较低价格的研发要素等,间接地帮助投资国的母公司分摊一定的研发费用,使母公司将更多的费用用于核心技术或自身技术的开发与提升。在这些国家,母公司进行直接投资,可以利用当地的一些相对优惠的国家政策及廉价的生产力要素等,节省了母公司的费用支出。来自东道国企业研发成本的分摊主要有两个方面:一是东道国研发要素价格低,为母国节约了一定的成本;二是企业在行投资的过程中扩大了投资国企业的市场规模。为满足市场需求,投资国企业需要扩大生产规模,生产规模的扩大产生规模效应,降低生产成本,使企业能够获取更多利润,在一定程度上弥补了企业的研发费用。此外,母国(地区)跨国公司的投资,一定程度上缓解了东道国资金不足问题,东道国政府和企业可能通过一定方式分摊母国企业的研发费用。

四、收益反馈途径

母国(地区)在选择对外直接投资的方式时,一般通过收购东道国企业或者新设企业的方式进行。这些新设立的子公司或分支机构通过嵌入发达国家的高端产业链条中加强和东道国企业之间的联系和沟通,并通过各种模仿和学习机会获取东道国先进的技术、管理经验及前沿信息.并通过一系列的反馈机制将所获得的研发成果通过不同途径传递到母国,从而有效提升母公司的技术水平。OFDI 逆向技术溢出的收益反馈通过三个途径来实现:第一,优化资源配置。通过 OFDI 一方面可以转出我国过剩资源,另一方面也可以利用国外的有效资源,通过这两方面实现资源的合理配置,大大降低企业生产过程中的成本费用,节约的成本可用于更多的技术研发。另外,降低成本间接地增加了企业的收入,增强了企业的市场竞争力。第二,生产销售本地化。在东道国生产的产品可直接在东道国市场上销售,对我国来说已经实现了出口,在本地销售省去了很多在出口过程中需要经过的流程,比如不用再缴关税,也巧妙地避开了各种贸易壁垒,更不会引起一些贸易法律纠纷,这样间接地增加了子公司的利润,而子公司的收益增长通过反馈过程,使母公司收益也进一步增长,母公司将更多的收益用于研究开发,其技术水平将进一步提升。第三,技术升级可以将产品市场扩大,子公司在东道国获得东道国先进生产技术并反馈给母公司,母公司利用其获得的技术进行产品升级和改造,使其产品在市场上的占有率不断扩大,降低企业成本,进而增加企业收益,所获得的额外利润又会促使 OFDI 进行新一轮 OFDI(见图 6.1)。

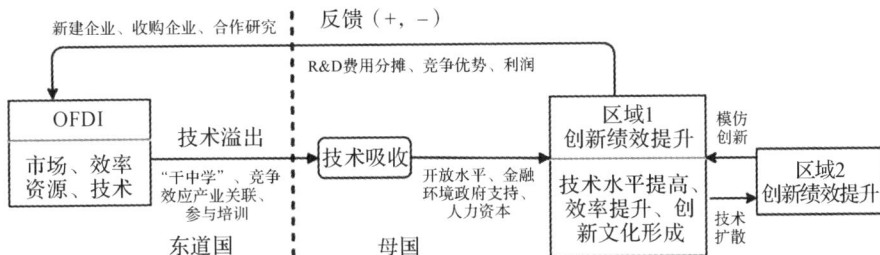

图 6.1 对外直接投资逆向技术溢出机制

第三节 我国对外直接投资的发展现状

我国对外直接投资的主要方式为跨国并购和绿地投资,跨国并购是指我国企业通过东道国法律规定的程序或渠道购买全部或部分所有权来参与或控制东道国企业;绿地投资则指在东道国建立新的企业或工厂,利用当地的资源进行生产经营活动。

一、我国对外直接投资的总体状况

图 6.2 反映了加入世贸组织之后,我国的对外直接投资流量和存量在世界的排名状况。从图中我们可以看出,2002—2020 年间,我国对外直接投资的流量和存量在全球的位次不断攀升,投资存量全球位次从 2002 年的第 25位上升至 2020 年的第 3 位,流量排名从第 26 位上升至全球第一位。具体从对外直接投资的流量和存量来说,2002—2016 年,我国对外直接投资流量呈现逐年上升的趋势;而在 2016—2019 年,受国际形势及中美贸易问题影响,我国对外直接投资流量减少;2020 年我国由于对于疫情重视和积极控制,对外直接投资逆势增长,流量达 1537 亿美元,首次跃居世界第一,占全球份额的20.2%,国际影响力进一步增强。

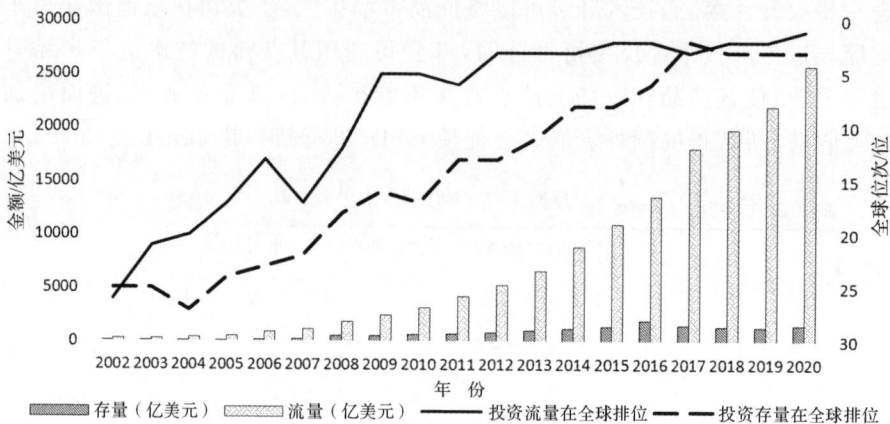

图 6.2　2002—2020 年我国对外直接投资状况

资料来源:依据《对外直接投资公报 2020》相关数据整理绘制。

二、不同区域的对外直接投资状况

图 6.3 表示 2004—2020 年我国各年非金融类对外直接投资在东、中、西三大地区的分布状况。从图中来看,我国东部地区的非金融类对外直接投资总量占比状况经历了先下降、后上升再平稳的过程,但占据我国各年全部非金融类对外直接投资的半数以上。2004 年到 2010 年前后,中西部地区总体的非金融类对外直接投资增长的速度超过了东部地区,因此其在全国非金融类对外直接投资总量中的份额增加;但 2014 年左右,其占比又出现下降的趋势,最近几年总体比较平稳。此外,中部和西部的非金融类对外直接投资存量在 2002—2020 年的发展状况总体相似,其增长速率均表现出先提升后下降最后平稳的状况。从以上分析中我们可以看到,我国的企业家创新创业水平与对外直接投资呈现出较为明显的区域差异,总体上东部要强于中西部地区。这一现象源于我国东部、中部和西部经济发展水平的差异,相较于中西部地区,东部发展水平较高,有充足的资金进行对外投资。

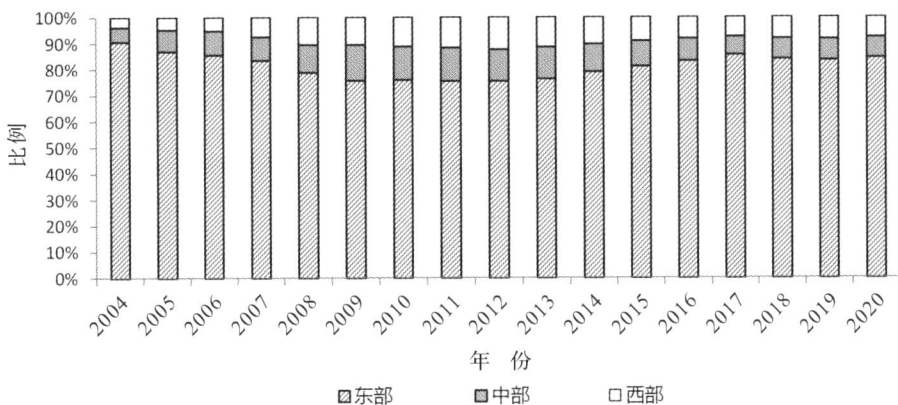

图 6.3　2004—2020 年非金融类对外直接投资存量分布

资料来源：依据《对外直接投资公报 2020》相关数据整理绘制。

三、投资区位与投资行业状况

自 2001 年我国加入世界贸易组织之后，经济水平不断提高，对外直接投资的动机由以"资本换资源"为主转换为以"资本换技术"为主；近些年，随着我国经济发展进入高质量发展阶段，对外直接投资动机更加多样化，不仅表现为"技术寻求""资源寻求""效率寻求""市场寻求"，还表现为提高国际影响力、分散风险、寻求合作、实现跨越式发展等动因。对外直接投资动因的不同，直接影响我国对外直接投资的行业和投资区位的选择。表 6.1 为中国对外直接投资行业状况。

由表 6.1 可以看出，不同年份我国对外直接投资重点不同，加入世界贸易组织之后，租赁和商务服务业、批发零售业对外直接投资额增长迅速。2004—2011 年，采矿业一直是我国对外直接投资的重点领域。2011—2016 年，科学研究和技术服务业、房地产业对外直接投资迅速增长。制造业、金融业、和电力/热力/燃气及水的生产和供应业的对外投资额也迅速增加，反映出我国不同时间段存在不同的对外直接投资动因。

表 6.1　我国对外直接投资各行业流量　　　　　　　　单位：亿美元

行业	2004 年	2006 年	2011 年	2016 年	2020 年
租赁和商务服务业	7.49	45.22	255.97	657.82	387.20
制造业	7.56	9.07	70.41	290.49	258.40

续表

行业	2004 年	2006 年	2011 年	2016 年	2020 年
批发和零售业	8.00	11.14	103.24	208.94	230.00
金融业	—	35.30	60.71	149.18	196.60
信息传输/软件和信息技术服务业	0.31	0.48	7.76	186.60	91.90
建筑业	0.48	0.33	16.48	43.92	80.90
交通运输/仓储和邮政业	8.29	13.76	25.64	16.79	62.30
采矿业	18	85.40	144.46	19.30	61.30
电力/热力/燃气及水的生产和供应业	0.78	1.19	18.54	53.36	57.70
房地产业	0.08	3.84	19.74	152.47	51.90
科学研究和技术服务业	0.18	2.82	7.07	42.38	37.30
居民服务/修理和其他服务业	0.88	1.12	3.28	54.24	21.60
农/林/牧/渔业	2.89	1.85	8.98	32.90	10.80
卫生和社会工作	0.00	0.00	0.06	4.87	6.40
水利/环境和公共设施管理业	0.01	0.08	2.55	8.47	1.60
教育	—	0.02	0.20	2.85	1.30
住宿和餐饮业	0.02	0.03	1.17	16.25	1.20
文化/体育和娱乐业	0.00	0.01	1.05	38.69	−21.30

数据来源:2004—2020 年《对外直接投资统计公报》。

表 6.2 为 2020 年末中国对外直接投资存量在各国的分布状况和行业分布。

表 6.2 2020 年中国对外直接投资存量区位及行业分布

区域	投资存量/亿美元	经济体	行业
亚洲	16448.9	主要分布在中国香港、新加坡、印度尼西亚、中国澳门、马来西亚、老挝、阿拉伯联合酋长国、泰国、越南、韩国、柬埔寨、巴基斯坦等	租赁和商务服务(40.7%)、批发和零售业(15.2%)、金融业(11.7%)、制造业(9.7%)、采矿业(5.3%)
拉丁美洲	6298.1	主要分布在开曼群岛、英属维尔京群岛、巴西、委内瑞拉、阿根廷、秘鲁、智利、墨西哥、牙买加、巴拿马、特立尼达和多巴哥、厄瓜多尔等	信息传输/软件和信息技术服务业(37.6%)、租赁和商务服务业(21.3%)、批发和零售业(12.5%)、制造业(6.4%)、科学研究和技术服务业(5.9%)
欧洲	1224.3	主要分布在荷兰、英国、卢森堡、德国、俄罗斯联邦、瑞典、瑞士、法国、意大利、爱尔兰、捷克、西班牙等	制造业(33.1%)、采矿业(17.5%)、金融业(14.8%)、租赁和商务服务业(5.4%)
北美洲	1000.2	主要分布在美国、加拿大等	制造业(26.6%)、采矿业(15%)、金融业(14%)、信息传输/软件和信息技术服务业(9.6%)、租赁和商务服务业(8.6%)
非洲	434.0	主要分布在南非、刚果(金)、赞比亚、埃塞俄比亚、安哥拉、尼日利亚、肯尼亚、津巴布韦、阿尔及利亚、加纳、坦桑尼亚、莫桑比克、埃及、尼日尔等	建筑业(34.6%)、采矿业(20.6%)、制造业(14.1%)、金融业(9.6%)、租赁和商务服务业(5.4%)
大洋洲	401.1	主要分布在澳大利亚、新西兰、巴布亚新几内亚、萨摩亚、斐济、马绍尔群岛共和国等	采矿业(43.6%)、租赁和商务服务业(12.6%)、金融业(10.3%)、房地产业(8.5%)、制造业(5.9%)

注:括号内的百分数表示各行业投资存量占区域投资存量的份额。

由表 6.2 可知,截至 2020 年,中国对亚洲的投资存量占总量的 64%,亚洲是中国对外直接投资的主要区域。从具体国别看,中国对外直接投资存量主要分布在香港和东盟成员国等发展中经济体;对发达经济体的投资集中在欧盟、美国、澳大利亚、英国、加拿大、瑞士等经济体；对转型经济体的投资主要分布在俄罗斯联邦。中国对外直接投资领域广泛，几乎涵盖我国国民经济所有行业，但主要集中在租赁和商务服务业、制造业、批发和零售业、金融业和采矿业等领域。在不同地区投资的侧重点不同，对发展中经济体的投资主要分布在租赁和商务服务业、批发和零售业、建筑业等技术含量较低的行业；对发达经济体和发展中经济体的投资主要分布在制造业、信息传输/软件和信息技术服务业等技术水平相对较高的行业。

第四节　案例分析：中国对美国直接投资的动力及影响因素

中国对美投资开局于中美建交，因中国自身的改革开放而加速，并于2008年美国金融危机爆发后出现量的飞跃。在2010年之前，中国对美直接投资流量较小，始终未能突破10亿美元，截至2009年底，中国对美投资存量为33.38亿美元。金融危机后，美国国内资产市场遭受重创，中国对美投资出现了历史性的机遇，投资流量迅速增加。2010年中国对美投资流量突破10亿美元大关，达到13.08亿美元。2010年到2015年，随着国家大力推进"走出去"战略，中国对美直接投资持续稳步增长，截至2015年底，中国对美投资存量达到408.02亿美元。2016年中国对美投资以前所未有的速度增长，流量达到169.81亿美元的历史峰值，是2015年的2.1倍。随后，美国特朗普政府实施贸易保护政策，挑起贸易战，中国对美直接投资流量大幅下滑。2020年，中国对美投资流量仅为60.19亿美元；截至2020年底，中国对美投资存量为800.48亿美元，其中，29.3%的投资存量流入制造业，其次为金融业（14.6%）、信息传输/软件和信息技术服务业（11.6%）、租赁和商务服务业（9.6%）、批发和零售业（8.4%）、采矿业（6.7%）、科学研究和技术服务业（4.3%）。①

一、中国对美国直接投资的动力

由于中美两国在经济体量、技术创新水平、国际竞争中的战略地位等方

---

①　2020年度中国对外直接投资统计公报［EB/OL］．［2021-10-03］（2021-12-01）．http://hzs.mofcom.gov.cn/article/date/202110/20211003207274.shtml.

面的差异,中国对美直接投资主要受市场驱动、战略性资产寻求驱动及规避贸易摩擦驱动。

(一)市场驱动

经过改革开放40多年的发展,中国工业体系日渐完善,技术水平不断提高,生产制造能力大幅增强,早已成为生产制造大国。然而,生产制造能力的提升也使一些行业陷入了生产供给超出国内消费需求的市场困境,即出现了所谓的"产能过剩"问题。中国企业为了缓解自身"产能过剩"问题、应对国内日趋激烈的行业竞争并抢占更多市场份额,迫不及待地开拓海外市场。美国作为世界上规模最大和最发达的经济体,拥有极具吸引力的消费市场和消费潜力。而且,与直接进行出口贸易相比,中国企业对美国直接投资会更贴近目标市场,可以深入了解美国消费者的不同需求,便于快速开展市场调研和调整产品供给,提高产品的竞争力及售后服务能力;还可以直接在美国本土市场开展采购、生产和销售等活动,一定程度上可以降低生产、运营等成本,加速资本的周转,提升利润空间。

(二)战略性资产寻求驱动

作为世界上最大的发展中国家,我国已经建立了世界上最为完整的工业体系,然而就目前而言,我国在全球产业价值链中仍处于生产加工的低附加值环节,处于"微笑曲线"的低位,而设计、营销和品牌建设等高附加值环节大都由欧美等经济发达国家掌握。我国企业可以利用对外直接投资的逆向技术溢出效应,来获取美国的先进生产技术、品牌建设、销售网络和管理经验等战略性资产,帮助中国攀登"微笑曲线"的高位。

(三)规避贸易摩擦

贸易保护主义常常用来作为应对危机的临时措施,每当全球经济不景气或者经济危机发生时,贸易保护主义就会抬头。2008年全球金融危机之后,贸易保护主义悄然蔓延,尤其是2018年的中美贸易摩擦,严重影响了中美两国的经贸往来。而且,随着美国政府对华战略的转变,可以预见,美国为了保护国内相关产业的竞争力,势必会针对中国企业采取更多贸易保护措施,中美之间的竞争会越来越激烈,贸易摩擦也会越来越频繁。中国企业为了减少贸易摩擦,可以通过对美国直接投资建厂,以就地生产和销售的办法避开美国设置的贸易壁垒。

二、中国对美国直接投资的影响因素

(一)中国对美国直接投资的积极因素

1. 基于母国的分析

外汇储备规模较大。我国的外汇储备规模在世界上一直处于较高水平。截至 2020 年底,我国的外汇储备余额达到约 3.22 万亿美元。[①] 为了避免外汇储备因通货膨胀、金融危机等而贬值并提高我国海外资产的收益率,有必要将部分外汇储备转化为对外直接投资。因此,充裕的外汇储备可以为我国对外直接投资提供有利的资金支撑。

产业转型需要。在物联网、人工智能、大数据等新兴信息技术及市场需求变化的驱动下,为了实现中国经济的高质量发展,中国企业亟须进行产业升级转型。在此过程中,中国企业除了要增加自身研发投入进行自主创新外,也需要吸收发达国家先进产业的技术辐射。美国拥有着许多世界领先的技术和高科技产业集群,基于此,我国企业赴美开展投资活动,十分有利于企业利用美国的技术进行相关的产业转型。

2. 基于东道国的分析

庞大的消费市场。美国是世界第一大经济体,其发展时间较早,拥有着雄厚的经济实力。在 2020 年遭受新冠疫情冲击的情况下,美国的 GDP 总量仍高达 20.9 万亿美元(中国 GDP 总量为 14.7 万亿美元),位居世界第一,人均 GDP 高达 6.3 万美元,远远高于中国的 1.13 万美元,这意味着美国民众有较高的购买力和消费水平。[②] 在当下世界经济不太稳定的情况下,美国巨大的消费市场对中国企业来说无疑充满了吸引力。而且,由于美国是一个典型的移民国家,民众的消费需求非常多样化,各种商品和服务在美国都有着一定的市场,吸引着不同类型的中国企业赴美寻求消费市场。

领先世界的技术和创新能力。三次工业革命的积累使美国在能源、航天、计算机、武器研究、生物医学等诸多领域均处于世界领先地位,尤其是硅

---

① 国家外汇管理局. 官方储备资产 2020[EB/OL]. [2020-02-07](2021-12-03). http://www.safe.gov.cn/safe/2020/0207/15341.html.

② 世界银行数据库[R/OL]. https://databank.shihang.org/source/world-development-indicators#.

谷地区集聚了全球大量的领先信息技术和高科技投资,这吸引着许多国家赴美投资以获得先进技术的溢出效应。此外,美国还有着较为完善的教育体系、顶尖的高等学府、知名的研究院和实验室等,吸引了大量外籍学者进入美国进行技术研究开发,同时也为美国科技创新培养了许多的高水平人才。

稳健的投资环境。稳定的经济形势、健全的法律制度及良好的投资环境,是美国吸引外商直接投资的重要原因。世界经济论坛发布的《全球竞争力报告》显示,美国一直都是世界上投资环境最好、最具竞争力的经济体之一。科尔尼公司发布的《FDI 信心指数报告》也指出,因为美国有着良好的投资环境,外资对投资美国的信心指数连续多年稳居世界第一位。2017 年,富士康公司选择在威斯康星州投资 100 亿美元新建液晶面板制造基地,正是因为美国的法律和投资环境有保障。

(二)中国对美国直接投资的制约因素

1. 基于母国的分析

中国政府加强境外投资审查和监管。为防止中国企业盲目开展境外投及滥用金融杠杆,中国政府近些年持续加大对国内企业赴境外投资的监管力度。2017 年 8 月,国家发展改革委、商务部、中国人民银行、外交部联合发布《关于进一步引导和规范境外投资方向指导意见的通知》,明确指出鼓励和限制的对外投资行业,还明确要求加强境外投资真实性、合规性审查,防范虚假投资行为[①]。此外,2018 年 1 月,商务部发布暂行办法,重点监管 3 亿美元以上、敏感国家及行业的境外投资。中国政府对于国内企业赴境外开展投资活动的限制趋紧,在一定程度上会遏制国内企业赴境外投资的热情及意愿。

2. 基于东道国的分析

美国强烈的贸易保护主义倾向。随着中国国际竞争力的增强,中美两国之间的贸易摩擦越来越频繁,特朗普政府的上台更是使中美贸易关系愈发紧张。而且,随着美国政府对华政策和战略定位的转变,中国企业对美投资面临更加严峻的政治环境,美国强烈的贸易保护主义倾向加剧了中国企业对美

---

① 国务院办公厅转发《关于进一步引导和规范境外投资方向的指导意见》[EB/OL].[2017-08-18](2021-10-01). http://www. gov. cn/xinwen/2017-08/18/content_5218720. htm.

投资的风险和不确定性,两国间贸易摩擦的升级也使中国企业对美国市场的投资预期进一步降低。

美国投资安全审查趋严。2017年特朗普政府上台后,不断加大对外商投资尤其是中国投资的管制,甚至签署了所谓的《中国经济侵略备忘录》,以限制中国企业获得美国核心先进技术的投资权。此外,为了防止外国企业大规模投资重要行业或技术领域继而威胁国家安全,美国政府通过了《外国投资风险评估现代化法》,该法案极大地扩展了美国外国投资委员会(CFIUS)的权力和审查范围,提出对于"特别关注国家"的对美投资活动实行更加严格的审查。这意味着美国将对来自中国的直接投资设置更多壁垒和审查,以限制中国企业在美国的投资规模和产业布局。

三、典型案例分析——"蛇吞象":吉利并购沃尔沃

(一)吉利并购沃尔沃的背景及历程

浙江吉利控股集团始建于1986年,1997年开始涉足汽车行业,在2001年获得轿车生产资格,是中国第一家民营自主汽车品牌企业。经过30多年的发展,吉利已逐渐成为中国民营汽车企业中有胆识、敢创新的典型代表,并且自2012年开始,吉利已连续10年进入"世界500强"行列。

沃尔沃汽车品牌创立于1927年,是瑞典豪华高端汽车品牌之一。沃尔沃集团长期以来专注于汽车技术安全性能的研究和开发,沃尔沃汽车被认为是"世界上最安全的汽车",其品牌价值和技术含量属于世界第一梯队。

1999年,美国福特汽车集团购买了沃尔沃集团旗下的沃尔沃轿车业务,然而,2008年美国金融危机期间,全球车市萧条,福特经营惨淡且面临一系列财务问题,生产成本高且产品销售不畅,使福特亏损严重。为了能够支撑核心产品的生产运营,福特不得不开始实施"One Ford"战略,通过卖掉沃尔沃来改善福特的财务状况,把所有资源和精力全部用来打造福特的产品,以应对危机的冲击。

实际上,早在2002年,吉利集团创始人李书福就开始关注沃尔沃,希望可以通过并购国际知名汽车品牌走向国际市场。2007年,李书福组建"V"项目办公室,开展对并购沃尔沃的前期调研工作。2010年,突破重重阻碍,中国汽车企业浙江吉利控股集团抓住契机,以18亿美元的价格完成了对美国福特汽车公司旗下沃尔沃轿车业务的全部股权收购。

（二）吉利并购沃尔沃动力分析

1. 获取技术资源

汽车行业属于技术密集型产业，拥有先进生产技术和较高的创新水平对汽车企业发展来说至关重要。2007年5月，吉利汽车在国内汽车产业竞争日趋激烈的局势下，实行了由价格取胜转向以质量取胜和品牌取胜的新战略，在技术研发及品牌形象提升方面均增加了资金投入和人才投入。但是由于吉利汽车进入行业时间较短，且汽车相关的技术壁垒较高，与行业内其他竞争对手存在不小的差距。而沃尔沃拥有业内先进的技术和豪华车型产品的研发、生产能力，在汽车安全技术方面更是处于世界领先级别。另外，沃尔沃拥有来自全球的强大研发团队，能够持续地为技术创新提供源源不断的动力。吉利汽车认识到依靠自主研发难以在短期内实现技术跨越式发展，而借助跨国技术并购可以有效弥补差距，缩小与行业内其他竞争者的技术水平距离。

2. 提升品牌价值

在并购沃尔沃之前，吉利汽车主打低端汽车市场，通过严格的成本控制降低产品成本，向市场提供质平价廉的产品。虽然获得了不错的销售业绩，但也拉低了整体品牌形象。随着国民消费水平的提高及对消费品质的重视，中高端市场的消费潜力逐渐增大，吉利汽车需要拓展中高端汽车产品生产线、摆脱低端汽车品牌形象以占据更多汽车市场份额。沃尔沃汽车是国际知名的豪华汽车品牌，而且其安全、环保的品牌形象在汽车行业也得到广泛认可。通过并购沃尔沃，吉利汽车可以提升自己的品牌价值，拓展中高端汽车生产线，有利于国际市场的开拓。

3. 拓宽国内外市场

吉利汽车长期面临着比亚迪、奇瑞等汽车品牌及跨国竞争对手在国内低端市场的竞争，而沃尔沃在国外拥有成熟、广阔的销售网络和中高端产品的研发、生产能力。通过并购沃尔沃，吉利汽车能够由低端产品向中高端产品拓展，丰富产品线，抢占中高端市场份额，也可以借助沃尔沃的销售网络，积极学习国际化销售经验，拓展国外销售渠道。吉利汽车创始人李书福也表示，并购沃尔沃将加速推动吉利汽车的国际战略。

4.并购效果分析

1999 年,美国福特汽车收购沃尔沃;2010 年,吉利收购沃尔沃;到 2020 年,吉利并购沃尔沃已经过去了 10 年,并购绩效如何是所有人都很关心的问题。资料表明,1999 年福特收购沃尔沃时,交易价格是 64.5 亿美元;到 2010 年吉利收购沃尔沃时,沃尔沃的价值跌到了 15 亿美元,不足 10 年前的 1/4;又过了 10 年,2020 年,沃尔沃的估值已经达到了 180 亿美元,是吉利收购时估值的 12 倍。销量方面,沃尔沃 2019 年全球销量为 70.5 万辆,不仅是其 93 年历史上首次突破 70 万销量大关,更是连续第 6 年实现全球销量创纪录增长,相比并购前 2009 年沃尔沃汽车的 33.4 万年销量翻了 1 倍[1]。从收购方的角度看,收购当年,吉利汽车的销量只有 41.61 万辆;而 2019 年,吉利的年销量高达 136.2 万辆;截至 2020 年 10 月底,吉利汽车成为首个乘用车产销超 1000 万辆的中国品牌车企,是中国自主品牌当之无愧的第一[2]。从并购投资的绩效来看,吉利汽车的成绩将美国福特这一老牌国际领先企业远远甩在身后。当年的"蛇吞象"已经从"笑谈"成为"美谈"。

四、启发与建议

自新中国成立以来,70 多年里中国一直在探索适合中国国情的工业化发展道路,中国的汽车工业从无到有,从弱及强,从模仿到创新,这其中既有政府支持,也离不开几代人传承下来的企业家精神。吉利汽车集团正是通过不断学习、吸收与再利用,最终成为从模仿创新到自主创新转型的典型代表。从吉利汽车及其他许多中国自主品牌的成长历程中,可以发现中国对世界技术强国的直接投资具有明显的逆向溢出效应,不仅体现在技术层面,也体现在塑造中国企业家创新与创业精神方面。对向发达国家直接投资的企业来说,吉利的收购案例有以下启发。

---

① 从北欧走向世界 吉利并购沃尔沃十年的全球化之路[EB/OL].[2020-08-21](2021-10-01). https://caifuhao. eastmoney. com/news/2020082109181155 7820170.

② 总产销破千万 今年销量已达百万台! 吉利汽车公布 10 月销量[EB/OL].[2020-11-07](2021-10-01). https://www. sohu. com/a/430268503_361971.吉利沃尔沃合并,这场 10 年并购里做对了什么? [EB/OL].[2020-03-12](2021-10-01). https://baijiahao. baidu. com/s? id=16609377430664530 97&wfr=spider&for=pc.

(一)他山之石可以攻玉:以时间换技术,从合作到自强

中国产业技术水平正在快速提升过程中,有一些企业已经达到了世界领先水平,但是,客观地说,在一些核心技术的关键零部件上,中国离世界最高技术水平还是有一定差距。从吉利汽车从技术模仿到自主创新的进程来看,一方面,尽管学习成本较高,中国企业仍然要抓住时机学习国外的先进技术;另一方面,要尽量提高研发效率,在提升吸收能力的基础上产出更多自主创新成果。吉利转型成功的关键在于,在任何时候都没有放松自主创新的脚步。吉利与沃尔沃的合作,是企业意识到合作可以减少技术创新的时间成本,为了提高创新效率而走的一步险棋。之所以称为险棋,是因为并购投资一半以上都以失败告终,而且,吉利与沃尔沃之间的收购涉及中国、美国、瑞典三国法律、文化等方面的差异,这种跨文化管理的失败概率更高。但是,正如熊彼特指出的,企业家就是敢于承担风险又有组织才能的人。以李书福为代表的吉利核心团队,不仅盘活了沃尔沃的技术资产,挽救了其市场颓势,而且极大地发挥了民营企业组织灵活、市场嗅觉敏锐的独特性,将吉利汽车领进了中国民营汽车品牌的第一阵营。

(二)优势互补走向共赢:注重用户体验,引领创新潮流

吉利与沃尔沃之间的并购,从最初因为"蛇吞象"而不被看好,到10年之后的市场双赢,过程并非一帆风顺,尤其是经济危机之后全球市场相对萎缩,沃尔沃曾经的全球化战略深受影响。而吉利由于在收购沃尔沃之后,资产负债率较高,一度也遭到人们的质疑。但是,事实证明,企业家精神在这时发挥了重要作用,吉利与沃尔沃各自的战略转型都获得了成功。

吉利通过一次次的自主创新,不断提升产品形象,不仅入驻政府采购名录,而且旗下博瑞品牌轿车成为 G20 杭州峰会官方指定用车,吉利集团成为2022 年第 19 届亚运会官方合作伙伴。特别值得一提的是,吉利汽车非常关注用户体验,吉利汽车总裁、CEO 安聪慧就是企业的"首席用户体验官"。2020 年,吉利在湖南长沙开了全国首家新形象体验中心,公司发表的《家轿颠覆者宣言》中,允诺将从智能、健康、动力、空间等方面重新定义家轿市场新标准,为用户打造全面超越强势合资品牌产品价值的家轿产品,开启"用户定义汽车标准"。

沃尔沃在并购之后进行的战略转型主要是将市场重点从全球转向中国,事实证明,这一决策十分英明。数据显示,2020 年沃尔沃汽车在中国大陆的

市场销量为166300辆,同比增长7.6%,再创历史新高,收获全球市场有史以来单一市场的最高销量。另外,沃尔沃将在吉利已有新能源汽车的基础上,与吉利汽车共同开发下一代纯电动汽车平台,双方将在核心技术成果方面实现共享。预计到2040年,沃尔沃汽车将实现成为气候零负荷标杆企业①。

吉利与沃尔沃的合作,将双方优势互补发挥到了极致,也对企业家创新创业精神做出了最好的诠释。从最开始的"造老百姓买得起的好车",到现在的汽车强国梦,吉利汽车代表的正是中国民营企业创业者最朴实无华的拼搏精神。同时,关注用户体验,引领创新潮流,正是企业家精神的典型代表,其技术+市场的创新模式值得企业借鉴和学习。

第五节　案例分析:中国对非洲直接投资的动力及影响因素

自2000年以来,中非经贸合作在中非合作论坛机制下取得了丰硕成果,形成了互利共赢的发展态势,成为南南合作的成功典范。根据中国商务部数据,截至2020年底,中国对非直接投资存量已达434亿美元,中国已成为非洲第四大投资来源国②。而且,随着中非关系的深入发展,中国对非投资领域逐步拓宽,涉及建筑、制造、采矿、零售业、农业、金融等领域;投资方式更加灵活,除独资、合资外,以参股、并购等方式对非洲进行投资也越来越常见;投资主体日益多元化,除国有企业以外,也有越来越多的民营企业加入了对非直接投资的行列。

一、中国对非洲直接投资的动力

近年来,随着中国经济的快速发展及经济结构转型,中国在拓宽海外市场、保障资源安全、产业结构转型等方面的需求日益强烈,这些需求也驱动着

---

① 沃尔沃新战略:2025年实现全面电气化,2030年成为纯电豪华车企[EB/OL].[2021-03-03](2021-12-01). https://baijiahao. baidu. com/s? id = 1693181388272379831&wfr=spider& for=pc

② 2020年度中国对外直接投资统计公报[EB/OL].[2021-10-03](2020-12-01). http://hzs. mofcom. gov. cn/article/date/202110/20211003207274. shtml.

中国企业赴非洲开展投资活动。

（一）市场驱动

随着中国经济的快速发展,中国企业正面临着国内市场相对饱和与海外市场设置重重贸易壁垒的双重销售困境,基于此,积极开展对外直接投资以拓宽海外市场是中国企业摆脱市场销售困境的有效方法之一。而且,通过开拓海外市场还可以进一步提高产品的国际知名度,进而提升企业的国际竞争力,增强企业应对日益激烈的市场竞争的能力。周经和黄凯(2020)运用 2003—2016 年中国对非洲 49 个国家直接投资的数据进行实证分析,印证了中国对非洲直接投资主要是受市场寻求驱动的。随着非洲经济的发展和民众消费水平的提高,其对日常生活用品、工业制成品、高科技产品等的消费需求必将日益旺盛,从而吸引更多中国企业来这片土地寻求新兴市场增长点。

（二）自然资源寻求驱动

在中国经济持续高速增长及国民生活水平显著提高的背景下,中国自有的自然资源显然并不能满足国内生产、生活的长期需要。为了保障资源安全,从其他国家获得所需资源成为一种必然选择。然而,过度依赖资源进口可能要承担国际市场资源价格波动及资源供应可持续性无法保障的风险,所以以对外直接投资的形式在资源富足的国家开展资源开采活动是保障资源供应的一条重要路径。非洲丰富的矿产及石油、天然气等资源一直以来备受海外投资者的青睐,成为近年来吸引外商投资增长最为迅速的地区之一。

（三）效率驱动

价格优势一直是中国企业参与国际竞争的关键优势。然而,随着中国劳动力及其他生产要素成本的上升,中国企业在价格上的优势正在逐步消失。在没有实现生产技术升级、要素生产率提高的情况下,劳动力等生产要素价格的上升必将压缩制造业企业的利润空间,并可能迫使这些企业向非洲、东南亚等地区迁移,以寻求价格相对低廉的劳动力、土地等生产要素。同时,许多非洲国家为吸引外来资本,制定了减(免)税收、廉价土地等一系列投资优惠政策。价格相对低廉的劳动力等生产要素意味着中国企业到非洲投资设厂可以降低生产成本,重塑在制造业等劳动密集型产业上的价格优势。

二、中国对非洲直接投资的影响因素

(一)中国对非洲直接投资的积极因素

近年来,中国对非直接投资的快速增长,既得益于中国政府为推动中资企业走进非洲、扎根非洲而实行的各项政策支持和中国企业所具备的资金、技术、发展经验优势,也受益于非洲巨大的市场潜力、丰富的资源禀赋、政策的积极引导及日益改善的营商环境。

1. 基于母国的分析

国家战略支持。在中非合作论坛机制下,中国根据中非双方战略发展需求,不断推出更具时宜性和更加适配的合作新政策,为中非合作创造更多契机和平台机制。针对非盟 2001 年提出的《非洲发展新伙伴计划》、2007 年的《非洲加速工业发展行动计划》、2013 年的《非洲基础设施发展规划》及 2013 年的非洲《2063 年愿景》,中国政府出台与非洲发展诉求相辅相成的政策及配套方案。如"一带一路"项目的推进、中非合作的"461"框架的提出、"三网一化"建设备忘录的签署、深度打造中非命运共同体的号召等,都在一定程度上推进了中非合作向更宽领域、更高层次发展,也在国家战略层面激励中国企业赴非开展基础设施建设、经贸合作等活动。

拥有资金、技术和发展经验优势。作为世界上最大的发展中国家和仅次于美国的世界第二大经济体,中国经济体量十分庞大,这为对外直接投资提供了充足的资金支持。2020 年,中国对外投资流量高达 1537.1 亿美元,首次跃居世界第一,占全球份额的 20.2%[①]。而且,中国在中非合作论坛框架下设置了很多合作基金,为中非开展投资合作提供资金保障。此外,相比非洲,中国在基础设施建设、数字经济建设、生产经营方面所具备的技术优势也助推中国企业赴非开展新产业领域合作,为非洲基础设施建设、工业化进程推进等提供技术支持和发展经验。

2. 基于东道国的分析

市场潜力。近年来,非洲大陆人口规模激增,截至 2020 年 3 月,非洲人口

---

① 2020 年度中国对外直接投资统计公报[EB/OL].[2021-10-03](2021-12-01). http://hzs. mofcom. gov. cn/article/date/202110/20211003207274. shtml.

已达 12.85 亿人，预计到 2050 年将突破 25 亿人。而且，非洲城市化版图也正加速扩大，2017 年非洲人口城市化率达到 41%，预计 2050 年将突破 60%。人口激增及快速推进的城市化加速了新的消费群体——中产阶级队伍的壮大，而中产阶级的崛起将有力地推动家庭消费支出。根据布鲁金斯学会预测，2025 年和 2030 年，非洲家庭消费将分别达到 2.1 万亿美元和 2.5 万亿美元，相当于 2015 年的 2 倍以上。在人口规模攀升、城市化版图扩大和中产阶级日益壮大的驱动下，未来，非洲在大型零售业、通信网络、金融服务、汽车等产业领域将迸发出更大的消费潜力。

自然资源禀赋。非洲大陆有着得天独厚的资源优势，其丰富的自然资源种类和储量吸引着世界上很多国家到非洲进行投资。据英国石油公司统计，2018 年，非洲大陆已探明的石油储量已经达 1253 亿桶，占世界已探明的石油储量的 7.2%[1]。而且，由于部分非洲国家和地区的石油开采水平较为落后，尚存在大规模的未开采的油田，这吸引了越来越多的外资企业来到非洲进行投资以获取石油开采权。非洲在中国能源供给中有着举足轻重的位置，中国最完整、最大的石油海外投资地就坐落于非洲的苏丹，而中国的第二大石油供应国也是地处非洲的安哥拉。此外，其他非能源矿产资源也吸引着大量中国投资者到非洲进行投资，铜、钾等有色金属，铁、锰、铬等黑色金属及金刚石等非金属矿产都是中国比较匮乏的资源，而非洲的铬、锰、铜等金属储量位居世界前列，金刚石、金、铂等矿产储量居世界之首。

政策利好。近些年来，非洲区域组织、次区域组织及部分国家都针对完善基础设施建设、推进工业化进程制定了相关政策文件，如《2063 年议程》、《2015—2063 年南部非洲发展共同体工业化战略及路线图》等，这在一定程度上为扩展中国对非直接投资的发展空间与战略高度提供了契机。此外，自中非合作论坛成立以来，中非经贸合作区建设得到了快速发展，为民营企业"走出去"提供了良好的政策环境及经营环境，大大促进了投资和贸易的便利化。

营商环境日益改善。为吸引更多资本流入，近年来，多数非洲国家在完善法律体系、商业监管改革、税制改革、简化行政流程等方面倾注了更多精力，以提升营商便利度。根据世界银行发布的《2020 年营商环境报告》，在全球 190 个经济体中，毛里求斯的营商环境排名第 13 位（高于德国、加拿大、俄

---

① 英国石油公司.BP 世界能源统计年鉴 2019[R/OL]. https://www. bp. com/content/dam/bp/country-sites/zh＿cn/china/home/reports/statistical-review-of-world-energy/2019/2019srbook. pdf.

罗斯、中国等经济体），是非洲大陆营商环境最好的国家，其次是卢旺达（第 38 位）、摩洛哥（第 53 位）、肯尼亚（第 56 位）、突尼斯（第 78 位）、南非（第 84 位）、赞比亚（第 85 位）和博茨瓦纳（第 87 位）①。非洲营商环境的改善使其商业发展潜力也日益增强，吸引着更多国际投资者赴非投资。

（二）中国对非洲直接投资的制约因素

进入 21 世纪，中国对非直接投资已经取得了显著的成就，但其过程也受到多重因素的制约。中国赴非投资企业的本土化经营认知不足、恶性竞争行为的存在及部分非洲国家政治环境不稳定、基础设施落后、产业结构单一在一定程度上都增加了中国企业对非投资的成本。

1. 基于母国的分析

本土化经营认知不足。在开拓市场、寻求资源、重塑价格优势等动机的驱动下，我国一些企业在对非洲的法律制度、政府政策、本土化管理方式未进行充分了解的情况下，就盲目在非洲进行投资设厂。尤其是本土化高素质人才队伍的建设不足，严重限制了赴非企业制定非洲本土经营战略的深度。长此以往，企业可能在前期发展中尚能实现降低成本的目标，但在后期可能会陷入难以拓宽本地市场、受到当地法律制度约束等经营困境。

部分企业恶性竞争。由于非洲各国产业发展基础的相似性及我国政府对赴非投资企业类型整体规划的不足，我国企业在非洲的投资领域呈现同质化的态势。截至 2020 年底，中国对非洲建筑业的投资存量已达 151.5 亿美元，占中国对非投资总存量的 34.9％，其次为采矿业（20.6％）和制造业（14.1％）；在 2020 年末，中国对非直接投资存量前五位的行业（建筑业、采矿业、制造业、金融业、租赁和商务服务业）的存量占比已达 84.6％②。在竞争中部分中国企业为了争夺市场份额甚至挑起"价格战"，直接损害了中国企业在非洲进行投资所能获得的整体利益。与此同时，还有部分企业社会责任意识薄弱，生产不符合质量标准的产品，以次充好，破坏了中国投资及中国制造的形象，大大削弱了中国企业在非洲的竞争力。

---

① 世界银行. 2020 年营商环境报告［R/OL］. https：//www. doingbusiness. org/en/reports/global-reports/doing-business-2020.

② 2020 年度中国对外直接投资统计公报［EB/OL］.［2021-10-03］（2021-12-01）. http：//hzs. mofcom. gov. cn/article/date/202110/20211003207274. shtml.

2. 基于东道国的分析

政治环境不稳定。非洲有着全球最多的国家、种族和部落,是国家间冲突、种族矛盾、部落战争爆发较为频繁和贫困最为集中的地区。随着经济的发展及人们生活水平的改善,非洲的部族冲突有了一定程度的缓解,但个别非洲国家的政治安全局势仍十分不稳定。其中,埃塞俄比亚国家提格雷地区的冲突问题持续引发国际社会的关注。2021年11月2日,埃塞俄比亚政府宣布,鉴于当前埃塞北部安全局势骤然恶化,决定从即日起在全国范围实施为期6个月的紧急状态。此外,马里、布基纳法索和尼日尔等国在2020年也发生过多起恐怖袭击。族群冲突、恐怖袭击等威胁社会安定的事件的发生,对我国投资企业的可持续发展及工作人员的生命财产安全造成威胁,也会增加投资交易和调整的成本。当风险和不确定性存在时,投资者可能会选择放弃或推迟投资,以避免承受投资失败的损失。

基础设施建设落后。近些年来,非洲国家的经济发展取得了进步,投资潜力日益增强,然而,基础设施仍然制约着外资进入的步伐。由于非洲电力基础设施不够完善,很多非洲国家仍处于电力供应不足或不稳定的状态,这使我国企业在非洲的日常生产经营状态受到影响,生产成本大大增加。另外,非洲铁路的总里程不充足、航线分布不均、交通设施不完善会严重阻碍商品的供应与销售。非洲在医疗卫生、通信等一些涉及服务业和公共事业的方面的发展也十分落后,影响我国在非洲工作的人员的工作效率和稳定性。这些基础设施问题都会增加我国在非洲生产销售的成本与风险,从而影响竞争力,不利于我国企业在非洲的持续健康发展。

多数非洲国家产业结构单一。丰厚的自然资源是非洲得天独厚的优势,特别是巨大的矿产储量,这使矿产成为许多非洲国家赖以生存的支柱产业,但这也同时导致非洲国家形成了较为单一的产业结构,阻碍非洲经济社会的平衡发展及工业化进程的推进。而产业体系不健全、产业平台构建不完善、相关领域技术人才匮乏会使中国企业在非洲投资的成本进一步增加,限制投资者产业战略活动的开展。

三、案例分析——传音的"非洲本土化"

(一)传音的"非洲本土化"发展

深圳传音控股股份有限公司(下称"传音")是一家成立于2006年,从事以手机为核心、多品牌终端生产的高新互联网企业。其旗下有 TECNO、itel 及 Infinix 三大手机品牌，除此之外，为积极塑造品牌优势及完善产品体系，传音在自主智能操作系统研发、数码配件、家用电器等领域也有所涉足。

在成立初期，传音就面临着国外知名手机品牌及国内"山寨机"占据绝大多数国内市场份额的经营困境，于是传音在缺乏技术和资金支持的情况下寻找未来出路，在经过深入调研后最终决定涉足还未引起大量关注的新兴国外市场。2007 年，传音推出 itel 手机品牌，开始进入非洲市场。2008 年 6 月，传音在尼日利亚建立了非洲第一个分支机构，首先在非洲市场推出 TECNO T570 手机，并获得巨大成功。随后，传音双管齐下，在智能机和功能机领域大展拳脚，成为非洲市场上成长最快的手机品牌。2020 年，传音拿下了 18% 的非洲手机市场份额，连续 4 年蝉联非洲销量冠军。2021 年上半年，传音手机以 9600 万部的手机出货量位居第一[①]。

(二)传音"非洲本土化"的成功经验

传音的"非洲本土化"发展是中国企业受市场寻求驱动进驻非洲的成功案例，其成功经验值得很多赴境外投资的企业学习。

1.独到的市场选择战略

选择非洲市场是传音公司经营成功的重要因素。早在 2007 年，中国手机市场已经是一片"红海"，诺基亚、摩托罗拉、三星、索爱四大手机厂商和山寨手机占据了中国手机市场绝大多数的市场份额。传音手机如果继续聚焦于国内市场，生存空间将十分有限，很可能会在如火如荼的国内市场竞争中被淘汰出局。在此背景下，传音另谋出路，选择进入手机普及率还有很大提升空间的非洲市场，避免了与国内市场上诸多大企业的同质化竞争。

2.建立多元化品牌

传音在非洲市场深耕多年，陆续推出新品牌，其在非洲市场上推出的三大手机品牌 TECNO、itel 和 Infinix 已得到了非洲广大消费者的信赖与喜爱。其中，TECNO 是一个针对中等收入水平消费者的大众智能机品牌，主打高性价比的手机产品；itel 是一个比较初级的手机品牌，主打中低端功能机，让更多非洲消费者能够以可负担的价格享受到智能手机服务；Infinix 主要是针对

---

① "非洲之王"传音首款 5G 手机曝光，售价不到 2000 元[EB/OL].[2021-12-03] (2021-12-03). http://news.sohu.com/a/505308957_317547.

年轻消费者群体打造的高端互联网手机品牌,能给消费者带来更好的技术体验。除此之外,传音还逐步在其他科技产品领域投入研发,陆续推出手机配件品牌 Oraimo、家电品牌 Syinix、照明品牌 iFLUX 及售后服务品牌 Carlcare。多元化品牌的建立不仅可以满足消费者的差异化需求,而且有利于企业形成竞争优势和培育新的利润增长点。

3. 迎合消费者需求

传音手机一直贯彻着"全球化思维,本土化行动"的发展理念,充分考虑非洲消费者的需求,专注做起了契合非洲消费者需求的"定制产品"。第一,针对非洲通信运营商众多而跨网通信资费高昂的情况,传音推出多卡多待手机,满足消费者切换不同运营商电话卡的需求。第二,针对非洲人皮肤特色,开发适合深肤色用户的拍照功能,解决了非洲用户使用全球主流品牌手机拍照时无法聚焦的难题。第三,针对大多数非洲国家电力供应不稳定的情况,推出具有超长电池续航能力的手机,以缓解手机充电无法得到保障的情况。此外,传音手机还推出了防尘显示屏、非洲本地化语言设置等多种迎合非洲消费者消费需求的手机功能,进一步优化了用户体验。

四、启发与建议

中国对欠发达国家或区域的直接投资是否同样具有逆向技术溢出效应,能够激发企业家的创新创业精神,这可能是个有争议的问题。非洲手机市场的快速增长,既体现了非洲经济的增长和信息化水平的提升,同时也体现了手机在非洲市场的巨大潜力。非洲市场并非手机的新开发市场,事实上,三星等国际知名品牌早已深耕于此,在如此强势的竞争下,传音手机能够排名销售榜首,企业家的创新创业精神是不可或缺的。传音手机在非洲市场的成功,对向欠发达国家进行直接投资的企业来说,有以下几点启发。

(一)市场无优劣:最适合的才是最好的

尽管中国对非洲直接投资在 2000 年后得到了迅猛发展,但在中国对外直接投资中所占比例仍然较低[①]。与在发达国家进行投资相比,有些人对企业在非洲投资有不解,例如安全系数低、投资环境差、生活水平低、基础设施差,

---

① 林云.中国对非直接投资及对非洲经济的影响[J].浙江师范大学学报(社会科学版),2017,42(6):94-99.

也由于非洲总体技术水平较低而自然地认为，投资于发达国家能够获取先进技术，而投资于不发达国家只能获取市场。事实上，近年来非洲的经济增长很快，伴随着高经济增长，基础设施及人民生活水平都得到了较大改善。很多投资于非洲的中国企业，不仅获得了市场份额和利润，而且在企业家创新创业精神的作用下，也不断地追求技术和产品的创新。传音公司创始人竺兆江从波导离职创业，2007 年进入非洲市场，发现了非洲市场的巨大潜力。事实证明，市场无优劣之分，只要充分发挥企业家才能，将技术与市场结合起来，创新创业都会有不错的回报。

（二）本地化策略：用户至上是根本法则

传音成功的一大法宝，就是本地化策略。从对投资非洲的中国企业的调研结果来看，大部分中国企业在对非洲投资建厂时，都对产品或服务进行了适度的本地化改进，包括原材料本地化、劳动力本地化、产品设计本地化、价格策略本地化、销售推广本地化等。也就是说，企业如果没有对本地市场进行足够的调查与分析，是不可能取得市场成功的。在本地化策略背后，是对"用户至上"原则的深刻领悟。在今天这样一个信息经济新时代，企业必须改变科技创新模式，从以技术发展为导向、科研人员为主体、实验室为载体的创新 1.0 模式，转向以用户为中心、以社会实践为舞台、以共同创新和开放创新为特点的用户参与的创新 2.0 模式。

第七章　OFDI 逆向技术溢出、企业家精神与区域创新绩效的实证研究

　　在经济全球化与科技进步的影响下,企业竞争优势来源从自然资源、廉价劳动力及市场向以知识为基础的持续创新能力转变。技术进步有两种方式:一是依靠自身研发投入的自主技术进步,二是利用进口、外商直接投资、对外直接投资实现的外向力推动技术进步。自主技术进步需要大量的人力、物力,周期长、见效慢,因此第二条路径是大多数发展中国家促进技术进步所做的选择。中国以往多利用外商直接投资和进口方式获取技术,但技术和产品类似,具有生命周期,根据维农(Vernon,1966)生命周期理论,新技术源于发达国家,在技术成熟阶段会产生一定程度的标准化,限于吸收能力的差异,新技术只能在经济发展水平基本相同的发达国家之间转让。只有到了生命周期的第三阶段,技术完全标准化,该项技术才转移至仍存在竞争优势的欠发达地区①。根据小岛清的边际扩张理论,发达国家将本国处于比较劣势产业通过对外直接投资转移至发展中国家②。同时,拥有先进技术的发达国家为保持其所有权优势,往往对先进技术进行控制,防止向其他国家(地区)转移和扩散。这决定了中国引进外商直接投资和通过进口方式只能获得在国际竞争中不具备优势的标准化技术。相比之下,通过对外直接投资,中国在发达国家通过开展技术开发合作或并购发达国家(地区)拥有先进技术的企业等方式,嵌入东道国技术发达的产业集聚地,积极参与合作交流,模仿学习国外企业新产品技术,并通过技术人才的流动和交流将技术传递到国内,

---

　　①　Vernon R A. International Investment and International Trade in the Product Cycle[J]. The International Executive,1966,8(4):190-207.

　　②　小岛清.对外贸易论[M].周宝廉,译.天津:南开大学出版社,1987:444-450.

可以减少创新的时间和风险,能够有效获得先进技术,提升区域创新绩效。

第一节 理论分析与研究假设

一、OFDI逆向技术溢出与创新绩效

OFDI逆向技术溢出指技术水平较低的经济体通过绿地投资或并购等投资方式进入技术水平较高的经济体,进而获取东道国(地区)的研发资本和先进的技术知识溢出。

传统对外直接投资流动方向往往是从高技术水平的国家到低技术水平的国家,而因低技术水平国家的分工优势、互补优势、适应性优势及源于生产和销售产品的效率、投资环境、政府的服务和指导等竞争优势,推动了发展中国家向发达国家的直接投资(程惠芳,1998;欧阳峣,2009;裴长洪、樊瑛,2010;裴长洪、郑文,2011)。技术水平较低的投资母国企业通过绿地投资或并购的方式进入拥有先进技术知识的地区,经过研发互动、成果传递和内部吸收等途径获取东道国的先进技术知识和研发资本溢出,并且技术通过经人才流动和资源共享等方式外溢到母国。新技术改变了资源的配置效率,进而对投资母国(地区)的创新绩效产生影响[①]。陈晔婷和朱锐(2020)认为,在对外直接投资进程中,企业间的联合研发、并购、海外子公司经营利润的反馈及"走出去"进程中形成的规模经济效应,使投资母国(地区)从东道国(地区)获取技术溢出,而获得的技术溢出增加了投资母国(地区)发现新生产组合的可能性,因而提高了区域创新绩效[②]。在企业层面,对外直接投资逆向技术溢出可以通过研发费用分摊机制,将降低的研发费用用于国内技术开发,并通过国际人才流动获取高技术人才,进而提高母国技术水平,提升资源的使用效率,推动对母国地区的创新绩效的提高;而在产业层面上,通过竞争机制能够促进核心技术创新,而上下游企业间的关联,使中间产品的技术外溢和下游

[①] 沙文兵,李莹.OFDI逆向技术溢出、知识管理与区域创新能力[J].世界经济研究,2018,37(7):80-94,136.

[②] 陈晔婷,朱锐.中国对外直接投资与创新绩效的关系研究——基于Meta分析[J].当代经济管理,2020,42(10):27-34.

企业的反馈不断促进投资母国企业的技术创新①。周经和黄凯(2020)指出，由于跨国企业可能在不同市场进行竞争或合作，OFDI 逆向技术溢出效应不可避免在区域间进行扩散，而在扩散的进程中人员和产品的频繁流动模糊了区域界限，使各区域 OFDI 逆向技术溢出对资源配置效应相互影响，因此，OFDI 逆向技术溢出通过空间溢出对本区域的创新能力产生影响②。

来自低技术水平经济体的跨国企业通过在东道国并购技术水平较高的企业或者通过合资的方式设立技术研发部门，能够与东道国技术领先者形成紧密联系，降低生产成本，并在与东道国企业及其相关产业的联系中最大限度地获取技术溢出。同时，跨国公司通过员工内部流动或者技术信息交流手段，将获取到的技术知识传递到国内公司总部，推动了母国(地区)技术水平的提高，提高了资源使用效率，降低了生产成本，进而对投资企业母国(地区)的创新绩效产生影响。故对外直接投资逆向技术对区域创新绩效的影响主要从产业间溢出、研发费用与风险分摊、竞争效应和人才流动四个途径实现。

(一)产业间溢出

产业间溢出主要指投资母国企业与东道国企业因建立产业关联而产生技术溢出，进而对区域创新绩效产生影响。产业集群增加了东道国企业获取市场信息、管理方式和技术共享的可能性，在对外直接投资的过程中，通过在东道国技术资源密集的地区设立自主研发中心、并购高技术水平企业或者建立联合技术研发中心，母国(地区)的跨国公司可以嵌入高技术产业集聚地。而在东道国购买原材料或中间产品过程中与东道国企业形成产业链上的前后关联，能够从与供应商的商业联系中接触到核心技术、信息及其他资源，节约了研发成本。此外，为积极有效地参与到东道国企业的合作交流中，投资母国(地区)企业通常需要对东道国先进的技术、管理经验及前沿信息进行学习，因此能迅速提升投资母国企业对技术知识的理解能力，而获取的先进的技术、管理经验并传递到投资企业母国，也推动了创新绩效的提升。

---

① 王雪莉，安同信.对外直接投资逆向技术溢出对中国技术创新的影响研究——基于长江经济带的门槛面板模型分析[J].金融发展研究，2021，40(3):30-36.

② 周经，黄凯.OFDI 逆向技术溢出提升了区域创新能力吗?——基于空间杜宾模型的实证研究[J].世界经济与政治论坛，2020，40(2):108-130.

（二）研发费用与风险分摊

企业进行自主研发需要大量资金支持，研发失败的可能性较大，而以直接投资方式进入东道国，不仅能够降低技术准入门槛，还能够在一定程度上降低研发风险。在对外直接投资过程中，研发费用分摊主要体现在两个方面，一是投资母公司通过在海外设立分支机构，充分利用东道国的研发支持政策和丰富的研发资源，为投资母国分摊了部分研发成本，使母国企业节约出一部分资源用于开发新产品、研究新技术；二是企业对海外市场的投资扩大了投资母国（地区）企业的市场规模，为满足迅速扩大的市场需求，投资母国企业提高生产规模，使生产单位产品的成本降低，这在一定程度上弥补了企业的研发费用，使企业能够获取更多利润。此外，通过和东道国企业联合研发，投资母国企业能够充分利用东道国先进的技术，有效地降低了研发风险。

（三）竞争效应

OFDI 逆向技术溢出的竞争效应可以从东道国和母国市场两个角度分析。在东道国市场，母国投资企业的加入加大了企业间资源和市场的竞争，为谋求生存，母国投资企业需要提高自身技术水平以推动资源使用效率的提升，更加有效地利用现有资源。同时为获取市场份额，投资母国（地区）通常使用新技术或者改进现有技术以生产出满足市场需求的新产品，进而促进了投资母国（地区）企业的技术水平的提升。而在母国（地区）市场，跨国企业使用从东道国获取到的先进技术，进行新产品的研发和生产，率先获得市场竞争优势，一方面会对其他企业形成正向激励，推动母国其他企业进行对新技术和新产品进行模仿，以获得市场收益；另一方面会将投资母国其他同产业企业的产品挤出市场，为避免被市场淘汰，国内同产业企业不得不改进现有技术或获取新技术，提高生产资料的使用效率，从而推动了区域创新绩效的提升。

（四）人才流动

在开放的经济环境中，母国企业对技术先进的地区进行投资往往涉及高技术人员的流动。一方面，在国内外公司的合作中，可以将雇用的发达国家的高素质科研人员派遣到母公司，其掌握的先进技术和管理经验能够传授给母公司员工，进而提高了母公司的生产效率和技术水平；另一方面，也可以将母公司员工送到国外合作企业进行培养，在培训和交流过程中提高母公司员工的技术水平和管理水平，使其成为有国际化经验的技术人员和管理人员。因此跨国公司内部的人员流动能够改进企业的管理方式和结构设置,优化产品结构,提高资源的使用效率,进一步推动创新绩效的提升。

综上所述,通过产业间溢出、员工培训交流、研发费用与风险分摊、竞争和人才流动,对外直接投资能够将国外较先进的技术引入国内,并且相较于自主研发周期更短,一定程度上减少了研发人力和资金投入。因此,本书提出假设1。

假设1:OFDI 逆向技术溢出能够促进区域创新绩效提升。

二、企业家精神的作用

企业家精神是动态发展的概念,早期西方学者认为企业家精神主要表现为个体层面的企业家行为和特点。经济发展的动力来自经济内部的破坏性创新,熊彼特将发展定义为由企业家实现的五种新组合,技术创新并不是自发的,而是基于企业家在社会发展背景下,发现机会、寻找资源、承担风险和获得收益的行为过程,企业家并不是简单的改革措施的被动跟随者,而是创新的积极参与者和推动者[1]。张维迎等(2014)认为企业家具有冒险精神、创新精神、不满足精神和英雄主义精神等个人素质特征,还提出企业家基于利润动机、竞争压力和需求引力,能够发现、打破不均衡的行为特征。而随着社会发展,一部分学者对企业家精神的解释不再局限于个体层面,而是扩展到企业和社会层次。企业层面的企业家精神主要是创新精神和创业精神两个方面,社会层面的企业家精神则表现为企业家承担非营利的社会责任意识。社会层面的企业家精神往往只有等到企业具有一定规模,获得足够的经济时才会逐渐显现出来,因此创新精神和创业精神是企业家精神的主要内容,并且会影响 OFDI 逆向技术溢出和区域创新绩效的关系(吴敬琏,2018;郭燕青,2018;姜忠辉、徐玉蓉,2018)。

在 OFDI 逆向技术溢出作用于区域创新绩效的过程中,企业家能够发现、利用、传播和创造市场信息,配置资本、劳动力、信息技术等,而企业新产品和新市场的拓展伴随着高利润和高风险[2],具有企业家精神的企业对新产品、新策略和前瞻性研发更感兴趣,为获取超额利润,会改变企业的战略方向,进而影响跨国

---

① 熊彼特.经济发展理论[M].郭武军,吕阳,译.北京:华夏出版社,2015:56-80.

② 陈晔婷.企业对外直接投资对创新绩效的影响研究[D].北京:中央财经大学,2019.

企业获取的技术溢出在投资母国地区的传递①。同时，企业家的创新敏感度和决策能力有利于识别市场机会，能够传达通过对发达国家投资获取到的技术溢出在投资母国地区的采用意愿，对 OFDI 逆向技术溢出对区域创新绩效作用过程中的竞争效应、人才流动效应、产业间溢出、研发费用和风险分摊效应产生影响，主观上促进了技术创新扩散②。因此，基于企业家精神和 OFDI 逆向技术溢出对区域创新绩效影响的相关理论，本书从企业家创新精神和创业精神两个角度阐述企业家精神在 OFDI 逆向技术溢出和区域创新绩效中的作用。

（一）企业家创新精神的作用

创新是企业家精神的核心，企业家的创新意识往往来源于对利润的追逐。为在激烈的市场竞争中获取利润，企业家采用新产品、新生产方式、开拓新市场和生产产品所需的原材料或中间产品供应基地、采用新组织、把握创新时机筹集配置资源等，进行破坏式创新，实现新的生产组合，以满足不同市场需求，进而在市场竞争中占据优势地位，获取利润。而新的生产技术、新产品、新市场和原材料或中间产品供应基地往往存在于国际市场中，因此企业家创新精神推动企业进行对外直接投资，进而从东道国获取技术溢出，打破国内市场原本的生产组合，推动跨国公司在投资母国市场中获得竞争优势。同时，企业家强烈的创新意识能够影响企业对外直接投资的行业、区位选择及人才流动中员工学习新技术知识的积极性，提高了资源的配置效率，进而增强了 OFDI 逆向技术溢出作用于区域创新绩效过程中的竞争效应、产业间溢出和人才流动效应。

（二）企业家创业精神的作用

通过对外直接投资能够获取技术溢出，企业家能够利用从东道国获取的技术溢出，打破原本的生产组合进行创新以获得超额利润，而高收益往往伴随着高风险。创新在制度和技术层面均具有较高风险，创新失败会带来较大的资金损失，并且创新需要经历较长的周期才能产出成果。面对创新成果的不确定性，具有创业精神的企业家，更愿意承担内部和外部因素的影响来进行创新行为，从而对 OFDI 逆向技术溢出对区域创新绩效作用过程产生影响。

---

① 林柳琳.企业家精神对企业创新的影响机制研究[J].产业创新研究，2020,4(9)：129-130.

② 孙冰，田胜男.企业家精神如何影响技术创新扩散：一个有调节的中介模型[J].系统管理学报，2022,31(1)：134-142.

此外,企业进行对外直接投资往往将面对较大的市场风险,进入新市场时在市场竞争中处于劣势,但同时也存在客观的经济收益。企业对外直接投资受到管理者意志的影响,具有创业精神的企业家更倾向于采取竞争性行为,扩大产品创新,并改善资源的使用效率,以获得较高的利润。

企业家精神通过为创新和冒险提供风险资本、识别和利用机会,增加了公司的数量和种类,推动了市场的形成,分散了研发风险,促进了新产品的开发。企业家的积极主动性、冒险精神、战略更新和竞争积极性是建立竞争优势的关键要素,可以促进企业的战略敏捷性,推动企业进行持续创新。企业家所共有的创新性、风险抵御、工作态度等特质,会影响企业家的创新行为与创业行为,并在市场经济环境中通过改变投入产出效率、产品交易效率和企业组织管理方式,调动劳动者的生产积极性,提高资源使用效率。门槛效应指自变量对因变量的作用会受到其他因素的影响,而随着影响因素数值的改变,会使自变量对因变量的作用强度或方向发生变化。通过 OFDI 渠道在投资东道国获取到的技术溢出对投资母国(地区)创新绩效的影响,受到投资方式、投资行业、投资母国(地区)技术吸收能力及东道国人力资本、经济制度和政府治理水平等因素影响,而对外直接投资的主体是跨国公司,在对外直接投资的整个过程中都有企业家的参与,因此企业家精神会对 OFDI 逆向技术溢出作用于区域创新绩效的过程进行调节,并且企业家精神的水平会影响 OFDI 逆向技术溢出对区域创新绩效的影响效果(见图 7.1)。因此,本书提出假设 2。

假设 2:企业家精神在 OFDI 逆向技术溢出在区域创新绩效作用过程中存在门槛效应。

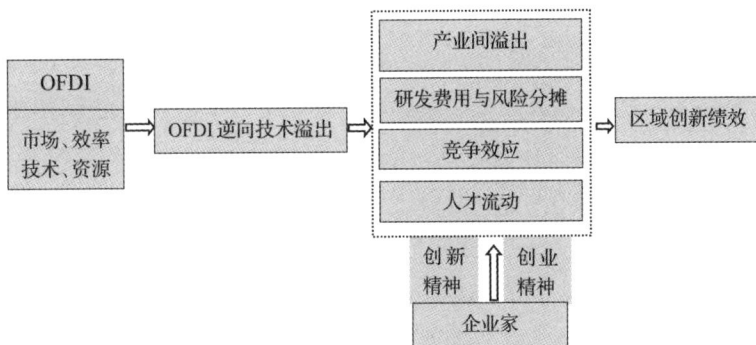

图 7.1　OFDI 逆向技术溢出、企业家精神与区域创新绩效作用机理

第二节　变量选择、模型构建与数据来源

一、变量选取

（一）因变量

区域创新绩效是研究中的因变量，用 RIP 表示。区域创新绩效可以通过单一指标、综合指标进行测度。用单一指标的区域创新绩效往往使用专利数量表示，但专利不能很好地展示创新的市场化产出，因此存在一定的局限性。目前，国内对区域创新绩效的测度主要是基于投入产出角度，使用随机前沿法或者数据包络分析方法进行测度。随机前沿法基于多种创新投入单一创新产出，通过设定参数来计算区域创新绩效，设定的参数不同会导致计算出的区域创新绩效与实际情况产生较大偏差。而 DEA 方法基于创新的多投入和多产出指标，计算时无须设定生产函数和参数，因此在测度区域创新绩效时更加全面和准确。传统的 DEA 模型多为径向模型，对无效率的测度未考虑松弛变量的优化，而由经典 DEA 模型演化来的超效率 DEA 模型（SBM）则考虑了松弛变量的问题，因此计算出的区域创新绩效更为准确。以往的研究大多仅考虑包含能够获取利润的期望产出，甚少考虑创新失败带来的不良产出，导致区域创新绩效的计算结果出现偏差。因此本书选择基于非期望产出的超效率模型衡量区域创新绩效。非导向规模效率不变的超效率 DEA 计算方法如公式（7-1）所示。

$$\rho = \min \frac{1 - \frac{1}{m} \sum_{i=1}^{m} \frac{s_i^-}{x_{ik}}}{1 + \frac{1}{q_1 + q_2} \left(\sum_{r=1}^{q_1} \frac{s_r^+}{y_{rk}} + \sum_{i=1}^{q_1} \frac{s_t^{b-}}{b_{rk}} \right)} \tag{7-1}$$

$$\text{s. t.} \begin{cases} X\lambda + s^- = x_k \\ Y\lambda - s^+ = y_k \\ B\lambda + s^{b-} = b_k \\ \lambda \geqslant 0, s^- \geqslant 0, s^+ \geqslant 0, s^{b-} \geqslant 0 \end{cases}$$

其中，s^+，s^-，s^{b-} 分别表示期望产出、投入与非期望产出的松弛变量；λ 为要素规划的权重；ρ 为效率值，当 s^-，s^+，s^{b-} 值均为 0、$\rho = 1$ 时，表示决策单元

DEA 有效；若 $\rho<1$，则表示决策单元需要通过优化配置改善效率。

　　创新是动态的过程，包含创新资源投入和创新成果产出两个部分，当前常用的创新产出指标主要包括专利、技术市场成交额和新产品销售收入三个主要方面，其中专利数量能衡量创新的中间产出，技术市场成交额和新产品销售收入则能够较好地衡量创新的市场化产出，而创新投入则通常包含人力和资金两种资源。因此在以往学者研究的基础上，本书选择 R&D 人员全时当量和 R&D 经费内部支出作为衡量创新投入的指标，选择专利数量、技术市场成交额和新产品销售收入作为创新产出指标[①]。其中专利包括专利申请量和专利授权量，但专利申请数存在一定的不确定性，因此本书选择专利授权数作为创新产出的专利部分衡量指标。同时，发明专利、实用新型和外观设计三种类型专利的创新度存在一定差异，为更为全面地考虑专利产出水平，参照王启凤和钟坚（2021）的做法，分别赋予三种专利 0.5、0.3 和 0.2 的权重，将三种专利的加权平均值作为最终的专利产出[②]。为消除价格因素的影响，参照白俊红和蒋伏心（2015）的做法，分别以给予消费者价格指数 0.55 的权重，固定资产投资价格指数 0.45 的权重，计算出 R&D 支出价格指数对各期的名义 R&D 经费内部支出金额进行平减[③]。对于技术市场成交额和规模以上工业企业新产品销售收入，本书以研究时限内基期的 CPI 价格指数进行平减。另外，创新活动转化为专利、技术市场成交额和新产品销售收入的同时也可能带来负面的产出，创新往往需要大量资金支持，企业创新失败可能会导致银行不良贷款的增加，因此参照吕岩威等（2020）做法，选取商业银行不良贷款率作为创新活动的非期望产出[④]（见表 7.1）。

　　基于以上数据，本书利用 Matlab2018 软件计算在规模报酬不变的情况下的超效率值作为衡量区域创新绩效的指标。

---

　　①　张海峰.人力资本集聚与区域创新绩效——基于浙江的实证研究[J].浙江社会科学,2016,32(2):2,103-108,158-159;陆远权,郑威,李晓龙.中国金融业空间集聚与区域创新绩效[J].经济地理,2016,36(11):93-99,108.

　　②　王启凤,钟坚.金融发展、FDI溢出与区域创新绩效[J].科学决策,2021,28(9):13-24.

　　③　白俊红,蒋伏心.协同创新、空间关联与区域创新绩效[J].经济研究,2015,50(07):174-187.

　　④　吕岩威,谢雁翔,楼贤骏.中国区域绿色创新效率时空跃迁及收敛趋势研究[J].数量经济技术经济研究,2020,37(5):78-97.

表 7.1　区域创新绩效的投入产出指标

	指标	数据来源
投入(IN)	R&D 人员全时当量(人、年)	《中国科技统计年鉴》
	R&D 经费内部支出(元)	《中国科技统计年鉴》
产出(OUT)	技术市场成交额(元)	《中国科技统计年鉴》
	专利授权数(项)	《中国科技统计年鉴》
	规模以上工业企业新产品销售收入(元)	《中国科技统计年鉴》
非期望产出	商业银行不良贷款率	《中国金融统计年鉴》

(二)核心自变量

本书将 OFDI 的逆向技术溢出作为影响区域创新绩效的核心自变量，用 SRD^{ofdi} 表示。利希滕贝尔和波特瑞(Lichtenberg & Potterie,2001)[1]构建了检验 OFDI 的逆向技术溢出效应的方法，即 L-P 方法，按照 L-P 方法可以计算出我国通过对外直接投资获取的东道国技术溢出总量。为衡量各省份通过对外直接投资获取的逆向技术溢出，李梅和柳士昌(2012)在 L-P 方法的基础上对逆向技术溢出衡量方法进行了改进，首先按照 L-P 方法计算出我国各年份从东道国获取的技术溢出总量，再以各省(市)非金融类对外直接投资存量占全国非金融类对外直接投资存量总和之比为权重，计算出我国 30 个省区市获取的 OFDI 逆向技术溢出，其计算方法为公式(7-2)和公式(7-3)。

$$SRD_t^{ofdi} = \sum \frac{OFDI_{jt}}{GDP_{it}} SD_{jt} \qquad (7\text{-}2)$$

$$SRD_{it}^{ofdi} = \sum \frac{OFDI_{it}}{GDP_{it}} SRD_t^{ofdi} \qquad (7\text{-}3)$$

其中，SRD_t^{ofdi} 代表中国整体通过 OFDI 获得的国际 R&D 溢出，SD_{jt} 为 j 国 t 时期的研发资本存量，$OFDI_{it}$ 代表中国 t 年份对 i 国的对外直接投资额，GDP_{it} 代表 t 年份 j 国用国际美元衡量的国内生产总值。SRD_{it}^{ofdi} 代表中国各

① Lichtenberg, F. R., de la Potterie, Pottelsberghe, Bruno v. International R&D Spillovers:A Comment[J]. European Economic Review,1998,42(8):1483-1491.

省份通过 OFDI 获得的国际 R&D 溢出，$OFDI_{it}$ 代表 t 年份 i 地区对外直接投资额，$\sum_{i} OFDI_{it}$ 表示中国个省级行政区非金融类对外直接投资存量总和。其中，j 国 R&D 资本存量采用永续盘存法进行计算，计算方法如公式(7-4)和(7-5)所示。

$$SD_{jt} = (1-\delta)RD_{j,t-1} + RD_{jt} \tag{7-4}$$

$$SD_0 = RD_{j,0}/(g+\delta) \tag{7-5}$$

其中 δ 指研发资本折旧率，相较于发展中国家发达国家的资本使用效率更高，因此参照秦放鸣和张宇(2019)的做法，将发达国家研发资本折旧率设为 5%。SD_0 表示基期的研发资本存量，其计算方法具体如公式(7-5)所示，其中 $RD_{j,0}$ 表示 j 国基期的 R&D 存量，g 表示研究年限内 j 国各年 R&D 经费内部支出平均增长速率。

(三)门槛变量

当前由于缺乏反映企业家微观个体特征的数据，因此企业家精神较难衡量，Block 等(2017)指出，在行业的早期阶段，由于不确定性高而进入壁垒低，小型企业和年轻企业是主要的创新和创业者，因此经济体自雇比例是企业家精神的宏观反映[①]，而私营企业和个体企业的就业人数之和与当地总就业人数之比反映了企业自雇比例，因此本书利用此项指标表示企业家精神，中国30 个省级行政区(西藏除外)各年的企业家精神用 $ENTR_{it}$ 表示，其中 i 表示省份，t 表示年份。

(四)控制变量

区域创新绩效受到诸多因素的影响，而金融发展、对外开放、劳动力供应和政府支持是影响区域创新绩效的主要宏观因素，因此本书选取四个变量作为控制变量，选取依据及计算方法具体如下。

金融发展水平(FIN)。创新绩效包含投入和产出两个部分，地区的金融发展水平关系到创新资金获取的难易程度，因此会对创新投入产生较大影响，进而对区域创新绩效产生影响。而当前中国金融与数字技术相结合的数

---

① Joern H. Blocka, Christian O. Fisch and Mirjam van Praage. The Schumpeterian Entrepreneur: A Review of the Empirical Evidence on the Antecedents, Behaviour and Consequences of Innovative Entrepreneurship[J]. Industry and Innovation, 2017, 24(1): 61-95.

字金融迅速发展,用各地金融机构存贷总额与当年地区生产总值的比率衡量的金融发展水平是传统金融和数字金融的综合反映,符合中国金融发展的实际状况,因此本书借鉴王世强和张金山(2020)的做法,用各地金融机构存贷总额与当年地区生产总值的比率来衡量金融发展水平①。

对外开放水平(OPEN)。一国的对外开放水平能够显著影响对外直接投资,进而影响从技术水平较高的经济体获取技术和知识溢出,从而对区域创新绩效产生一定的影响,因此本书借鉴朱洁西和李俊江(2022)的做法,选择各省份进出口总额表示对外开放度②。

劳动力供应(HR)。区域创新过程中不仅需要投入资本,还需要投入一定的劳动力,因此劳动力供应也会影响区域创新绩效。参照陈红梅等(2021)的做法,本书选用15~64岁人口数表示劳动力供应水平③。

政府支持力度(GOV)。政府财政科技支出一方面为创新提供了资金支持,另一方面反映了政府对创新的激励力度,但其绝对值无法有效地反映政府在区域创新中的地位和作用,因此齐晓丽等(2021)采用科学技术支出占地方财政支出的比重来表示政府对创新的重视程度。但本书认为按照资金来源划分的 R&D 经费内部支出中政府的占比来衡量政府财政支出强度更具有针对性,因此采用这一指标来衡量政府支持力度④。

二、模型构建

(一)面板回归模型构建

首先构建面板回归模型,以检验 OFDI 逆向技术溢出对区域创新绩效的影响。

$$RIP_{it} = a_0 + a_1 SRD_{it}^{ofdi} + \beta_1 FIN_{it} + \beta_2 HR_{it} + \beta_3 OPEN\ it + \beta_4 GOV_{it} + \varepsilon_{it} + \mu_{it}$$

$$(7\text{-}6)$$

---

① 王世强,张金山.金融发展水平对区域创新创业能力提升的影响研究[J].经济纵横,2020,36(12):109-117.

② 朱洁西,李俊江.中国 OFDI 逆向技术溢出、区域创新绩效与经济高质量发展——基于省级面板数据的联立方程分析[J].云南财经大学学报,2022,38(2):1-23.

③ 陈红梅,梁敏,乔朋华.企业家精神、研发投入与区域创新绩效[J].调研世界,2021,34(3):58-64.

④ 齐晓丽,郭沛珍,梁艳阳.政府支持提升区域创新绩效的作用机理与实证检验[J].财会月刊,2021(4):126-134.

其中,i 表示省份,t 表示年份;RIP_{it} 表示区域创新绩效;SRD_{it}^{ofdi} 表示通过对外直接投资获得的技术溢出;FIN_{it} 表示各省份的金融发展水平;HR_{it} 表示各省份的 t 年的劳动力供给;$OPEN_{it}$ 表示 i 省份 t 年份的对外开放度;GOV_{it} 表示政府支持力度;ε_{it} 表示误差项;μ_{it} 表示随机项。

(二)门槛模型构建

借鉴王群勇(2015)的面板门槛模型[①],分别以企业家创新精神和企业家创业精神为门槛变量,检验在不同企业家精神水平下 OFDI 逆向技术溢出对区域创新绩效的影响。

$$LNRIP_{it} = a_0 + a_1 LNSRD_{it}^{ofdi}(LNENTR_{it} < \gamma) + a_2 LNSRD_{it}^{ofdi}(LNENTR_{it} \geqslant \gamma) +$$
$$\beta LNCON_{it} + \mu_i + \varepsilon_{it} \tag{7-7}$$

$$LNRIP_{it} = a_0 + a_1 LNSRD_{it}^{ofdi}(LNENTR_{it} < \gamma_1) +$$
$$a_2 LNSRD_{it}^{ofdi}(\gamma_1 \leqslant LNENTR_{it} < \gamma_2) +$$
$$a_3 LNSRD_{it}^{ofdi}(LNENTR_{it} \geqslant \gamma_2) +$$
$$\beta LNCON_{it} + \mu_i + \varepsilon_{it} \tag{7-7}$$

其中,γ_1,γ_2 分别表示一阶门槛值和二阶门槛值。公式(7-7)和(7-8)分别表示单门槛模型和双门槛模型,n 门槛效应模型可依此类推。

三、数据来源

各变量的数据来源如表 7.2 所示。本书的因变量为区域创新绩效,在计算区域创新绩效时,涉及对新产品销售收入的衡量,由于自 2011 年起,不再统计大中型工业企业相关统计指标数据,改为统计规模以上工业企业相关数据,因此本书以 2011 年为基期进行研究。

OFDI 逆向技术溢出是本书的核心解释变量,而由于世界银行和联合国教科文组织尚未公布 2018 年之后世界各国的 R&D 经费支出数据,金融发展水平、劳动力供应和政府支持等其他相关指标数据虽然更新到 2020 年,但为保障计算得到的 OFDI 逆向技术溢出的准确和完整性,本书将研究的时限设定为 2011—2018 年。诸多学者的实证验证结果表明,中国通过对外直接投资能够从东道国获得技术溢出,并且主要从中高等收入水平经济体和高收入水

---

① Wang, Qunyong. Fixed-effect Panel Threshold Model Using Stata [J]. Stata Journal, 2015, 15(1): 121-134.

平经济体的直接投资中获得①。依据 2018 年中国对外直接投资统计公报,截至 2018 年末,中国对外直接投资存量排在前位的高收入经济体和中高等收入经济体包括欧盟、英国、美国、澳大利亚、加拿大、瑞士、以色列、日本、新西兰、挪威、新加坡、韩国、俄罗斯、哈萨克斯坦、中国香港等,占据中国对外直接投资存量总额的 72.31%,其中由于澳大利亚、瑞士和新西兰的相关数据缺失较多,因此将剩余 12 个经济体作为研究对象。

表 7.2　变量定义及数据来源

变量名	构成	指标	数据来源
因变量	区域创新绩效(RIP_{it})	投入产出计算得出	《中国金融统计年鉴》《中国统计年鉴》
核心变量	OFDI 逆向技术溢出(SRD_{it}^{ofdi})	公式计算得出(美元)	《中国统计年鉴》、UIS 数据库、世界银行数据库
门槛变量	企业家精神($ENTR_{it}$)	私营企业和个体企业的就业人数之和与当地总就业人数之比	《中国统计年鉴》《中国城市统计年鉴》
控制变量	金融发展水平(FIN_{it})	地区金融存贷总额与 GDP 之比	《中国城市统计年鉴》
	劳动力供给(HR_{it})	15～65 岁人口(人)	《中国统计年鉴》
	对外开放度($OPEN_{it}$)	进出口总额(元)	《中国统计年鉴》
	政府支持力度(GOV_{it})	R&D 经费内部支出中源于政府的经费占比	《中国统计年鉴》

注:i 表示区域,t 表示年份。

此外,由于西藏地区各指标变量的缺失数据较多,因此本书各变量仅统计计算 2011—2018 年中国除西藏外的 30 个省级行政区的面板数据,为剔除价格因素的影响,对于新产品销售收入、技术市场成交额和进出口金额等指标均使用以 2011 年为基期 CPI 指数,将名义值换算成的实际值。

①　世界银行依收入水平不同将各国划分为四大类,包括:低收入国家、中低收入国家、中高等收入国家、高收入国家。

第三节　实证检验

为验证本书提出的研究假设 1 和研究假设 2 是否成立,本书按照以下逻辑进行检验。首先对数据进行描述性统计;其次利用中国不同年份的各个省份的全样本面板数据进行基准回归,检验区域创新绩效和对外直接投资逆向技术溢出之间的关系;最后引入企业家精神,检验企业家精神在 OFDI 逆向技术溢出对区域创新绩效作用过程中门槛的存在性。考虑到中国不同地理区域发展状况的差异,将中国具体划分为中部、东部和西部三大区域进行面板回归模型和门槛回归模型检验。

一、数据描述性统计

为保证各变量的平稳性,分别取各个变量的 LN 值进行实证分析,各变量描述性统计结果如表 7.3 所示。

表 7.3　变量描述统计

变量名	样本容量	最小值	最大值	均值	标准偏差
$LNRIP_{it}$	240	-3.230	0.000	-0.963	0.697
$LNSRD_{it}^{ofdi}$	240	20.030	29.040	25.463	1.422
$LNENTR_{it}$	240	-2.170	-0.020	-1.201	0.460
$LNFIN_{it}$	240	0.140	2.020	1.001	0.328
$LNHR_{it}$	240	8.150	14.070	10.379	1.213
$LNOPEN_{it}$	240	12.930	20.890	17.537	1.591
$LNGOV_{it}$	240	-2.680	-0.560	-1.590	0.581

从表 7.3 可以看出,区域创新绩效的最小值为 -3.320,最大值为 0,标准差为 0.697,说明各省份之间的创新绩效差距较小。企业家精神、金融发展水平和政府支持的标准差均小于 1,说明各省份之间的企业家精神水平、金融发展水平与政府支持总体的均值差距较小,离散程度相对集中。样本中 OFDI 逆向技术溢出、劳动力供给、对外开放度的标准差均大于 1,说明各省份获得的逆向 OFDI 技术溢出、劳动力供给和对外开放度差异较大。

二、面板回归检验

本书首先采用面板回归模型,对全样本 30 个省级行政区的 OFDI 逆向技术溢出和创新绩效之间的关系进行研究。面板回归模型包括 OLS 回归模型、固定效应模型和随机效应模型,OLS 模型的前提假设是所有样本都不存在个体差异,而固定效应模型和随机效应模型的前提假设为样本数据存在个体效应。对省级面板数据进行固定效应模型回归后的 F 检验值为 0,表明存在个体效应,因此固定效应模型优于 OLS 回归模型。但个体效应也可能表现为随机效应,因此需要使用豪斯曼检验从固定效应模型和随机效应模型中选择最优模型进行分析。而传统的豪斯曼检验假定误差项和随机项独立同分布,但检验过程中可能存在聚类稳健标准差和普通标准差存在较大的差距的情况,导致检验结果出现偏差。为排除此类特殊情况,本书对样本数据进行稳健的豪斯曼检验。稳健的豪斯曼检验 R^2 值为 0.016,因此应选择固定效应模型。综合看,30 个省级行政区样本数据中对通过 OFDI 渠道获取的技术溢出和区域创新绩效关系的检验,应选择聚类稳健的固定效应模型,检验结果如表 7.4 所示。此外,由于我国区域间经济社会发展水平存在一定的差异,因此进一步将全样本划分为东部、中部和西部三大区域分别进行面板回归检验。三大区域进行固定效应回归后 F 检验值均为 0,故拒绝原假设不应采用混合回归模型;东部、中部和西部稳健的豪斯曼检验 R^2 分别为 0.199、0.403、0.287,因此东部地区随机效应模型,而中部和西部应使用固定效应模型进行回归,三大地区使用最优面板回归模型的聚类稳健标准误估计结果如表 7.4 中所示。

表 7.4　面板模型估计结果

变量名称	全样本	东部	中部	西部
$LNSRD_{it}^{ofdi}$	0.171*	0.115*	0.034	0.189
	(0.088)	(0.064)	(0.182)	(0.151)
$LNFIN_{it}$	0.875***	0.621**	1.658**	0.595
	(0.282)	(0.293)	(0.533)	(0.710)
$LNHR_{it}$	−0.048**	−0.038*	−0.069	−0.042
	(0.018)	(0.022)	(0.039)	(0.036)

变量名称	全样本	东部	中部	西部
$LNOPEN_{it}$	0.317*	0.393***	0.418	0.339
	(0.178)	(0.125)	(0.231)	(0.214)
$LNGOV$	0.598**	0.174	0.364	1.496*
	(0.271)	(0.239)	(0.357)	(0.675)
常数项	−10.290***	−11.330***	−8.981*	−9.526**
	(2.868)	(2.386)	(4.252)	(4.024)
样本容量	240	88	64	88
样本数	30	11	8	11
R^2	0.255	0.199	0.403	0.287

注:括号内为标准误差,*** $p<0.01$,** $p<0.05$,* $p<0.1$。

由表 7.4 全样本和分区域最优面板回归模型的聚类稳健标准误估计结果可知,OFDI 逆向技术溢出在全样本固定效应模型检验中对区域创新绩效具有显著的促进作用,影响系数为 0.171,且在 10% 的检验水平上显著,因此假设 1 成立。从东、中、西三大区域来看,通过 OFDI 获取的技术溢出对区域创新绩效的作用存在差异。具体而言,东部通过直接投资从东道国获取的技术溢出每提升 1%,区域创新绩效提高 0.115%;中部和西部地区通过对其他地区的直接投资获取到的技术溢出有助于提高创新绩效,回归系数分别为 0.034、0.189,但在统计上不显著。

此外,在全样本面板模型估计结果中,金融发展、政府支持和对外开放对区域创新绩效均有显著影响,其每提高 1%,分别推动区域创新绩效提升 0.875%、0.598%、0.317%,均大于 OFDI 逆向技术溢出的影响力度;在东部地区,金融发展水平和对外开放度均对区域创新绩效提升产生显著的促进作用,影响系数分别为 0.621、0.393;中部地区金融发展水平每提高 1%,区域创新绩效提高 1.658%,且在 5% 的检验水平上显著,其他变量对区域创新绩效的影响均不显著;西部地区仅政府支持显著影响区域创新绩效水平,政府支持每提高 1%,区域创新绩效提高 1.496%,且在 10% 的检验水平上显著。综合以上可知,为提高区域创新绩效,东部地区可通过提高从其他地区获取的技术溢出、金融发展水平和对外开放度,中部地区主要依靠提升金融发展水平,而西部地区则主要依靠政府支持,OFDI 逆向技术溢出的影响系数较小可能是由于对高技术行业的投资较少,获得的技术溢出有限。

三、门槛回归检验

由理论机理分析可知,企业家精神会对 OFDI 逆向技术溢出作用于区域创新绩效的过程产生影响,当企业家精神数值位于不同的区间时,通过对其他地区投资获取的技术溢出对区域创新绩效的影响效果不同。由于中国不同区域的经济社会发展状况存在一定的差异,因此在进行门槛回归检验时需要分别对包含全国 30 个省级行政区的全样本以及划分为东部、中部和西部三大不同区域的样本进行检验。首先分别检验企业家精神在全样本和分区域样本数据的门槛效应是否存在,检验结果如表 7.5 所示。

表 7.5 企业家精神的门槛效应存在性检验

	门槛类型	F 值	P 值	残差平方和	均方误差	门槛值
全国	单门槛	18.250	0.070	27.730	0.120	−1.422
	双门槛	8.450	0.333	26.756	0.115	—
东部	单门槛	12.550	0.050	6.726	0.084	−1.252
	双门槛	12.360	0.113	5.826	0.073	—
中部	单门槛	7.210	0.333	3.884	0.069	—
西部	单门槛	18.960	0.017	13.298	0.166	−1.473
	双门槛	4.430	0.637	12.601	0.158	—

注:采取 Bootstrap 法模拟 300 次得到。

由表 7.5 的检验结果可知,全国 30 个省级行政区样本数据检验通过了企业家精神的单门槛效应检验,一阶门槛值的 LN 对数为 −1.422,取反对数得到一阶门槛值为 0.241,且在 10% 的检验水平上显著。在分区域企业家精神门槛效应存在性检验中,东部和西部均通过了一阶门槛效应检验,门槛值的 LN 对数值分别为 −1.252、−1.473,取反对数计算得到东部和西部的一阶门槛值分别为 0.286 和 0.229,且分别在 10% 和 5% 的检验水平上显著。全国 30 个省级行政区、东部、中部和西部的门槛效应回归结果如表 7.6 所示。

表 7.6　企业家精神的门槛效应回归结果

	全国	东部	西部
$LNFIN_{it}$	0.588**	0.305	−0.672
	(0.264)	(0.349)	(0.602)
$LNHR_{it}$	−0.046*	−0.050	−0.039
	(0.025)	(0.035)	(0.049)
$LNOPEN_{it}$	0.220	0.153	0.186
	(0.151)	(0.523)	(0.216)
$LNGOV_{it}$	0.607***	0.415	1.704***
	(0.222)	(0.306)	(0.536)
$LNSRD_{it}^{ofdi}(LNENTR_{it}<\gamma_1)$	0.151***	0.075	0.154
	(0.055)	(0.067)	(0.100)
$LNSRD_{it}^{ofdi}(LNENTR_{it}\geqslant\gamma_1)$	0.162***	0.091	0.178*
	(0.055)	(0.066)	(0.099)
常数项	−7.990***	−5.052	−5.097
	(2.637)	(9.970)	(3.747)
样本容量	240	88	88
样本数	30	11	11
R^2	0.298	0.308	0.423

注:采取 Bootstrap 法模拟 300 次得到,括号内为标准误差,*** $p<0.01$,** $p<0.05$,* $p<0.1$。

　　由表 7.6 可知,全国 30 个省份样本门槛回归检验中,当企业家精神水平处于[0.114,0.241)时,OFDI 逆向技术溢出的影响系数为 0.151,且在 1% 的检验水平上显著;当企业家精神处于[0.241,0.98]时,OFDI 逆向技术溢出的回归系数为 0.162,且在 1% 的检验水平上显著。表明企业家精神位于门槛值两侧时,OFDI 逆向技术溢出均会产生显著促进作用,并且随着企业家精神水平的提升,全国 30 个省级行政区样本检验中 OFDI 逆向技术溢出对区域创新绩效的促进作用有所增强。在 30 个省级行政区样本数据中存在企业家精神的一阶门槛效应,门槛值为 0.241。按企业家精神水平的一阶门槛值可将我国 30 个省级行政区划分为较低企业家精神水平区域、较高企业家精神水平区域。2011—2018 年间,处于较低企业家精神水平的省份数目逐年减少,由 2011 年的 18 个减少为 2018 年的 3 个。总体上看,东部企业家精神水平高于中西部地区,而西部地区各年总体的企业家精神平均水平又相对高于中部地区,其中北京、上海、江苏、浙江、广东等地区 2011—2018 年各年的企业家精神水平均处于高水平区域。此外,全样本门槛效应回归结果中,金融发展水平、政府支持和劳动力供给对区域创新绩效的影响面板回归模型中的影响方向不变。

分区域样本数据门槛效应检验中,东部地区和西部地区均存在单门槛效应,中部地区不存在门槛效应。东部地区样本数据中企业家精神一阶门槛值为 0.286,当企业家精神小于一阶门槛值时,OFDI 逆向技术溢出的影响系数为 0.075;当企业家精神处于 [0.286,0.980] 时,通过对其他地区投资获取的技术溢出的影响系数为 0.091,表明企业家精神位于门槛值两侧时 OFDI 逆向技术溢出均能够推动区域创新绩效的提升,并且随着企业家精神的提升,这种促进作用有所增强,但在统计上不显著;西部地区样本数据中的门槛值为 0.229,当企业家精神水平小于 0.229 时,OFDI 逆向技术溢出的影响系数分别为 0.154,但在统计上不显著,而当企业家精神大于 0.229 时,OFDI 逆向技术溢出影响系数为 0.178,且通过了 10% 的显著性检验,表明在西部地区,随着企业家精神提高,OFDI 逆向技术溢出影响的显著性和影响力度均有所提升。

综上所述,假设 2 成立,OFDI 逆向技术溢出作用于区域创新绩效的过程中存在基于企业家精神的门槛效应,但以企业家精神为门槛变量,OFDI 逆向技术溢出对区域创新绩效仅在全国样本和西部样本检验中存在显著的促进作用。

第四节　研究结论及建议

一、研究结论

本书在以往学者关于 OFDI 逆向技术溢出、企业家精神和区域创新绩效的研究基础上,对于 OFDI 逆向技术溢出对区域创新绩效的作用和企业家精神在 OFDI 逆向技术溢出作用于区域创新绩效过程中的作用进行分析,同时,对 2011—2018 年中国的区域创新绩效水平、企业家精神水平及对外直接投资的存量、投资区位和投资行业进行总体和分区域现状进行分析。基于 2011—2018 年中国 30 个省级行政区(除西藏外)的面板数据,构建面板回归模型检验以 OFDI 逆向技术溢出对区域创新绩效的作用方向,构建门槛回归模型,探究以私营企业和个体企业的就业人数之和与当地总就业人数之比衡量的企业家精神在 OFDI 逆向技术溢出作用于区域创新绩效过程中的门槛效应,并从东部、中部和西部三大区域层面,对 OFDI 逆向技术溢出、企业家精神和区域创新绩效三者之间的关系进行进一步分析。最后,通过替换因变量对模型进行了稳健性检验。主要研究结论如下:

第一,OFDI 逆向技术溢出能够显著促进区域创新绩效的提升。OFDI 逆向技术溢出能够通过产业间溢出、研发费用与风险分摊、竞争效应和人才流动对投资母国的区域创新绩效产生影响。本书利用 2011—2018 年中国 30 个省级行政区和东部、中部和西部三大区域面板数据,使用面板回归模型检验,对 OFDI 逆向技术溢出和区域创新绩效的关系进行检验,实证结果表明,OFDI 逆向技术溢出能够显著促进区域创新绩效的提升,但由于三大区域发展状况的差异,仅东部地区各省份通过对外直接投资获取到的技术溢出能够显著提升东部各省份的创新绩效水平。

第二,企业家精神具有明显的门槛效应,且区域差异明显。中国 30 个省级行政区样本数据的门槛回归检验结果表明,企业家精神在 OFDI 逆向技术溢出和区域创新绩效作用过程中具有门槛效应,随着企业家精神的提高,OFDI 逆向技术溢出对区域创新绩效的正向促进作用有所增强。而在分区域样本检验中,东部地区样本门槛效应检验结果表明,东部各省份的企业家精神位于门槛值两侧时,OFDI 逆向技术溢出的促进作用随着企业家精神的提高而增强,但在统计上不显著;西部地区企业家精神存在单门槛效应,当企业家精神大于一阶门槛值时,OFDI 逆向技术溢出对区域创新绩效产生显著的促进作用。

二、政策建议

本研究表明,OFDI 逆向技术溢出能够直接提高区域创新绩效,且企业家精神在两者关系中存在门槛效应,间接提高了区域创新绩效。为推动创新绩效的提升,本书从促进 OFDI 逆向技术溢出和提高企业家精神两个角度提出以下建议:

第一,增加技术获取型对外直接投资。中国对外直接投资存在技术获取型、资源寻求型和市场寻求型三种主要目的，而技术获取型的对外直接投资是获取东道国逆向技术溢出的主要方式。在中国对外直接投资行业中，租赁和商务服务业、批发和零售业及金融业的投资存量占据投资存量总额的一半以上，而对信息传输、软件和信息技术服务业及制造业等技术水平较高的行业的投资存量额不足 20%。OFDI 逆向技术溢出能对区域创新绩效产生显著的促进作用，因此中国需要继续坚持对外直接投资，并且适当的调整投资的行业和目的地，加大对欧洲和北美洲等技术较为发达地区的投资，以获得更多的技术溢出，进而提高区域的创新效率。

第二，构建公平竞争的市场环境。OFDI 逆向技术溢出对区域创新绩效的作用过程中涉及东道国和母国市场的竞争效应，一方面，公平的竞争环境对投资母国（地区）的其他企业形成正向激励，推动了同行业其他企业新技术的研发和新产品的生产，有助于激发企业家的创新创业精神；另一方面，公平的竞争环境有助于创新要素自由流动，保证不同创新主体平等获取创新要素。因此要坚持市场化改革，深入推进"放管服"改革，促进政府职能转变，着力激发各类市场主体的活力，营造公平、有序的市场环境，促使创新要素在公平的市场环境中实现收益和效率的最优化，激发企业家创新创业精神，进而提高创新绩效。

第三，完善创新成果保护制度。创新是企业家精神的重要组成部分，而企业家的创新行为主要是为了获取更多的经济利润，因此只有创新成果受到充分的保护，才能够在更大程度上激发企业家的创新精神。从对外开放来讲，对知识产权的保护能够塑造良好营商环境，推动各国开展技术合作交流。但当前中国的知识产权保护尚处于起步阶段，存在知识产权保护人才匮乏和知识产权保护意识淡薄等问题，既需要深化知识产权领域信用体系建设，依法依规对严重失信行为开展联合惩戒，又需要依托高校人才资源，建设知识产权人才培训基地，多渠道、全方位培养知识产权人才，还需要强化知识产权维权援助公共服务平台建设，拓宽知识产权纠纷多元化解决渠道，建立行政司法诉调对接机制，完善行政执法和司法保护优势互补、有机衔接的知识产权保护模式。

第四，拓宽创新创业融资渠道。创新创业需要大量资金支持，不同规模的企业风险抵御能力和企业家所表现出的创新创业精神存在一定差距，规模较小的企业由于资金、人力资本等因素的影响较大，虽然创新创业意识较强，但由于不具备资金等优势，很难仅依靠自身的力量进行创新创业。而规模较大的企业则相反，它们拥有充足的创新创业所需要的资源，但由于其本身在市场竞争中处于竞争优势,能够获取超额利润,因此进行创新创业的意愿较低。因此,拓宽中小企业创新创业的融资渠道对激发企业家创新创业精神具有重要作用。政府需要完善与创新创业相关的金融支持政策,一方面需要通过知识产权融资、知识产权证券化等新型融资方式拓宽企业融资渠道方式的发展,拓宽中小企业创新创业资金来源;另一方面需要促进知识产权保险的发展,增强企业风险抵御能力,提高企业家创新创业的积极性,进而推动区域创新绩效的提升。

第八章 OFDI 逆向技术溢出对产业结构升级的影响:基于母国制度环境视角

OFDI 逆向技术溢出是对外开放环境下开放式创新的重要来源,本书第六、七章基于企业家精神的视角,分析了 OFDI 逆向技术溢出对区域创新绩效的影响。本章基于母国制度环境视角,从理论与实证两方面分析 OFDI 逆向技术溢出对产业结构升级的影响,旨在表明,OFDI 逆向技术溢出作用于区域创新的不同路径。

第一节 相关文献回顾

一、OFDI 逆向技术溢出的相关研究

随着全球化的不断深入,大量发展中国家开始进行 OFDI,也有越来越多的学者开始聚焦于 OFDI 逆向技术溢出,研究主要分布在以下三个方面:

第一,OFDI 逆向技术溢出效应的存在性研究。Grossman 和 Helpman(1991)认为企业进行国际贸易,可以通过进口加强两国合作从而获得东道国的技术外溢。随后 Kogut 和 Chang(1991)通过实证检验了 OFDI 逆向技术溢出是真实存在的。以日本的制造企业为研究对象,发现日本在对其他发达国家进行 OFDI 后获得了对应的技术,提升了生产效率。并据此判断获取东道国的先进技术和生产力是企业进行 OFDI 的重要目标。但随着研究的深入,学者们开始运用不同方式对 OFDI 逆向技术溢出是否存在进行检验,Singh 等(2008)以汽车制造业为研究对象,并未发现其促进了技术进步。陈浦秋杭等(2020)从省级层面研究 OFDI 逆向技术溢出的存在性,发现不同地区的表

现并不相同,整体来看 OFDI 逆向技术溢出在经济不发达地区表现得并不明显。基于上述研究,学者开始用地区异质性来解释 OFDI 逆向技术溢出效应的地区差异,即东道国内不同层级、不同类别的地区之间在资源、产业结构、历史、习俗、文化等不同方面存在巨大差异,造成了 OFDI 逆向技术溢出的作用效果有巨大差异。如李梅和柳士昌(2012)用矩估计对中国省级层面的数据进行分析,认为存在众多的因素影响 OFDI 逆向技术溢出的门槛,如金融发展程度、人力资源水平、对外开放程度等。殷朝华等(2017)在研究中国省级层面数据时发现,金融强度对 OFDI 逆向技术溢出存在双重门槛,每跨越一个门槛,OFDI 逆向技术溢出效益便得到一些提升。综上,绝大多数研究都认为 OFDI 逆向技术溢出是真实存在的,并强调其在一定条件下将发挥显著性效果。

第二,OFDI 逆向技术溢出效应的作用渠道,可以分为三个部分。一是分摊研发费用,共享研发资源。母国进行 OFDI,能够利用东道国优秀的人力资本、研发资源,减少研发成本,并获得高新技术(Mansfield et al.,1979)。二是转移先进技术,交流隐性资源。母国进行对外投资,与东道国先进企业、科研院所交流合作,一方面在企业直接生产经营活动中获得对应产品的技术;另一方面在合作交流中获得企业生产、经营、研发知识等隐性资源(Grg,2004)。三是利用投资平台,获得竞争优势。母国投资主体在进行 OFDI 过程中,可以利用东道国发达的商业环境、完善的制度条件、良好的金融服务系统不断提升母国企业内涵,以期在复杂多变的商业环境中,凭借 OFDI 逆向技术溢出效应在国内市场乃至国际市场获得强有力的竞争力(彭继增、邓千千,2020)。

第三,OFDI 逆向技术溢出效应的影响因素分析,主要分为以下三类:一是吸收能力。Cohen 和 Levinthal(1990)将吸收能力拆分为三个部分:吸收、消化和应用新知识,以便在行业竞争中获得先机。孔群喜等(2018)将经济发展水平和人力资源作为吸收能力指标进行实证,发现吸收能力显著促进了 OFDI 逆向技术溢出,且存在门槛效应。龚新蜀和李梦洁(2019)将影响吸收能力中的经济与社会因素作为门槛变量,结果显示其对 OFDI 逆向技术溢出具有门槛效应。周记顺和万晶(2020)在研究国家层面的 OFDI 过程中,发现吸收能力主要与地区经济发展水平、人力资源有关,与对外开放度并不相关。二是东道国特征。东道国经济、人文、历史等方面的特征均会影响 OFDI 逆向技术溢出效应。叶红雨等(2017)认为东道国的金融和劳动力异质性对 OFDI 逆向技术溢出呈现正相关,文化差异则呈现负相关。三是技术差距。Ouyang

(2010)和 Lia(2016)实证发现当两国的技术差距较大时,进行 OFDI 能快速提升母国的技术水平。陶爱萍和盛蔚(2018)也意识到技术差距的作用,通过设立门槛回归模型发现,未跨越门槛之前与 OFDI 逆向技术溢出显著正相关,而跨越门槛值后呈现负相关但不显著。

二、制度环境对 OFDI 逆向技术溢出的影响研究

OFDI 逆向技术溢出的影响因素十分复杂,机制也不尽相同。从商业角度来看 OFDI 属于市场行为,必定会受到制度环境的影响,而制度环境主要可以分为母国和东道国两个方面(刘晓光、杨连星,2016)。

从东道国制度环境层面分析,东道国制度环境的完善,可以为企业的跨国投资提供保护,简化办事流程,节约交易成本,提升企业的经济效益,同时也可以促进 OFDI 逆向技术溢出(蒋冠宏、蒋殿春,2012)。贺艳琴(2018)通过以新兴经济体的 OFDI 活动为对象进行探究,结果显示 OFDI 逆向技术溢出与东道国的政府稳定性和法律健全程度呈负相关,而与经济发展水平呈正相关。邵宇佳等(2020)在空间上对 OFDI 逆向技术溢出作用途径进行研究,发现 OFDI 能够显著带来技术进步,因此我国更加愿意对制度距离远的国家进行 OFDI,从而获得更高的投资回报。

从母国制度环境层面分析,良好的母国制度环境能为企业提供创新动力、要素支持和创新保障,有效激励企业进行 OFDI,形成投资氛围(卫平、陈佳,2021)。阮敏和李衡(2018)发现我国 OFDI 逆向技术溢出存在地区差异,东部要明显优于中西部。冉启英等(2019)使用动态门槛回归模型探究中国制度环境对 OFDI 逆向技术溢出促进区域创新的影响,结果表明不同制度环境指标的影响作用不同,市场化程度呈现出促进作用,地区腐败则表现出抑制作用。

三、OFDI 逆向技术溢出对产业结构升级的相关研究

在探究促进产业结构升级的影响因素研究中,大部分学者把技术创新作为推动产业结构升级主要因素(张晖明、丁娟;2004;肖卫国、林芹,2019)。现有研究主要可以分为两部分:一是技术创新单向推动产业结构升级(Varum et al.,2009;Blomkvist & Drogendijk,2016)。技术创新能够提高生产效率、提高更多优质岗位并提升产业质量,由此完成对一、二、三产业的升级。同时科技创新往往伴随着地区知识溢出、信息交流、人力资源流动,对本地周边地

区能够形成辐射,从而带动周边相似产业及配套产业的结构升级。二是产业结构升级与科技创新存在双向推动效应(姜海宁等,2020)。技术创新能够推动产业结构升级,同时提高从业人员素质、吸引更多的外部资源、加速与外部地区的信息技术交流,而这也是促进科技创新的基础要素。

通过 OFDI 逆向技术溢出可以获得东道国先进技术,实现技术的跨国传递(邵玉君,2017)。于是学术界开始探讨 OFDI 逆向技术溢出与产业结构升级之间的关系,并形成了三种作用机制:一是产业竞争机制。母国母公司在获得东道国子公司回传的技术与经验后,将其运用到母国产品中,增强了母国产品市场的竞争力,并刺激母国原有竞争者,迫使其技术迭代、服务升级。同时通过行业间的合作交流,加快技术和人才流动,实现地区产业结构升级(刘志华等,2022)。二是产业关联机制。母国获得某一产品或特定环节的先进技术后,通过地区知识溢出对周边相似产业、配套产业提出新的要求,形成从原材料采购至销售的整条产业链提升,潜移默化的实现本地区此类产业与关联产业的整体升级(章志华等,2021)。三是产业转移机制。当某一地区内的母国母公司实现了产业竞争、关联机制后,能够在一定时间内加快某一优势产业形成,形成地区比较优势,推动母国各地区之间的产业转移(Michalopoulos et al.,2015)。一方面实现了本地区的产业结构升级,另一方面通过边际产业转移提升母国其他地区的产业结构水平(毛海欧、刘海云,2018)。

三、文献简要述评

综上所述,目前学术界对于 OFDI、OFDI 逆向技术溢出与产业结构升级的相关理论已经比较完善,但还存在以下不足:第一,关于 OFDI 与产业结构升级之间的文献已经较为丰富,但研究大多集中在 OFDI 整体的影响上,有关 OFDI 逆向技术溢出与产业结构升级的文献目前还不多,并缺乏相应的理论和实证研究。第二,目前从制度环境视角对 OFDI 逆向技术溢出进行研究,大多是以东道国制度环境为主,较少有文献探究母国制度环境的影响。基于现有研究中的不足之处,本书将构建母国制度环境下 OFDI 逆向技术溢出对产业结构升级的影响机制,并进行实证检验。

第二节　我国产业结构和制度环境发展现状

一、我国产业结构发展现状分析

图 8.1 显示的是 2005—2020 年间，我国三大产业的产值占比情况。第一产业所占比重较为稳定，一直在 10% 上下浮动，总体呈现减少的趋势；第二产业比重在 2011 年之前一直处于不到 50% 的状态，从 2012 年开始逐年减少，到了 2020 年仅为 38%；从图中可以看出，第三产业占比一直处于上升的趋势，二产比重与三产比重在 2012 年前后形成了交点。2012 年，第三产业以 45.46% 的比重占据了领导地位，并在之后不断上升，2015 年首次超过 50%，2020 年达 54.53%。

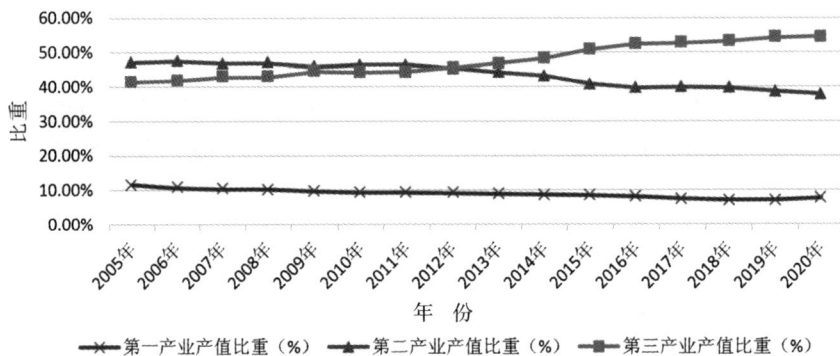

图 8.1　2005—2020 年我国一、二、三产产值占比

数据来源：历年《国家统计年鉴》。

随着科技的发展，越来越多先进的技术被运用到农业中，规模化种植的出现导致从事农业生产的人员越来越少，第一产业就业人员比重也从 2005 年几乎接近一半下降到 2020 年的 23%。与此同时，第三产业迅猛发展，大量劳动力开始涌入第三产业，第三产业从业人员占比不断增加，在 2020 年末达到 47.7%。在这 15 年间，一、二、三产就业人员占比与产值占比的变化趋势相一致，2012 年前后二产就业人员比重达到最高，随后平稳下降，到 2020 年末就业人员占比仅为 28.7%，略高于第一产业的 23.60%（见图 8.2）。

综上，2005—2020 年，我国产业结构快速发展，已经实现了从"二三一"到"三二一"的转变。从变化趋势及发达国家的历史经验来看，未来第一产业占

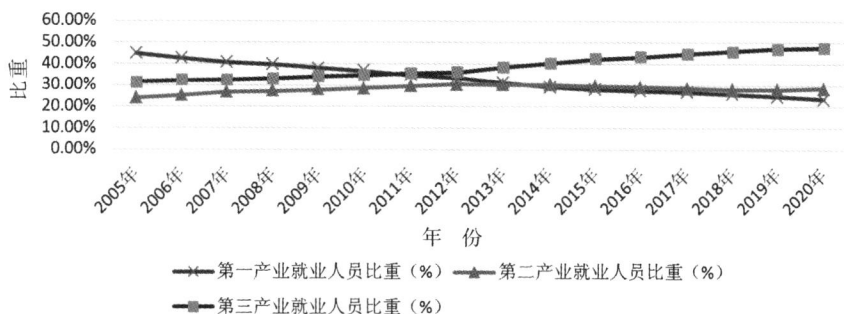

图 8.2　2005—2020 年我国一、二、三产从业人员占比

数据来源:历年《国家统计年鉴》。

比将处于一种平稳发展状态;第二产业占比将不断下降,速度持续放缓;第三产业保持稳步上升状态。

二、我国制度环境现状分析

制度是指用来约束人们具体行为的规范;母国制度环境是用来约束一定区域内人们与各类组织在生产、生活、信息交流等方面的规则,包括政治、经济、文化、社会等多个方面(周平录等,2020;陈培如等,2017)。

我国幅员辽阔,东西、南北横跨幅度较大,各个地区在地理区位、生产资源、人口素质等方面均有较大差异,这也导致了我国各个地区的制度环境存在着较大的差异。为了直观地分析我国制度环境的这种地区差异,将市场化指数作为制度环境的代理变量(樊纲等,2011)。使用 ArcGIS10.5 软件对2008 年和 2018 年全国 31 个省市自治区①的市场化指数进行可视化分析。市场化指数越大,该地区的制度环境越完善。

我国市场化指数呈现出明显的东中西部差异。东部地区的市场化指数无论是在 2008 年还是 2018 年,都要明显优于中西部地区,大多数地区都处于高水平状态。在 2008 年,处于一类制度环境的均为东部省份,在市场化指数前十的地区中,东部地区占据九个名额,而中部地区大多处于三、四类制度环境中,西部地区除四川和重庆外均处于四、五类制度环境中。

到了 2018 年,总体而言,我国的制度环境水平有了一定的提升,有五个省市实现了制度环境的升级。在东部地区,天津从二类转为一类,福建由二类

---

①　数据来源于 wind 数据库。港澳台由于数据缺失,对数据做取 0 处理。

变为一类。但与此同时,辽宁由二类变为三类,是唯一一个制度环境下降的省份;中部地区,湖北由三类转为二类,黑龙江由四类转为三类,实现了制度环境的提升;西部地区,重庆成功从由三类转为二类,成为中西部地区第一个进入高水平状态的地区。从整体上来看,我国的制度环境在这 11 年里有了一定的改善,但还有很大的提升空间。

第三节 母国制度环境下 OFDI 逆向技术溢出对产业结构升级的影响机制

在 OFDI 逆向技术溢出过程中,子公司与母公司之间的技术传递与交流,不仅能够促进母公司的技术进步,还能通过母国市场上的产业机制,实现母国产业结构升级。作为 OFDI 的投资国,母国制度环境的优劣将直接影响 OFDI 逆向技术溢出效应的大小。本书基于已有的文献研究(Cozza et al.,2015;吴瑞兵,2019;薛军、苏二豆,2020),构建了母国制度环境下 OFDI 逆向技术溢出对产业结构升级的影响机制,如图 8.3 所示。

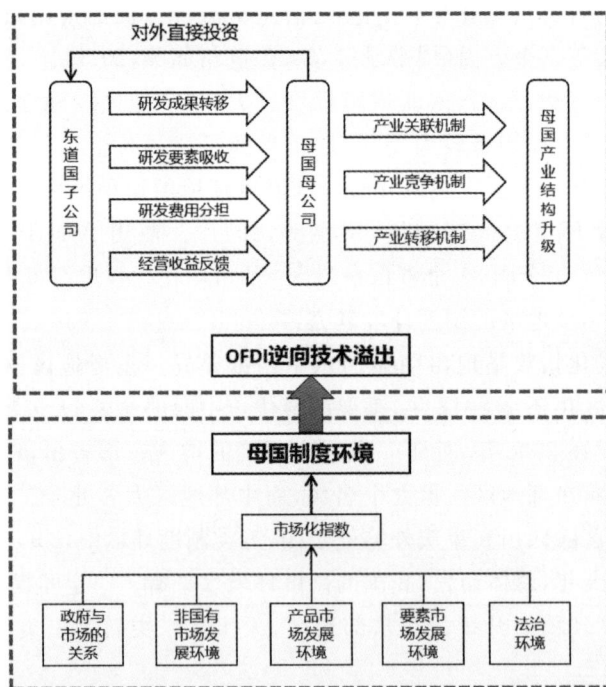

图 8.3 母国制度环境下 OFDI 逆向技术溢出对产业结构升级的影响机制

一、OFDI 逆向技术溢出效应促进产业结构升级机理分析

(一)OFDI 逆向技术溢出效应获取技术进步

随着全球贸易的不断加深,越来越多的发展中国家开始进行 OFDI,期望获得东道国的技术外溢,提升地区技术水平。在此过程中逐步确立了 4 种传导机制:研发成果转移途径、研发费用分摊途径、研发要素吸收途径和经营收益反馈途径(周经、黄凯,2020;杜龙政、林伟芬,2018)。

1. 研发成果转移途径

母公司通过 OFDI 获取逆向技术溢出,最有效的方式是直接获取东道国先进技术或与东道国企业建立技术共享机制,先将东道国先进技术在海外子公司进行试点运用,待充分掌握先进技术后,将其传递回母公司,再进行全面的技术升级(秦放鸣、张宇,2020)。通过此种途径获得东道国研发成果,可以缩短企业的研发时间,在最短的时间内完成技术跃迁,减小与国际头部企业之间的技术差距。此外,直接利用东道国企业的先进技术也可以降低研发风险,提高效率,快速在母国打造出属于自己的品牌,扩大规模,提高市场份额,带动整个产业的提升。

2. 研发费用分摊途径

对于部分企业而言,要独立研发尖端技术会面临研发资金不足、缺乏相关设备和研发人员知识储备不足等问题。通过 OFDI 可以与东道国企业进行合作研发,在母国难以成功的研发项目,可以使用东道国充足的资金、先进的研发设备和知识储备丰富的人才队伍,来为研发先进技术提供支持,进行研发费用和研发风险的分摊。在研发成功后,将产出的研究成果传递给母公司实现技术进步,并实现资源利用的最大化。

3. 研发要素吸收途径

通过 OFDI 加强与东道国之间的交流,深度融入当地,借助东道国完善成熟的机制平台,对其优秀的研发要素进行吸收,实现技术进步。这主要包括两个方面的内容:一方面加大人才、技术、信息等要素的交流,激发企业创新活力。通过拓宽双方的人才、技术、信息交流渠道,来学习东道国优秀的生产、经营和研发经验,进而提高劳动力水平、增加企业研发创新的技术储备和管理经验。另一方面加大金融交流,增加创新资金。依靠当地完善的营商环

境和健全的金融服务体系,加大与东道国之间的金融合作,获得更多的投资和研发资金,并提高母公司金融系统的稳健性。

4.经营收益反馈途径

通过增加企业的经营收益,从而扩大对外投资和研发投入,来获得技术进步。主要有以下两个途径:一是拓展新市场。母国企业出于调整自身的产业结构、转移国内过剩的产业等目的,来开辟海外市场,扩大生产规模,获得更高的利润。二是进行本土化生产。由于在母国生产的产品出口到东道国会存在关税、贸易壁垒等一系列的阻碍,使该产品在东道国的市场上竞争力降低。通过直接在东道国生产的方式,可以有效解决这一问题,提高竞争力。同时在东道国进行生产可以利用其相对廉价的生产要素或者母国缺少的稀缺资源,享受当地的优惠政策,减少生产成本,从而得到更大的收益。而将通过对外投资获得的收益传递回母公司,也使母公司拥有更多的资金进行研发创新,获得技术进步。

(二)技术进步促进产业结构升级的机制

企业对东道国进行投资,通过研发成果转移途径、研发费用分摊途径、研发要素吸收途径与经营收益反馈途径,实现母国母公司的技术进步。而母公司技术水平的提升会通过产业关联、竞争和转移机制来促进母国产业结构升级(王丽、韩玉军,2017;廖红伟、宫萍,2020)。

1.产业关联机制

母公司通过对外投资提高了研发创新能力,使其生产规模不断增加、产品更新换代和管理制度逐渐改善,这也对上下游产业提出了新的要求。对上游产业而言,由于其下游产业的产品运用了最新技术,需要更加先进的原材料和更大的产能。因此上游产业一方面将加大研发投入,来适应新技术,生产出能适配新产品的原材料;另一方面由于原材料需求量的增加,上游企业也会对生产工艺进行更新改造,增加产能。对下游产业而言,需要对上游产业生产的产品和最新科技进行充分了解,进行相应的配套学习,来提升从业人员的知识储备。同时也要改善营销渠道来适应相关产品的销售。因此,母公司通过对外投资获取先进技术,会通过产业关联机制传递到其上下游产业,从而扩散到全产业链,实现全产业的结构升级。

2. 产业竞争机制

在一个国家或地区,对于同类产品的需求是有限的,企业需要不断提高自身竞争力来抢占有限的消费者市场。母公司将其海外子公司传回的先进技术和经验运用到母国产品中,增强了竞争力,并凭借这种竞争力,不断增强其产品优势,抢占市场份额。同行业的其他企业出于保住自己市场地位的目的,必须进行创新,才能保证不被市场淘汰。一方面,同行业的企业会通过增加研发投入、开发适合市场的先进产品、减少生产成本和提高效率等方式来提升产品竞争力,吸引更多的消费者。另一方面,企业也会更加注重销售和售后服务,让消费者可以安心购买产品,来提高品牌认可度,增加市场份额。当母公司通过对外投资获取先进技术,率先完成效率提升和产品质量升级后,通过产业竞争机制,会迫使同行业的其他企业也加强创新来维持其在市场上的地位。在这一过程中,一些生产效率低、劳动密集型的企业逐渐被生产效率更高的高新技术企业所取代,从而实现了产业结构的升级。

3. 产业转移机制

随着母公司获得技术进步,并通过产业关联机制和产业竞争机制带动其上下游产业和同类型产业整体提升,使该产业在当地形成比较优势。企业为了获得更好的发展,会将没有比较优势的产品逐渐转移到相对落后的地区进行生产。企业将产业转移到落后地区,可以更好地获取生产资料,在当地形成比较优势,带动落后地区的产业结构升级。同时由于转移了一部分相对劣势的产业,也就增加了其母公司在原地区的优势,使母公司可以将更多的资源运用在研发创新当中,带动原地区的产业结构升级。通过这种产业转移的方式,优化了各地的生产资料配置,推动了全国的产业结构升级。

二、母国制度环境对 OFDI 逆向技术溢出效应的影响机制

(一) 母国制度环境对 OFDI 逆向技术溢出的影响

母公司在进行对外投资获取技术溢出的过程中,会受到制度环境的影响。良好的母国制度环境会为企业提供创新动力、要素支持和创新保障,来提升 OFDI 逆向技术溢出效应(卫平等,2021;孔令池,2020)。一是提供创新动力。一方面,政府的政策引领,通过财政补贴、税收优惠等政策会激励企业进行研发创新;另一方面,保证市场的主体地位,促进市场完全竞争,让不同

性质企业的竞相发展,增强企业创新动力。二是提供要素支持。企业获取OFDI逆向技术溢出需要优秀的人力资源、先进的技术储备和充足的资金等研发要素。完善的制度环境可以为企业提供相应的平台来招聘高素质劳动力和获得先进技术,也会提供全方位的融资渠道,保证企业有充足的资本投入研发。三是提供创新保障。完善的制度环境可以规范和保障企业生产、经营、研发活动,以此来维护企业的利益。通过制定法律法规来规范市场,保护企业的对外投资活动,同时对企业的研发成果、技术专利进行法律层面的保护,来减少研发风险。

由于中国幅员辽阔,不同地区在制度环境上存在较大差异,而这种差异会使其对 OFDI 逆向技术溢出的吸收作用有着明显的区别。首先,在制度环境相对落后的地区,政府的办事效率较低,对于企业进行对外投资和相关生产经营活动有着较为烦琐的程序,往往需要很长时间才能完成审批,容易导致企业错失最佳的投资和研发创新时机。其次,政府对企业的研发成果没有强力的保护措施,使其容易被模仿盗用,影响企业创新效益,从而降低企业研发积极性。再次,制度环境越不完善,政府对市场的干预越强,市场竞争力越小,企业没有充足的动力对新技术进行研发。同时由于政府拥有一些稀缺资源的控制权,企业无法获得其研发所需的各类要素,导致无法有效地吸收OFDI 逆向技术溢出。最后,制度环境会影响当地的融资渠道,制度环境不完善,企业就无法便捷地从金融机构获取资金,使其无法顺利进行 OFDI 和研发创新,不利于吸收东道国先进技术。

(二)不同制度环境指标对 OFDI 逆向技术溢出的影响

为了更加具体地探究各类制度环境指标的影响机制,本书选取市场化指数的五个细分指标,包括政府与市场的关系、非国有经济的发展环境、产品市场的发展环境、要素市场的发展环境和法治环境,来衡量我国特定的制度环境(宋跃刚、吴耀国,2016)。

政府与市场的关系指的是政府对市场的干预程度。政府减少对市场的干预,主要包含两种形式:政府减少对市场经济的干预和提高行政效率。一方面,政府对经济的干预程度越小,资源因政府干预导致错配的可能性就越小。一些稀缺资源通过政府配置有时并不能合理适配到相应位置上,导致真正有需求的企业在研发创新时得不到所必需的要素,影响对新技术的开发。同时,政府对企业的干预会具有一定的滞后性,做出的指导不一定符合现有市场的需求。因此政府应减少对企业生产经营的干预,让企业通过市场机制进行商品的生产和研发创新。另一方面,政府通过提高行政效率,简政放权,提高企业生产经营和研发效率,减少成本,将更多资源投入研发。精简申报手续,减少审批和准入限制,可以让更多的企业进入该行业与原有企业竞争,增强企业创新动力。

非国有市场发展环境指的是市场的竞争程度(戴魁早、刘友金,2013)。中国是一个处于发展中的社会主义国家,国有经济在国民经济中占主导地位。当国有企业形成地区经济垄断时,该地区的资源都会向其靠拢,使民营企业得不到相应的资源去进行研发创新,阻碍民营经济的发展。同时,国有企业有着丰富的生产资料去开展生产经营和研发,但其行为有时不是根据市场进行调节的,会受到政府意志的影响。因此其研发创新方向不一定是市场所需的,不能最大化地利用地区资源。一个地区的民营企业发展环境越好,相应的市场竞争程度也就越高,生产要素在市场中的配置也更加合理。当企业处于一个竞争激烈的市场中时,出于维持市场份额和抢占市场等目的,会进行更多的研发和创新,来提高竞争力。

产品市场环境指的是产品价格由商品市场决定的程度。由于财政分权、地方保护等制度原因及信息不对称、不完全竞争等市场原因,产品价格并不能够准确、及时地由商品市场所反映。这将导致产品生产者总是滞后于商品消费市场,产品生产企业总是模仿具有垄断地位的行业领导者,难以实现自身的技术创新,因此优化产品市场环境对地区产业结构升级显得尤为重要。从地区层面来说,产品市场环境所带来的透明有效的产品价格,能够推动地区内企业不再局限于价格层面的竞争,转而专注于产品质量及服务方面的竞争,不断提升产品及服务的水平,进而实现地区产业结构升级。从国家层面来说,产品市场环境所带来的透明有效的产品价格,能够让各地区企业思考其比较优势,集中自然、人力、研发等资源实现某一方面技术的进步。同时通过快速有效的地区间产品、信息交换,利用马太效应进一步巩固和发展地区比较优势,最终实现产业结构升级。

要素市场环境指的是为企业提供研发过程中需要的技术人才、技术支持和资金支持等研发要素的环境,这些要素是实现地区创新、产业结构升级的必要条件(乔敏健、马文秀,2020)。首先,人才是创新的第一资源,企业的生产研发能否成功,与研发人员的综合素质息息相关。无论是企业对从东道国获取的技术进行再次研发创新,还是通过产业关联、竞争和转移机制促进产业结构升级,都需要高端技术人才参与,将先进技术运用到研发中去。其次,一个地区具有完善的技术储备、畅通的技术交流渠道,可以帮助企业更好地研发创新，也会帮助企业更好地吸收通过对外投资获得的技术。最后，资本是一切对外投资活动和研发创新的基础，没有充足的资金，企业就无法招聘到顶端人才，也得不到先进技术，研发创新更无从谈起。而一个完善的要素市场环境可以为企业研发提供高水平的研发人员和行业先进技术，提高企业研发效率。通过研发人员在行业中的流动和技术的交流，带动知识的传播，带来全产业的技术进步。同时完善的要素市场还会为企业提供研发资金的支持，解决中小企业融资难题，使企业可以更好地获取 OFDI 逆向技术溢出。

法治环境指的是企业生产、经营、研发所要遵守的法律法规，获取 OFDI 逆向技术溢出离不开健全的法律法规体系。首先要有明确的知识产权保护政策，企业的研发成果没有清晰的产权界定，会致使侵权行为大量发生，研发成果得不到保障。由此大量企业失去研发动力，转而希望通过成本相对较低和风险较小的"搭便车"行为，例如使用其他企业的研究成果，进行模仿抄袭，来升级自己的技术。其次要对违法侵权行为进行严厉打击，来保障企业合法权利，降低生产、经营和研发风险，以此来激励企业在生产和研发中投入更多精力，加快研发创新，提升 OFDI 逆向技术溢出效应。

综上，母国首先通过研发成果转移途径、研发要素吸收途径、研发费用分摊途径和经营收益反馈途径获取东道国先进技术，促进母国产业技术进步，再通过产业关联、竞争和转移机制来促进产业结构升级。而母国制度环境可以为企业提供创新动力、要素支持和创新保障，来提升 OFDI 逆向技术溢出效应。根据上述机理分析，设立以下研究假设。

假设 1：OFDI 逆向技术溢出可以促进产业结构升级。

假设 2：母国制度环境可以提升 OFDI 逆向技术溢出，促进产业结构升级。

假设 3：母国制度环境对 OFDI 逆向技术溢出的影响存在显著的地区差异。

第四节　母国制度环境下 OFDI 逆向技术溢出对产业结构升级的实证研究

本章从文献综述和理论构建两个方面，对 OFDI 逆向技术溢出促进产业结构升级的机理与路径进行梳理,并分析了母国制度环境在这过程中的作用。从理论层面来看,母国制度环境对 OFDI 逆向技术溢出效应具有促进作用。为验证这一结论,以下将进行实证层面的检验。主要分为三个部分:首先对 OFDI 逆向技术溢出是否能促进产业结构升级进行验证,并引入母国制度环境这一变量,来检验母国制度环境是否会对 OFDI 逆向技术溢出促进产业结构升级产生影响;其次分东、中、西部,来验证不同地区制度环境下,OFDI 逆向技术溢出效应是否具有不同的影响;最后为了探究造成这种地区差异的具体原因,使用门槛回归模型来检验母国制度环境是否存在门槛效应。

一、研究思路和模型设定

为探究 OFDI 逆向技术溢出能否促进产业结构升级,并检验其影响大小,首先构建了如下的基础面板回归模型:

$$\ln IS_{it} = C + \beta_1 \ln SO_{it} + \beta_2 \ln SF_{it} + \beta_4 \ln OPEN_{it} + \beta_3 \ln HR_{it}$$
$$+ \beta_5 \ln RD_{it} + \beta_6 \ln FD_{it} + \varepsilon_{it} \tag{8.1}$$

其中 i 为省份,t 为年份,IS_{it} 为产业结构系数,SO_{it} 为各省份的 OFDI 逆向技术溢出,SF_{it} 为各省份 IFDI 技术溢出,HR_{it} 为人力资本水平,$OPEN_{it}$ 为开放度,RD_{it} 为研发强度,FD_{it} 为金融业发展水平。

通过机理分析发现,母国制度环境可以提高企业的研发效率,促进 OFDI 逆向技术溢出。因此笔者构建母国制度环境变量与 OFDI 逆向技术溢出的交互项并进行实证检验,来验证上述理论是否准确。具体模型如(8.2)式所示,其中 X 为制度环境变量,即市场化指数及其五个子指数。

$$\ln IS_{it} = C + \beta_1 \ln SO_{it} + \lambda_1 X_{it} \ln SO_{it} + \beta_2 \ln SF_{it} + \beta_3 \ln HR_{it} + \beta_4 \ln OPEN_{it}$$
$$+ \beta_5 \ln RD_{it} + \beta_6 \ln FD_{it} + \varepsilon_{it} \tag{8.2}$$

考虑到中国东、中、西部在制度环境、OFDI 流量和存量上均存在较大差异,因此本书将西部地区作为参照系,引入东部($East$)、中部($Central$)两个虚拟变量,来验证在东、中、西部不同地区的制度环境下,OFDI 逆向技术溢出效应的不同作用机制,具体模型如(8.3)式所示:

$$\ln IS_{it} = C + \beta_1 \ln SO_{it} + \lambda_1 X_{it} \ln SO_{it} + \lambda_2 East \times X_{it} \ln SO_{it} + \lambda_3 Central$$
$$\times X_{it} \ln SO_{it} + \beta_2 \ln SF_{it} + \beta_3 \ln HR_{it} + \beta_4 \ln OPEN_{it} + \beta_5 \ln RD_{it}$$
$$+ \beta_6 \ln FD_{it} + \beta_7 X_{it} + \varepsilon_{it} \tag{8.3}$$

二、变量选择和数据处理

由于中国商务部于 2003 年才开始发布《对外直接投资公报》,鉴于数据的可获得性与真实性,本书将研究时期设定为 2003—2018 年。其中西藏在 OFDI 方面的相关数据较小且常年缺失,因此将其剔除;港澳台地区的 OFDI 数据与大陆地区统计口径不一,也将其剔除,最终选取了全国 30 个省级行政区进行研究。相关指标的测度及数据来源如表 8.1 所示。

表 8.1　变量说明

	变量名称	简称	计算方式	原始数据来源
被解释变量	产业结构层次系数	IS	一、二、三产值占比赋权重计算	国家统计局
解释变量	OFDI 逆向技术溢出	SO	先计算总的逆向技术溢出,再对各省份按权重计算	世界银行数据库和对外直接投资公报
制度环境变量	市场化指数	ML	樊纲的市场化指数	wind 数据库
	政府与市场的关系	GOV		
	非国有经济发展环境	NS		
	产品市场发展环境	PM		
	要素市场发展环境	FM		
	法治环境	LAW		
控制变量	IFDI 溢出	SF	同 OFDI 逆向技术溢出	wind 数据库
	人力资本水平	HR	人均受教育年限	国家统计局
	开放度水平	OPEN	进出口总额/GDP	国家统计局
	研发强度	RD	研发经费支出/GDP	中国科技数据库
	金融发展水平	FD	金融机构贷款余额/GDP	中国金融数据库

(一)被解释变量(IS)

在对产业结构升级进行定量分析的研究中,评价指标主要集中在以下三个方面:一是产业结构合理化与高级化。合理化主要指一、二、三产有序、平稳、协调交替发展(Chenery et al.,1986);高级化主要指产业结构调整的服务化倾向,两者共同代表了产业结构升级的方向(干春晖等,2011)。二是产业结构层次系数。产业结构升级必然伴随着整个产业的转型和生产效率的提高,这主要体现为一、二产逐渐向三产转移。三是基于微观视角进行衡量。常使用单个行业的增加值占所有行业的增加值的比重来进行衡量(白极星等,2017)。相较于其他两种方式,产业结构层次系数清晰直观地反映了产业结构升级状况且计算方便易于收集(陈晓东、杨晓霞,2021)。因此本书在陈晓东和杨晓霞(2021)的研究基础上,将其作为产业结构升级的代理变量,如式(8.4)所示:

$$IS_{it} = Y_{1it} \times 1 + Y_{2it} \times 2 + Y_{3it} \times 3 \tag{8.4}$$

其中 IS_{it} 代表第 t 年 i 省的产业结构层次系数, Y_{1it}、Y_{2it} 和 Y_{3it} 分别表示为一、二、三产占总产值的比重,三次产业的产品附加值及科技含量基本是依次增加的,参考赵庆(2018)及陈晓东和杨晓霞(2021)的方法,对第三产业赋予最大的权重为3;第二产业次之,为2;第一产业权重最低,为1。

(二)解释变量(SO)

Potterie 和 Lichtenberg(2001)最先通过理论研究,并构建指标对 OFDI 逆向技术溢出效应进行定量分析。李梅和柳士昌(2012)在 LP 模型的基础上进行了改进,更加准确地测算了 OFDI 逆向技术溢出效应。具体测算方法如下:首先从国家层面计算总的 OFDI 逆向技术溢出;其次从省级层面,以各省市 OFDI 占全国的比例为权重,对具体的省市指标进行测量。计算公式如(8.5)(8.6)所示:

$$SO_t = \sum \frac{OFDI_{jt}}{GDP_{jt}} SD_{jt} \tag{8.5}$$

$$SO_{it} = \frac{OFDI_{it}}{\sum_i OFDI_{it}} SO_t \tag{8.6}$$

公式(8.5)中,SO_t 代表 OFDI 逆向技术溢出,SD_{jt} 为 j 国的研发资本存量,$OFDI_{jt}$ 代表我国 t 年份对 j 国的直接投资额,GDP_{jt} 代表 t 年份 j 的国内生产总值。公式(8.6)中,SO_{it} 代表各省份的 OFDI 逆向技术溢出,$OFDI_{it}$ 代表 t 年份 i 省市对外直接投资额,$\sum OFDI_{it}$ 代表全国各省市对外直接投资存量总和。

根据《2020 年度中国对外直接投资统计公报》的统计数据,2020 年末中国 OFDI 存量前 13 位的经济体占中国 OFDI 存量的 90% 以上。因此本书选取除去英属维尔京群岛、开曼群岛以外的存量最大 11 个经济体,包括中国香港、美国、新加坡、澳大利亚、荷兰、印度尼西亚、英国、卢森堡、德国、加拿大和俄罗斯联邦,样本具有代表性。

其中,SD_{jt} 采用永续盘存法来计算,公式如(8.7)所示:

$$SD_{jt} = (1-\delta)SD_{j,t-1} + RD_{jt} \tag{8.7}$$

δ 是指研发资本折旧率,根据李梅和柳士昌(2012)的研究,将其设定为 5%。RD_{jt} 是指 t 年份的 j 国实际研发资本支出。为减少误差,本书以 1998 年为基期,对 SD 进行测算,其中 1998 年 j 国的研发资本存量如公式(8.8)所示:

$$SD_{j,1998} = \frac{RD_{j,1998}}{\delta + g} \tag{8.8}$$

其中,g 为 1998—2018 年各国实际 R&D 支出的平均增长率。

(三)制度环境变量

目前制度环境变量未有统一的衡量方式,学术界常用的方法有以下三种:一是学者在深入了解制度环境概念及其作用机制的基础上,将其分解为政治、经济和社会三个方面,并选取相应的二级指标来进行衡量(谢凤燕等,2020)。二是采用全球治理指数来进行衡量(严佳佳等,2019)。三是采用樊纲和王晓鲁测算的市场化指数进行衡量(冀相豹、葛顺奇,2015;宋跃刚、吴耀国,2016)。

方法二相比于方法一,虽然其使用的指标更加全面,但大部分指标还是集中在政府治理方面,没有考虑到市场化水平的影响。而方法三中使用的市场化指数不仅考虑到了政府治理的影响,还充分考虑到了我国各地区在市场化方面的差异,因此该指数更加符合我国制度环境的实际情况(张杰等,2011)。故本书采用市场化指数(ML)作为制度环境的代理变量(樊纲等,2011),同时为更加全面地分析不同方面制度环境的影响,还对分别其 5 个子指数即政府与市场的关系(GOV)、非国有经济发展环境(NS)、产品市场发展环境(PM)、要素市场发展环境(FM)和法治环境(LAW)进行探究。

其中政府与市场的关系主要用来描述政府对市场的干预程度,数值越高,说明政府对市场的干预程度越低;非国有经济发展环境主要用来描述市场竞争激烈程度,数值越高,说明企业的竞争越激烈;产品市场发展环境主要用来描述产品价格由市场决定的程度,数值越高,说明产品的价格越透明、有效;要素市场发展环境主要用来描述各个地区金融业、劳动力综合素质和技术成果的综合环境,数值越高,说明该地区的经济、劳动力资源和技术成果越丰富;法治环境主要用来描述各个地区法律制度和知识产权保护的情况,数值越高,说明相应的法律制度与知识产权保护制度越完善。市场化指数是基于上述五个指标综合分析得出的,代表一个地区综合的制度环境。

(四)控制变量

IFDI技术溢出(SF)。IFDI技术溢出也是国际技术溢出的重要组成部分,能够有效提升国内技术水平,促进产业结构升级(衣长军等,2015)。SF_{it}与SO_{it}计算方法相类似,参考上文OFDI逆向技术溢出中的SO_{it}计算,公式如(8.9)(8.10)所示:

$$SF_t = \sum \frac{FDI_{jt}}{GDP_{jt}} SD_{jt} \qquad (8.9)$$

$$SF_{it} = \frac{FDI_{it}}{\sum_i OFDI_{it}} SF_t \qquad (8.10)$$

公式(8.9)中,SF_t代表IFDI技术溢出,FDI_{jt}代表t年份j国对我国的直接投资额。公式(8.10)中,SF_{it}代表各省份的IFDI技术溢出,FDI_{it}代表t年份i省市的外商直接投资额,$\sum FDI_{it}$代表全国各省市外商直接投资额总和。

人力资本水平(HR)。企业在生产、经营和研发的各个方面都离不开高端技术人才。随着劳动力素质的大幅提升,研发效率也随之提高,加快产业的发展,促进产业结构升级(符建华、张世颖,2019)。参考Barro和Lee(1993)的方法,使用平均受教育年限对人力资本水平进行测算,小学、初中、高中、大学及以上学历受教育年限分别为6年、9年、12年、16年。公式如下所示:

$$HR = \frac{小学 \times 6 + 初中 \times 9 + 高中 \times 12 + 大学 \times 16}{小学 + 初中 + 高中 + 大学} \qquad (8.11)$$

开放度水平(OPEN)。一个地区的对外开放水平越高,与外界之间的产业交流也就越多,会通过产业转移等形式促进产业结构升级(贾洪文等,2021);研发强度(RD)。一个地区的研发投入越大,创新能力也就越强,获得技术进步的可能性也就越大,通过技术进步促进产业结构升级(姚维瀚、姚战琪,2021);金融发展水平(FD)。一个地区的金融发展水平越高,企业就越容易获得充足的资金来进行对外投资和研发创新,相关产业也可以更好地适应由技术更新带来的变化,推动产业结构升级(佟孟华等,2021)。

三、OFDI 逆向技术溢出对产业结构升级的实证检验

(一)描述性统计

为避免伪回归,消除异方差,使回归结果更加准确、真实,在此对模型中的相关变量进行取对数处理。使用 Stata16 对变量进行描述性分析,结果如表 8.2 所示。

表 8.2　回归变量描述性统计

变量	Obs	Mean	Std.	Min	Max
lnIS	480	0.85	0.05	0.73	1.04
lnSO	480	14.72	2.32	6.47	19.79
lnHR	480	2.23	0.08	2.01	2.55
ln$OPEN$	480	−1.65	0.98	−3.99	0.48
lnFD	480	0.18	0.32	−0.53	0.95
lnSF	480	13.59	1.67	8.58	16.17
lnRD	480	−4.44	0.65	−6.38	−2.87
lnML	480	1.82	0.31	0.85	2.46
lnGOV	480	1.86	0.31	0.39	2.37
lnNS	480	1.89	0.43	−0.06	2.60
lnPM	480	2.05	0.23	0.27	2.36
lnFM	480	1.54	0.50	−0.99	2.68
lnLAW	480	1.52	0.64	−0.65	3.07

(二)平稳性检验

为保证回归结果的稳健性,避免出现"伪回归"现象,在进行回归之前,首先进行单位根检验,来验证数据的平稳性。检验结果如表 8.3 所示,各变量均通过 5% 或 1% 的显著性检验,可以认为样本数据是平稳的。

表 8.3　单位根检验

变量	LLC 检验(t 值)	结论	变量	LLC 检验(t 值)	结论
$\ln LS$	-3.51^{***}	平稳	$\ln ML$	-4.24^{***}	平稳
$\ln SO$	-1.68^{***}	平稳	$\ln GOV$	-1.24^{**}	平稳
$\ln HR$	-7.82^{***}	平稳	$\ln NS$	-3.46^{***}	平稳
$\ln OPEN$	-5.45^{***}	平稳	$\ln PM$	-10.70^{***}	平稳
$\ln FD$	-8.95^{***}	平稳	$\ln FM$	-4.25^{***}	平稳
$\ln SF$	-4.37^{***}	平稳	$\ln LAW$	-0.83^{**}	平稳
$\ln RD$	-1.82^{**}	平稳			

注:***,**,* 分别代表通过 1%、5% 和 10% 的显著性检验,下表同。

(三)基础回归分析

通过赫斯曼检验,对模型(8.1)(8.2)采用固定效应模型进行回归,结果如表 8.4 所示。

表 8.4　模型(8.1)(8.2)回归结果

变量	回归 1	回归 2 (ML)	回归 3 (GOV)	回归 4 (NS)	回归 5 (PM)	回归 6 (FM)	回归 7 (LAW)
$\ln SO$	0.0036^{***}	0.0016^{**}	0.0032^{***}	0.0032^{***}	0.0028^{***}	0.0033^{***}	0.0037^{***}
$X\times\ln SO$		0.0040^{***}	0.0016^{***}	0.0004^{**}	0.0018^{***}	0.0003	0.0007^{***}
$\ln SF$	0.0037^{**}	0.0032^{**}	0.0035^{**}	0.0034^{**}	0.0026^{*}	0.0036^{**}	0.0034^{**}
$\ln RD$	0.0064^{*}	0.0095^{**}	0.0059	0.0071^{*}	0.0037	0.0068	0.0088^{**}
$\ln OPEN$	(0.0025)	$(0.0029)^{*}$	(0.0034)	(0.0024)	(0.0021)	(0.0026)	(0.0035)
$\ln HR$	0.1650^{***}	0.1258^{***}	0.1712^{***}	0.1676^{***}	0.1637^{***}	0.1612^{***}	0.1478^{***}
$\ln FD$	0.0399^{***}	0.0387^{***}	0.0453^{***}	0.0389^{***}	0.0444^{***}	0.0394^{***}	0.0344^{***}
C	0.3924^{***}	0.4953^{***}	0.3680^{***}	0.3969^{***}	0.3914^{***}	0.4073^{***}	0.4398^{***}
OB	480	480	480	480	480	480	480
R^2	0.73	0.74	0.72	0.71	0.72	0.72	0.73

回归 1 是对回归模型(8.1)的检验结果,回归 2 至 7 是对回归模型(8.2)的检验结果。从表 8.4 可以看出,OFDI 逆向技术溢出在七个回归结果中均显著为正,这证实了 OFDI 逆向技术溢出的存在性,即企业确实可以通过 OFDI 获得东道国的技术溢出,并促进母国产业结构升级,假设 1 得以验证。回归 2 中 $\ln ML \times \ln SO$ 系数显著为正,且 $\ln ML \times \ln SO$ 每增长 1%,将促进我国产业结构层次系数提高 0.004%。说明一个良好的母国制度环境可以为企业提供创新动力、要素支持和创新保障,提升企业对 OFDI 逆向技术溢出的吸收作用,促进产业结构升级。

从市场化指数的子指标(回归 3 至 7)来看,除了要素市场的发育环境以外,其余四类制度环境指标均能提升 OFDI 逆向技术溢出,对产业结构升级具有正向促进作用。①政府与市场的关系。$\ln GOV \times \ln SO$ 系数显著为正,且 $\ln GOV \times \ln SO$ 每增长 1%,将促进我国产业结构层次系数提高 0.0016%。这表示政府减少对市场的干预并提高行政效率,减少交易成本,可以帮助企业更好地进行对外投资和技术创新,促进产业结构升级。②非国有经济的发展环境。$\ln NS \times \ln SO$ 系数显著为正,且 $\ln NS \times \ln SO$ 每增长 1%,将促进我国产业结构层次系数提高 0.0004%。这表示提升民营企业发展环境,可以促进市场竞争,促进企业研发创新,推动产业结构升级。③产品市场环境。$\ln PM \ln SO$ 系数显著为正,且 $\ln PM \times \ln SO$ 每增长 1%,将促进我国产业结构层次系数提高 0.0018%。这表示产品价格越透明,价格信息传递越及时,企业越容易进行相应的研发创新并生产出市场所需要的产品,促进产业结构升级。④要素市场环境。$\ln FM \times \ln SO$ 的系数为正,但并不显著,这表示要素市场的发育还不成熟,与 OFDI 逆向技术溢出之间的联系不够紧密,并不能促进产业结构升级。⑤法治环境。$\ln LAW \times \ln SO$ 系数显著为正,且 $\ln LAW \times \ln SO$ 每增长 1%,将促进我国产业结构层次系数提高 0.0007%。这表示法律制度越健全的地区,对企业进行 OFDI 和研发创新的支持和保护力度也就越大,企业可以安心地进行 OFDI,吸收国外先进技术,促进产业结构升级。综上,假设 2 得以验证。

从控制变量来看,除对外开放度以外,其余变量均对产业结构升级具有显著正向影响。①通过 IFDI 技术溢出(SF)。国外企业在中国进行投资会带来先进技术,这些技术会被国内企业模仿借鉴,并结合中国实际情况,进行更新改造,实现技术创新,推动产业结构升级。②研发强度(RD)。研发强度越大,说明企业对于创新越重视,增加研发投入来开发新技术,提升技术水平,推动产业结构升级。③金融发展水平(FD)。良好的金融发展环境可以减少企业融资贷款成本,让企业拥有充足的资金进行生产经营和研发,通过不断的扩大规模和技术升级,最终完成产业结构的升级。④人力资本水平(HR)。从业人员综合素质的增加,会带动行业效率的增加,并且劳动力具有流动性,可以使整个行业的技术水平快速提升,实现产业结构升级。⑤开放度水平($OPEN$)。对外开放程度具有负向影响,但并不显著。一方面,我国从国外进口技术先进的产品,但大多数情况下只是获得了产品,并未取得该产品的核心技术。另一方面,我国出口的产品附加值低,位于产业价值链底端,增加出口并不能促进产业结构升级。

(四)分地区检验

从模型(8.1)、模型(8.2)的实证结果可以看出,制度环境对 OFDI 逆向技术溢出效应具有促进作用。由于中国各个省份在制度环境上存在着较为明显的差异,为了验证不同地区的制度环境是否会对 OFDI 逆向技术溢出效应产生不同的影响,将中国分为东中西部,以西部为参照系,引入东部和中部两个虚拟变量,使用固定效应模型对模型(8.3)进行回归分析,结果如表 8.5 所示。

表 8.5　制度环境分东中西部回归结果

变量	回归 8 (ML)	回归 9 (GOV)	回归 10 (NS)	回归 11 (PM)	回归 12 (FM)	回归 13 (LAW)
$\ln SO$	0.0016*	0.0027***	0.0022**	0.0018**	0.0032***	0.0037***
$X \times \ln SO$	0.0027***	0.0011**	0.0002	0.0011**	0.0000	0.0005***
$East \times X \times \ln SO$	0.0028***	0.0013	0.0047***	0.0061***	0.0017**	0.0008***
$Central \times X \times \ln SO$	0.0019**	0.0034***	0.0019***	0.0019***	0.0004	0.0009***
$\ln SF$	0.0032**	0.0034**	0.0037**	0.0045***	0.0038***	0.0030**
$\ln RD$	0.0056	0.0058	0.0017	−0.0042	0.0047	0.0085*
$\ln OPEN$	−0.0006	−0.0036	0.0005	−0.0006	−0.0004	−0.0020
$\ln HR$	0.1233***	0.1811***	0.1619***	0.1687***	0.1500***	0.1377***
$\ln FD$	0.0410***	0.0472***	0.0374***	0.0463***	0.0413***	0.0342***
C	0.4813***	0.3439***	0.3776***	0.3101***	0.4205***	0.4657***
OB	480	480	480	480	480	480
R^2	0.75	0.72	0.74	0.73	0.72	0.74

根据表 8.5 的检验结果，可以看出母国制度环境对 OFDI 逆向技术溢出的影响存在显著的地区差异，东部地区制度环境的促进作用明显优于中部与西部，各个制度环境在不同地区起到的作用也不相同。综上，假设 3 得以验证。

从东部地区的实证结果可以看出，除政府与市场的关系对 OFDI 逆向技术溢出提升效果不显著以外，其余制度环境指标均显著为正。首先是产品市场环境的提升效果最强，表明改善东部地区的产品市场环境，是促进 OFDI 逆向技术溢出最有效的方式。东部地区的经济发展水平一直以来处于全国前列，汇聚了大量高素质人才、先进设备和高端技术企业。当产品价格均由市场决定，并可以快速有效地传递时，企业可以迅速做出相应的反应，提升产品的服务和质量，生产出符合市场需求的产品。其次是非国有市场发展环境，保护民营企业平稳有序地发展，可以促进 OFDI 逆向技术溢出。良好的非国有经济发展环境可以加强市场的竞争程度，使企业自发地进行创新，加快对先进技术的吸收，提高竞争力。改善要素市场环境和法治水平也可以促进 OFDI 逆向溢出，但提升效果相对不够明显。而政府与市场的关系对 OFDI 逆向技术溢出的提升并不显著，这主要是因为东部地区的市场经济已经相对比较完善，政府对企业生产经营活动的干预较小，因此对 OFDI 逆向技术溢出的影响并不显著。

从中部地区的检验结果可以看出，除要素市场环境对 OFDI 逆向技术溢出的提升效果不显著以外，其余制度环境指标均显著为正，但系数总体上要小于东部地区。首先是减少政府干预的提升效果最为明显，这表示中部地区目前的市场经济不够完善，减少政府对经济的干预，可以提高行政效率，加快市场经济的形成，帮助企业更好地进行对外投资和技术创新。其次是非国有市场发展环境，与东部地区相类似，注重民营企业的发展，加强市场竞争程度，激发企业创新的积极性，同时减少对民营企业各类活动的限制，使生产要素可以得到更合理的配置，加强对逆向技术溢出的吸收。改善产品市场环境和法治环境也可以提升 OFDI 逆向技术溢出效应，但作用相对不明显。而要素市场的提升作用并不显著，这主要是因为西部地区的要素市场发育还不够成熟，并不能为企业研发创新提供相应的人才、资金和技术支持。

从西部地区的检验结果可以看出，除了非国有经济发展环境和法治环境对 OFDI 逆向技术溢出的提升不显著以外，其余制度环境指标均显著为正，但系数总体上要小于东中部地区。其中市场化水平的提升作用最为明显，要明显优于其余五个子指标。这表示改善西部地区整体的制度环境水平要比改善单一制度环境更有效率。这主要是受到地理和经济发展水平的限制,西部地区的制度环境整体偏弱,当地企业的竞争压力相对较小,没有足够的动力进行研发创新。同时其 OFDI 的规模也相对较小,即使进行 OFDI 也只能获取少量的技术溢出,并不能有效地促进产业结构升级。因此政府需要为企业提供一个良好的制度环境,减少政府干预、完善产品市场环境和法治环境。政府也要鼓励当地企业"走出去",扩大 OFDI 的规模,来获得更多的逆向技术溢出,促进产业结构升级。

四、母国制度环境的门槛效应研究

通过对模型(8.2)(8.3)进行实证检验,发现母国制度环境对 OFDI 逆向技术溢出具有促进作用,并呈现明显的地区差异。为探究造成这种地区差异的具体原因,本书借鉴现有研究,引入"门槛模型"来验证母国制度环境是否具有门槛效应,即随着制度环境的不断完善,其对 OFDI 逆向技术溢出的影响是否会发生变化(Hansen,1999)。基础模型如(8.12)式所示:

$$y_{it} = u_i + \beta_1 x_{it} I(q_{it} \leqslant \gamma) + \beta_2 x_{it} I(q_{it} > \gamma) + Z_{it} + \varepsilon_{it} \tag{8.12}$$

其中 y_{it} 为被解释变量,在本书中为产业结构层次系数;x_{it} 为核心解释变量,在本书中为 OFDI 逆向技术溢出,即 $\ln SO$;Z_{it} 为控制变量,包括 IFDI 技术溢出、人力资本水平、开放度水平、研发强度和金融发展水平;q_{it} 为门槛变量,在本书中为母国制度环境变量,即市场化指数及其五个子指数;γ 为待估计的门槛值。具体模型如(8.13)式所示:

$$\ln IS_{it} = C + \lambda_1 \ln SO_{it} + \lambda_1 \ln SO_{it} \cdot I(q_{it} \leqslant \gamma_1) + \lambda_2 \ln SO_{it} \cdot I(q_{it} > \gamma_1)$$
$$+ \beta_1 \ln SF_{it} + \beta_2 \ln HR_{it} + \beta_3 \ln OPEN_{it} + \beta_4 \ln RD_{it} + \beta_5 \ln FD_{it} + \varepsilon_{it}$$
$$\tag{8.13}$$

门槛检验结果如表 8.6 所示,市场化指数、政府与市场的关系、非国有经济发展环境和法治环境单一门槛显著;产品和要素市场环境未通过门槛值检验,不具有门槛效应。门槛回归结果如表 8.7 所示,$\ln ML$、$\ln GOV$、$\ln NS$、$\ln LAW$ 的门槛值分别为 1.88、1.59、2.14 和 1.59,且都在 10% 的显著性水平下通过检验。

表 8.6　门槛检验结果

门槛变量	模型	F 值	P 值	BS	临界值		
					10%	5%	1%
lnML	单一门槛	66.62***	0.000	300	26.3	30.7	44.4
	双重门槛	18.72	0.123	300	19.9	23.4	33.6
	三重门槛	6.59	0.883	300	30.0	34.8	55.2
lnGOV	单一门槛	36.72*	0.070	300	31.3	40.8	51.8
	双重门槛	14.10	0.470	300	25.1	30.2	40.8
	三重门槛	10.79	0.700	300	26.8	31.6	37.4
lnNS	单一门槛	52.57***	0.003	300	32.6	37.2	45.9
	双重门槛	13.97	0.303	300	18.8	21.6	29.4
	三重门槛	7.16	0.787	300	19.6	22.1	27.9
lnPM	单一门槛	19.90	0.433	300	34.9	39.7	49.5
	双重门槛	15.17	0.417	300	26.5	29.4	39.7
	三重门槛	11.37	0.580	300	31.0	38.7	60.3
lnFM	单一门槛	23.14	0.246	300	30.2	38.1	48.3
	双重门槛	18.37	0.183	300	21.4	24.5	33.3
	三重门槛	5.53	0.930	300	26.1	29.7	34.9
lnLAW	单一门槛	48.94***	0.003	300	29.1	34.1	41.8
	双重门槛	17.39	0.170	300	19.5	26.2	35.4
	三重门槛	6.06	0.913	300	24.0	27.5	34.3

表 8.7　门槛回归结果

变量	市场化指数 (ML)		政府与市场的关系 (GOV)		非国有经济发展环境 (NS)		法治环境 (LAW)	
门限值	$\gamma \leqslant 1.88$	$\gamma > 1.88$	$\gamma \leqslant 1.59$	$\gamma > 1.59$	$\gamma \leqslant 2.14$	$\gamma > 2.14$	$\gamma \leqslant 1.59$	$\gamma > 1.59$
lnSO	0.0033***	0.0043***	0.0037***	0.0047***	0.0034***	0.0043***	0.0037***	0.0046***
lnSF	0.0037***		0.0038***		0.0038***		0.0027**	
lnHR	0.1502***		0.1580***		0.1610***		0.1339***	

变量	市场化指数 （ML）	政府与市场的关系 （GOV）	非国有经济发展环境 （NS）	法治环境 （LAW）
lnOPEN	(0.0046)**	(0.0042)	(0.0038)	(0.0050)*
lnRD	0.0073**	0.0053	0.0030	0.0077*
lnFD	0.0357***	0.0424***	0.0358***	0.0335***
C	0.4232***	0.3842***	0.3810***	0.4699***

（一）市场化指数

将市场化水平分为低市场化水平（$\ln ML \leqslant 1.88$）和高市场化水平（$\ln ML > 1.88$）两部分（见表 8.8）。由回归结果可知,无论市场化指数处于何种水平,OFDI 逆向技术溢出均能有效改善我国产业结构。低市场化水平下的 OFDI 逆向技术溢出促进作用较小,系数为 0.0033。随着市场化水平的提升和制度环境不断变好,OFDI 逆向技术溢出对产业结构升级的促进效果开始增强,当跨越门槛值(1.88)时,系数上升为 0.0043。完善的制度环境会为企业提供创新的动力、必要的要素支持和创新保障。如制定政策鼓励企业进行对外投资和研发创新、为企业提供生产经营活动所必需的生产要素和保障企业的研发创新成果。因此,市场化水平的提升可以对企业生产、经营、研发等多个环节进行改善,OFDI 逆向技术溢出效应也随之增加,进而推动产业结构升级。

表 8.8　地区市场化水平分布情况

市场化指数	2008 年	2010 年	2012 年	2014 年	2016 年	2018 年
$\ln ML \leqslant 1.88$	22	22	21	15	12	9
$\ln ML > 1.88$	8	8	9	15	18	21

近年来,随着我国制度环境的不断完善,市场化水平有了较大程度的提升,高市场化水平地区的数量从 2008 年的 8 个上升到 2018 年的 21 个。但市场化水平还存在着明显的地区差异,截至 2018 年,依旧有 9 个省级行政区处于低水平状态,其中西部有 6 个省级行政区处于低水平状态,占比达一半以上。

(二)政府与市场的关系

将政府与市场的关系分为高干预水平($\ln GOV \leqslant 1.59$)和低干预水平($\ln GOV > 1.59$)两部分(见表8.9)。当政府从高干预水平下降为低干预水平后,OFDI逆向技术溢出对产业结构升级的促进作用得到提升,系数从0.0037增长到0.0047,且通过1%显著性水平的检验。这说明,一方面,政府减少对市场经济的干预,可以使企业能够顺应市场机制进行研发创新,生产出符合市场需求的产品。另一方面,政府通过简政放权,提高行政效率,来提高企业的生产经营和研发效率,同时减少审批和准入限制,提高市场竞争程度,激发企业创新活力。因此当政府对市场经济的干预水平从高水平降低为低水平时,OFDI逆向技术溢出效应对产业结构升级的促进作用也开始增强。

表 8.9 政府干预水平分布情况

政府与市场的关系	2008 年	2010 年	2012 年	2014 年	2016 年	2018 年
$\ln GOV \leqslant 1.59$	3	5	10	8	8	8
$\ln GOV > 1.59$	27	25	20	22	22	22

受金融危机影响,中国政府在2008—2012年间制定了宽松的货币政策,加大了对市场经济的干预程度,政府规模也有了显著的提升,导致有7个省级行政区从低干预水平上升到高干预水平。2012—2014年间,随着危机的解除,政府对市场的干预逐渐减少,湖南和云南重新回到了低干预水平。但仍有8个地区的政府维持在高干预水平,包括东部的海南,中部的内蒙古,西部的贵州、陕西、新疆、青海、甘肃和宁夏。

(三)非国有经济发展环境

将非国有经济发展环境分为低水平($\ln NS \leqslant 2.14$)和高水平($\ln NS > 2.14$)两部分(见表8.10)。当非国有经济发展环境从低水平上升到高水平后,OFDI逆向技术溢出对产业结构升级的促进作用得到提升,系数从0.0034增长到0.0043,且通过1%显著性水平的检验。这表示一个好的非国有经济发展环境,可以让民营企业平等地进行生产、经营和研发,使市场处于充分竞争状态。当民营企业处于充分竞争的市场环境中,会自发地进行研发创新,提升自身技术水平,避免被市场淘汰。同时,民营经济的研发创新方向受到政府意志的影响较小,可以更好地吸收从东道国获取的先进技术,提升 OFDI

逆向技术溢出效应,促进产业结构升级。

表8.10 非国有经济发展水平分布情况

非国有经济发展环境	2008年	2010年	2012年	2014年	2016年	2018年
lnNS≤2.14	27	27	25	18	16	11
lnNS>2.14	3	3	5	12	14	19

中国是社会主义国家,国有经济在国民经济中占主导地位。在2008年,仅有3个省级行政区的非国有经济发展环境处于高水平状态。经过11年的发展,高水平省级行政区数量从3个增加到了19个,增长了6倍多,这与我国大力发展民营经济的举措密不可分。截至2018年,我国仍有11个省级行政区的非国有经济发展环境处于低水平状态,包括东部地区的北京和中部的内蒙古,而西部地区处于低水平的省级行政区高达9个。这说明我国维护民营经济发展的制度环境还有待加强,市场还未处于充分竞争状态,促进民营经济发展可以有效提升OFDI逆向技术溢出效应。

(四)法治环境

将法治环境水平分为低水平(lnLAW≤1.59)和高水平(lnLAW>1.59)两个部分(见表8.11)。当法治环境水平从低水平上升到高水平后,OFDI逆向技术溢出对产业结构升级的促进作用得到提升,系数从0.0037增长到0.0046,且通过1%显著性水平的检验。这表示一个地区的法治环境越好,知识产权体系越完善,企业的研发风险就越低,OFDI逆向技术溢出的效应也越强。健全的法律法规能够有效防止企业的创新成果被别的企业随意剽窃,使企业可以安心地进行研发创新,提高研发积极性。因此当法治环境水平从低水平上升到高水平时,OFDI逆向技术溢出效应对产业结构升级的促进作用也开始增强。

随着依法治国方略的持续推进,我国低法治水平地区数量从2008年的24个下降到2018年的7个,取得了辉煌的成就。截至2018年,东部地区已经全部处于高法治水平状态;中部地区仅内蒙古一个省级行政区未达到;西部地区有6个省级行政区还处于低法治水平状态,分别是贵州、陕西、新疆、青海、甘肃和宁夏。

表 8.11　法治水平分布情况

法治环境	2008 年	2010 年	2012 年	2014 年	2016 年	2018 年
$\ln LAW \leqslant 1.59$	24	21	18	15	10	7
$\ln LAW > 1.59$	6	9	12	15	20	23

从门槛模型的回归结果来看,市场化指数及政府与市场的关系、非国有经济的发展环境和法治环境这三个子指数对 OFDI 逆向技术溢出存在一阶门槛效应,当跨过门槛值以后,OFDI 逆向技术溢出效应均得到显著提升。而产品和要素市场环境未通过门槛值检验,不具有门槛效应。东中西部地区在制度环境上存在较大差异,相对来说东部地区优于中部地区优于西部地区,这与模型(5.3)的实证检验结果一致,东部地区制度环境对 OFDI 逆向溢出的促进作用要优于中西部地区。西部地区在多个制度环境指标中,超过一半的省份还处于低水平状态,因此需要改善西部地区整体的制度环境水平,尤其是减少政府对市场的干预、加快民营企业的发展和提高法治水平,加快相应制度环境的发展,帮助其跨越门槛值,来提升 OFDI 逆向技术溢出效应,从而推动产业结构升级。

第五节　结论与建议

一、研究结论

本书经过文献梳理,厘清了 OFDI、OFDI 逆向技术溢出、产业结构升级的概念与相关联系,建立了母国制度环境下 OFDI 逆向技术溢出对产业结构升级的理论机制,并使用 2003—2018 年省级面板数据进行了实证检验。首先,对 OFDI 逆向技术溢出能否促进产业结构升级进行验证;其次,引入母国制度环境这一变量,并将其细分为 5 个子指标,来检验母国制度环境对 OFDI 逆向技术溢出促进产业结构升级的影响;再次,将全国分为东、中、西 3 个部分,来检验在不同地区制度环境下,OFDI 逆向技术溢出效应是否存在差异;最后,为验证造成地区差异的具体原因,引入门槛回归模型进行分析,得到如下结论。

结论一:OFDI 逆向技术溢出始终对产业结构升级具有促进作用。通过OFDI 可以获取东道国的先进技术,直接利用或是结合国情进行创新来实现技术进步,通过企业的技术进步带动整个产业乃至全产业链的升级。同时 IFDI 技术溢出、金融发展水平、研发强度和人力资本也具有促进作用。吸收国外企业在我国直接投资带来的先进技术,增加研发投入和提高劳动力素质均可以有效推动我国产业结构升级。而对外开放程度对产业结构升级并没有显著的促进作用,这是由于我国主要生产的是低附加值的商品,且我国在进口商品时并未获得其核心技术,因此仅通过进出口无法实现产业结构升级。

结论二:母国制度环境可以有效提升 OFDI 逆向技术溢出效应,促进母国产业结构升级。除要素市场环境指标的提升作用不明显以外,其余 4 个制度环境均可显著促进 OFDI 逆向技术溢出。通过分东、中、西部的检验,发现东部地区制度环境的促进作用明显优于中部与西部,且各制度环境在不同地区起到的作用也不相同。在东部地区,除政府与市场的关系对 OFDI 逆向技术溢出的提升不显著以外,其余制度环境指标均显著为正。其中产品市场环境和非国有经济发展环境的提升作用较为明显;在中部地区,除要素市场环境对 OFDI 逆向技术溢出的提升不显著以外,其余制度环境指标均显著为正,但系数总体上要小于东部地区。其中政府与市场的关系和非国有经济发展环境的提升作用较为明显;在西部地区,除了非国有经济发展环境和法治环境对 OFDI 逆向技术溢出的提升不显著以外,其余制度环境指标均显著为正,但系数总体上要小于东、中部地区,且改善西部地区整体的制度环境水平要比改善单一制度环境更有效率。

结论三:市场化指数及政府与市场的关系、非国有经济的发展环境和法治环境这 3 个子指标对 OFDI 逆向技术溢出存在一阶门槛效应,当跨过门槛值以后,OFDI 逆向技术溢出效应均得到显著提升。而产品和要素市场环境未通过门槛值检验,不具有门槛效应。东、中、西部地区制度环境差异较大,东部地区在绝大部分指标上已经进入高水平的状态,中部地区略微落后于东部地区,而西部地区超过一半的省级行政区在多个制度环境中未进入高水平状态。

二、政策建议

根据我国的 OFDI、制度环境现状,并结合上述研究结论,本书提出如下建议:

由于改善制度环境可以有效提升 OFDI 逆向技术溢出效应,从而促进母国产业结构升级,因此从市场化指数的角度来看,政府需要为企业营造一个良好的制度环境,制定相应的政策来为企业提供创新动力、要素支持和创新保障。

将市场化指数细分为 5 个子指数,针对不同的制度环境提出相应的建议:①从政府与市场的关系角度来看,政府应当转变自身职能,推进"放管服"改革,转变对自身传统定位的认识,切实站在企业角度考虑问题,从管理企业转变为服务企业。同时也要减少一些烦琐且重复的程序,将自身权力进行下放,使企业办事更加有效便捷。②从非国有经济发展环境角度来看,应当对民营企业与国有企业一视同仁,避免出现差异化对待的现象,提高市场竞争程度。为民营企业提供便捷的服务和资金支持,减少各类程序,实现政务服务的平等对待。制定相应的政策来保护民营企业的研发成果,使其具有创新的积极性。③从产品市场角度来看,政府应遵循市场定价,不过多干预商品价格。同时要减少商品市场的地方保护,让产品流通更加自由,加快产品市场的发展。④从要素市场的角度来看,政府应加大教育投入,提高就业人员综合素质,为企业进行科技创新营造良好的环境,使其可以更好地吸收 OFDI 逆向技术溢出。鼓励企业进行研发投资,并进行知识共享,促进交流和合作,形成良好的自主创新风气。同时也要为企业提供完善的融资渠道,使其资金链不受影响,更好地进行研发。⑤从法治环境的角度来看,政府应制定相应的法律法规来保障企业的合法权益并加大对研发成果的法律保障力度,减少企业研发创新风险,加快产业内研发氛围的形成。

结合东中西部的实际情况,因地制宜:①就东部地区而言,由于其经济发展水平一直处在中国前列,各类生产要素相对比较完善,政府应促进技术先进企业之间的分享交流,通过举办技术分享会、经验交流会等形式提升产业整体水平。同时为企业的生产经营、研发创新提供后勤保障服务,加大教育投入和对企业员工进行相应岗位的专业技能指导,提升从业人员综合素质。拓宽企业的融资渠道,为企业的研发创新提供充分的资金支持,推动地区产业结构升级。②就中部地区而言,政府需要降低对市场的干预程度,通过"放管服"改革,优化办事流程,提高企业的效率,如提出"最多跑一趟"政策。并且需要更加关注民营经济的发展环境,将民营企业和国有企业同等对待。加大人才引进和科技创新,促进技术进步,推动产业结构升级。③就西部地区而言,需要完善当地综合的制度环境,尤其是减少政府对市场的干预、加快民营企业的发展和提高法治水平,加快发展相应的制度环境,帮助其跨越门槛值。同时也要注意到,目前西部地区 OFDI 的体量较小,获得 OFDI 逆向技术溢出的可能性也相对较小,因此政府还应当鼓励当地企业"走出去",扩大OFDI 的规模,来获得更多的逆向技术溢出,推动产业结构升级。

第九章 从开放式创新到区域创新生态系统

"生态系统"（ecosystem）一词最早由英国生态学家坦斯利（Tansley）提出，他认为，在自然界，任何生物群落都不是孤立存在的，它们与其生存的环境互相依存、互相作用，共同形成一个统一的整体，这就是生态系统[①]。埃德纳（Adner）较早将生态系统与创新联系起来，他认为创新往往不是单个企业可以独立完成的，而是要通过与一系列企业的互补性协作，才能生产出具有市场价值的产品。创新生态体系实现单一组织无法实现的共同价值创造，其优势表现在平台领导、战略支配、开放式创新、价值网络及超链接组织等方面[②]。此后，创新生态系统的相关理论研究得到了国内外学者的普遍关注。不仅如此，创新范式也正在发生巨大的转变。2013年，欧盟发布了《开放式创新2.0》，认为开放式创新2.0将成为"新的官方语言"。报告提出，第一阶段的政策基于线性模式，第二阶段基于创新系统理论和开放式创新1.0；第三阶段，即欧盟通过"地平线2020"计划正在追求的，聚焦于欧盟创新生态系统视角，基于"政府（公共机构）企业（产业）—大学科研—用户（市民）"四螺旋的开放式创新2.0新范式。2013年6月，主题为"开放式创新2.0"的国际论坛在都柏林举办，标志着对第三代创新范式的研究和发展进入了一个新的阶

[①] Richter, D. D., Billings, S, A. "One Physical System": Tansley's Ecosystem as Earth's Critical Zone[J]. New Phytologist, 2015(206): 900-912.

[②] Adner, R. Match Your Innovation Strategy to Your Innova-Tion Ecosystem[J]. Harvard Business Review, 2006, 84(4): 98.

段①。从线性到非线性、从封闭到开放,从创新系到创新生态系统,创新范式转变的实质是以用户为中心,让所有创新相关者进行有效交互,跨越"达尔文之海",提升科技创新的市场价值。

从区域的视角来看,区域创新生态系统的构建,首先要明确几个关键问题:一是区域创新生态系统中的创新主体要明确;二是不同创新主体的交互机制要明确;三是区域特色与区域创新生态系统的耦合机制要明确。已有研究目前还未形成明确的机理和路径,本书尝试从社会资本和企业家精神的视角解读区域创新生态系统,并针对存在的问题提出政策建议。

第一节　社会资本与区域创新

"社会资本"一词最初由汉尼凡(Hanifan)提出,自 20 世纪 90 年代初至今,受到社会学、政治学、经济学、管理学等多个学科的关注和重视,这也导致社会资本一词成为当前社科领域最多义的概念②。帕特南(Putnam)和科尔曼(Coleman)对社会资本的界定流传较广。帕特南(Putnam,1993)把社会资本看作对社区生产能力有影响的人们之间所构成的一系列"横向联系",这些联系包括"公民约束网"和社会准则。在这个定义中,社会资本的主要特征是它促进了协会成员相互利益的协调与合作。科尔曼(Coleman,1988)把社会资本看作人力资本的一部分,认为社会资本允许社会成员相互信任,并以一种新的组织和协会进行合作③。帕特南等(Putnam et al.,1993)的案例研究也表明,基于信任和共享的价值,社会组织的参与度更高,社会资本水平也更高,这些区域经济会更有效率④。诺贝尔经济学奖获得者斯蒂格利茨认为,社会资本是隐含的知识,是产生凝聚力的社会黏合剂,同时也包含着一系列的认识能力和素质。这些隐含的知识之所以是资本,是因为它需要时

---

①　李万,常静,王敏杰,等.创新 3.0 与创新生态系统[J].科学学研究,2014(12):1761-1770.

②　赵家章.社会资本视角下的我国区域协调发展战略研究[M].北京:经济日报出版社,2016:27.

③　转引自:赵家章.社会资本视角下的我国区域协调发展战略研究[M].北京:经济日报出版社,2016:27.

④　转引自:赵家章.社会资本视角下的我国区域协调发展战略研究[M].北京:经济日报出版社,2016:42.

间和努力来生产,它不仅具有一定的机会成本,同时也是一种生产工具(Stiglitz,2003)①。

社会资本作为沟通个人和制度的中间物,能够连接微观层次的个体与宏观层次的集体和社会选择。个人行为能否实现、个人理性与社会理性是否和谐,以及制度能否解决集体行为的困境,不仅取决于个人和制度本身,而且取决于双方联系的中介载体——社会资本。社会资本可以熨平个人与制度的冲突并诱致制度创新。在没有明确的法律、规则和程序的情况下,社会资本可解决内部潜在的冲突,使"公地悲剧"转化为"公地繁荣"②。但是,张克中(2010)指出,社会资本是一把"双刃剑",它既可以是经济增长的源泉,也会成为社会经济发展的障碍。

达斯古普特和撒拉格尔丁(2005)认为社会资本在解释经济增长时发挥着重要作用,例如高增长率的"东亚奇迹",除了人力资本、物质资本、技术投资等常规因素发生作用外,社会资本投资的作用也很突出。政府通过政策制订改善环境,以实现向社会资本投资。这些提高效率的制度安排和组织设计促进了信息交流,并推动政府和企业间的合作。

区域社会资本是区域创新环境的重要组成部分,而区域创新环境也是区域社会资本培育和发展的基础。李安方(2009)用空气和空气密度形容区域创新环境和区域社会资本的关系。社会资本可以看作区域内部的一种组织资源,与区域内的人文因素紧密联系在一起,如企业家精神、合作与信任关系、非正式制度的行为规范与准则等,一旦形成,既不易复制,也不易转移。而且,由于每个区域社会资本的不同,体现出区域创新主体、创新行为、创新结果的明显差异,继而形成区域创新环境的不同,构成一个动态演化的区域创新生态体系。

第二节　区域创新主体的社会资本与社会网络

根据奥斯特罗姆(2005)对于社会资本的界定,社会资本是对自然资本、实物资本和人力资本的必要补充,但与实物资本存在很大差异。社会资本具

---

① 转引自:张克中.社会资本:中国经济转型与发展的新视角[M].北京:人民出版社,2010:72-73.

② 张克中.社会资本:中国经济转型与发展的新视角[M].北京:人民出版社,2010:57.

有四个特征：第一，对社会资本的使用不会消耗它，不使用才会使它被消耗；第二，社会资本不易观察和测度；第三，社会资本很难通过外部干预而建立；第四，国家和地方政府机构会强烈影响一些努力追求长期发展的个体的可得社会资本的水平和类型。毫无疑问，企业、高校、科研院所、政府包括用户等参与创新的主体，都各自形成了自己独特的社会资本，而且，各创新主体的社会资本与社会网络一定会具有某些交叉融合，而在这些交叉点上，创新创业活动显然更容易被激发。

一、企业的社会资本与社会网络

朱淼、陈劲、李飞宇（2003）认为，企业社会资本是指一个企业与相关企业之间的横向联系，与其供应链各环节之间的纵向联系，与企业外相关实体、群体之间的社会联系等社会关系总和，以及该企业获取并利用这些关系来摄取外部信息和其他资源的能力总和。并且，在实证研究企业社会资本与技术创新绩效的关系后，他们发现这三种社会资本与企业新产品产值、新产品数目、新产品销售额和平均新产品产值等创新产出指标之间都存在正相关性，尽管三者的作用力有明显差异。

基于横向联系的企业社会资本是以信任和互惠为基础的。同行间的良性互动可以加速信息的流动，促进新知识新技术的扩散和转移，一方面帮助企业打破资源瓶颈，更快、更便捷地创造出技术成果；另一方面也能建立互惠互利的企业界面，对于产业内同一技术轨道的形成和发展，具有重要的作用。

2014年6月12日，特斯拉汽车创始人马斯克以"我们所有的专利都属于你"为标题，在其官方博客表示公司将开放所有专利技术，不会向善意使用其专利技术的公司提出侵权诉讼。这一举动引发网络热议。因为在过去的几年中，特斯拉一直很在乎这些技术专利，而且，保护专利等知识产权向来是企业的通行做法。特斯拉为什么要开放专利呢？按照马斯克的解释，之前的做法是为了阻止传统汽车公司获得这些专利技术，然后通过在制造、销售和营销上的规模优势把特斯拉挤出市场。而今开放专利，是为了鼓励所有汽车制造商都来关注、使用特斯拉的专利技术，从而推动全球绿色汽车事业的发展。换句话说，在特斯拉已经获得销售和营销上的优势，尤其是品牌优势之后，公司已经并不担心被其他低端制造商模仿追赶，因为它有足够的技术领先优势确保自己不被超越，但要确保电动汽车成为未来汽车赛道的主流竞技者，仅靠特拉斯一家企业很难做到。如果一个产业只有领先者而没有模仿者，那么这个产业的生命周期可能并不长久。可以理解为,为了使企业领先的技术成为主流技术轨道,特斯拉甘愿与同行共享一部分技术专利。有理由相信,行业内的知识共享与相互信任,不仅能够成就特斯拉,而且为其他企业提供了一定的产业共性技术知识,这必将带动更多电动汽车行业的追随者,共同推动产业技术进步。

基于纵向联系的企业社会资本是以合作共赢为基础的。众所周知,供应链上下游密切关联,上游供应商、下游客户不仅影响着制造业企业的采购和销售,而且他们提供的信息如果能够及时反馈给企业,或许能够产生许多有实用价值的创新成果。

海尔公司的许多有价值的创意都来自用户,不管是早期的能洗土豆的洗衣机、小小神童洗衣机,还是卡萨帝对开门冰箱、干湿分储冰箱等,无不反映着用户的需求。以干湿分储冰箱为例,海尔凭借这一产品斩获无数国际设计大奖,但其实这个创意来自用户,因为常有用户将干果放入冰箱,之后发现干果受潮甚至霉烂。冰箱能不能实现保干的功能呢?海尔将其作为一个研发方向,用 34 项专利建开创了冰箱干湿分储的新功能。所谓干湿分储,其实就是在冰箱中划分出不同的区域分别送风,来实现独立调节湿度的功能。这样像水果、蔬菜等食物就可以存储在湿度较高的保湿区,而像干果等干货就需要放置在湿度较低的干燥区。此产品一经面市即迎来用户好评,成为明星产品。值得关注的一点是,海尔将供应链信息转化为产品的案例已经有很多,但能够及时将用户需求转变成为创新产品的企业并不多。海尔公司最难能可贵的创新文化,是企业善于与供应链上下游沟通,将用户的意见、建议与企业技术、市场需求联系起来,融入企业的产品研发创新体系,形成了良好的创新信息反馈机制。

在现实中,以企业为主体所构建的社会网络涉及众多的利益相关者,如股东、员工、客户、供应商、金融机构、合作伙伴、政府部门、竞争对手等,企业通过与社会网络及外部环境的交互作用,获取信息、整合资源,以实现企业目标。这种基于社会联系的企业社会资本是企业生存发展必不可少的条件。

从 2009 年开始,海尔着手打造开放创新平台,2013 年 HOPE 平台上线后,2014 年就涌现了 Haier 天樽空调、Haier 智慧烤箱、Haier 匀冷冰箱、Haier 水晶洗衣机等产品,塑造了海尔的经典创新。2016 年,HOPE 平台主导的智慧家庭国家专业化众创空间,入选科技部首批国家专业化众创空间示范单位。海尔开放创新平台将各利益相关者,如用户、创业者、技术服务者、企业、高校、科研机构、风险投资、金融机构、孵化器等联系起来,采用全流程交互的创新研发模式，让用户、创业者和各种社会资源进行深度的交互，创造真正让用户满意的产品和服务。截至2021年9月，平台帮助500余个项目和技术进入海尔生态，为产业带来全新增长的同时，也使合作伙伴大幅增值。经过多年深耕，HOPE平台已经成为企业走向创新生态圈的成功案例[①]，也成为将社会资本与研发创新紧密联系的典型示范。

企业社会资本的积累离不开企业家、管理层和员工的社会活动，每个单独个体所拥有的社会网络，尤其是企业家的个人社会网络，毫无疑问是企业社会资本最重要的来源。一般来说，个体社会资本的获取主要是通过两种社会关系：先赋型和获致型。先赋型关系是先于个体选择而存在的，是与生俱来或者非常不易变动的，比如由亲缘、学缘和业缘等带来的社会关系；获致型关系是个体通过后天的努力，有意识地营造、构建起来的社会关系[②]。当社会关系能为个体带来经济利益时，社会关系就被资本化，形成了社会资本。

企业家往往比员工拥有更多的社会关系资源，这些社会关系资源主要包括政商关系资源、行业关系资源、金融关系资源和技术关系资源。政商关系资源是企业经营必不可少的资源之一，若运营得当，不仅能够保障企业生产经营过程顺利开展，而且能够更及时地掌握政策变化的趋势，获得一些信息和稀缺资源的优先使用权。在经济转型期，经济前景和政策变化越具有不确定性，政商关系所带来的好处就越明显。在制度日益公开、透明的经济高质量发展的社会，政商关系也逐渐走向公开透明，寻租行为将大大减少，但不可否认，与政府官员之间的融洽程度部分地决定着企业获得政策扶持的难易程度。行业关系资源主要是指企业家与其供应链上下游的企业管理者、职业经理人等之间的关系。企业家独特的个人魅力能够带动一批人和影响一批人，与供应链上下游，如供应商、分销商等的伙伴关系越稳固，就越容易形成一种联盟关系，形成独特的竞争优势，对抗经济不确定性和市场风险。企业家与员工、企业管理人员、工会、股东等关系和谐，也能引导企业营造良好的沟通氛围，助力新思想、新知识的传播。金融关系资源对于企业的重要性不言而喻，无论是企业创业期还是成长、成熟期抑或是衰退期。一般来说，正常时期如成长期和成熟期，企业融资取决于企业的经营状况和前景预期；而特殊时期如创业期和衰退期，企业融资更取决于产品的独创性及企业家的金融资

---

① 林云.创新经济学：理论与案例[M].杭州：浙江大学出版社，2019：179-183.

② 耿新.企业家社会资本对新创企业绩效的影响研究[M].北京：经济管理出版社，2010：93-96.

源。对于创新型企业来说,企业家的技术关系资源也特别重要,因为新知识、新技术的来源及知识技术共享程度,很大程度上决定着新产品的竞争力。在现代高科技社会中,创业者独特的专业知识积累及其身后的科技团队,就是企业源源不断地产生创新的最本质的原因。无论是自主创新、模仿创新或是合作创新,如果企业家的技术关系资源比较丰富,创新的底蕴比较深厚,创新型企业的技术自主性就会比较强,技术演进及升级的路径就会比较清晰。总体而言,企业家的社会关系资源,会助力企业在获取信息和稀缺资源方面取得先发优势,在政策感知、竞业生存、资金融通和持续创新等方面获得持续的竞争优势。

二、高校与科研院所的社会资本:校友网络资源与创业创新

高校与科研院所作为传统产学研合作中重要的两支科技力量,所拥有的社会资本如果能够充分发挥作用,对于区域创新的推动力绝对不容忽视。

首先,校友资源是高校社会资本最重要的来源。校友作为高校所独有且珍贵的资源,除了其本身可以直接提供的各类资源外,还是高校拓展与政府、企业、科研院所等社会资本连接的重要节点①。相比其他社会关系,校友之间的信任和亲密关系更为稳定和谐,更容易达成共识,尤其是一些杰出校友,总会以榜样的力量诠释奋斗与成功,激励和鼓舞着后来者向同样或相近的方向努力,造就更多的优秀校友。因此,校友资源与高校声誉容易形成一种循环累积的良性效应。

其次,产学研融合是企业家精神与区域创新的重要基础条件。高校的社会关系与社会网络关系能否激发企业家创新与创业精神,继而引致区域创新,很大程度上取决于产学研融合的广度与深度。美国斯坦福大学作为美国创业型大学的典型代表,其创业教育体系将高水平的理论与高层次的实践活动相联系,开展以学生为中心的案例教学、项目与实务导向性教学、体验式教学等多种教学方式,由主讲教师与客座嘉宾合作授课,合作者包括一些资深企业家和创业者讲授,如谷歌、英特尔等世界知名企业的高层管理者。而对学生的调查表明,55%的人表示选择在斯坦福大学学习是因为它的创业环

---

① 冒巍巍,陈方玺.高校产学研协同创新中校友资源的开发研究[J].科学管理研究,2021,39(2):80-85.

境。斯坦福大学多年的创新创业教育经验和持续活跃的创业活动营造了一种"斯坦福效应",越来越多来自世界各地的学子和创业者们被斯坦福大学的氛围所吸引,并且选择留在硅谷地区创业①。如果没有高校的创业氛围,没有产学研融合的基础条件,斯坦福大学与硅谷之间的正向循环就不可能实现。

最后,高校社会资本的区域根植性对创新的经济产出效率有很大影响。高校生源的区域广泛性决定了其社会网络的区域广泛性,形成了一种独特的学缘社会资本,然而,几乎众所周知的事实是,一线城市和省会城市几乎了大多数的高校毕业生,其他二线、三线城市对优秀毕业生的吸引力锐减,一些欠发达地区的人力资本长年处于净流出状态。在这种情况下,高校社会资本与高校所在区域的创新能力和经济产出之间关联很少,即便有优质的高校社会资本,作用也很难体现。客观而言,高校社会资本与本地化创新创业之间,一直都存在着一条鸿沟,正是这条鸿沟,使区域产学研合作创新效率比较低下②。

高校的社会资本如何才能具有区域根植性,在现实层面这确实是个难题。西湖大学的校地合作、产学合作的事例或许具有一些借鉴意义。作为中国高等教育改革的试点,西湖大学从一开始就将"科研成果转化"纳入了自己的创新范畴,专门设立了"成果转化办公室"。2020年1月,西湖区与西湖大学正式签订《区校战略合作框架协议》,达成了"西湖区负责硬件,西湖大学负责软件;西湖区负责建设,西湖大学负责运营;西湖区负责环境,西湖大学负责办学"的发展共识,合力加快云栖、云谷两个校区及三个配套产学研基地建设。2020年6月2日,西湖大学官方宣布,西湖生物医药科技(杭州)有限公司正式完成近亿元Pre-A轮融资,此时,距离西湖大学获批成立仅仅过去了2年零3个月③。西湖生物医药科技公司的科技转化项目能够如此迅速地落地,得益于西湖大学成果转化办公室卓有成效的工作。可以说,他们一直与实验室同步奔跑,包括申请专利和法律咨询,给这项成果找一个最好的家,并提供完整的商业化辅助。他们调研了全杭州不同区域的资源、政策、产业聚

① 郑刚,郭艳婷.世界一流大学如何打造创业教育生态系统[J].比较教育研究,2014(9):25-31.

② 林云.内生性技术创新动力与效率研究[M].北京:中国社会科学出版社,2011:197-219.

③ 搜狐网.西湖加速!揭秘西湖大学首个产学研成果,圈内走到圈外[EB/OL].[2020-06-03](2021-10-31).https://www.sohu.com/a/399557219_792551.

集进行比对,最终选择了西湖区作为安家的地点。然后,组建商业化的团队、寻找职业经理人、选择有针对性的赛道、分析技术的使用场景,并接洽各种投资人、机构、政府资金……可以想象,这些事情并不是科学家擅长的,而成果转化办公室的重要职能就是基于学校已有的社会关系和社会网络,在科研与商业之间搭建起一座桥梁。西湖大学成果转化办公室的做法是高校主动与产业、区域合作的一种有益尝试,对于促进高校社会关系和社会网络向社会资本转化、孵化区域创新创业,都有可学习借鉴之处。

三、用户的社会网络与社会资本

技术创新的终极目标是实现市场价值,而用户满意就是产品创新的方向与动力。用户成为参与创新的主体,就是利用自己的社会关系与社会网络,将需求信息传递给其他创新主体,最终生产出让自己满意的创新产品。

希普尔(Hippel)较早提出"用户是创新者"的革命性观点。许多研究结果表明,用户对很多创新项目有重要贡献,特别是领先用户(lead user),在企业技术创新中起着创新推动者或合作开发者的作用。在企业与客户的交互中,他们实际上是创新的合作伙伴。希普尔指出,领先用户一般具有两个特点,一是他们面对后来成为市场趋势的需求要比大多数用户早得多;二是他们能够从自己找到的解决其需求的方案中获得相当大的益处。用户创新具有3个关键前提:一是用户拥有关于其需求的独特(往往是黏性)信息;二是在有条件的情况下,可以创造出解决这些需求的方案;三是他们自由地将创作结果披露给他人①。

以风筝冲浪装备的用户创新为例。风筝冲浪是一种水上运动项目,使用者站在一块有点像冲浪板的特制滑板上,由一只巨型的可操纵方向的风筝牵引。因为涉及低速空气动力学这一特殊领域,为风筝冲浪运动设计风筝是一个非常复杂的任务。早期风筝冲浪用的风筝都是由用户爱好者自行开发和制造的,他们相互帮助,共同创造出风筝冲浪技术和风筝冲浪器材。大约在1999年,一些小制造商开始设计和销售这些由用户开发的风筝冲浪装备。到2003年,全球大约售出了7万套风筝—冲浪板,一年的总销售额超过1亿美元。事实上,许多研究发现,很多用户正在不同领域进行着产品改良与开发

---

① 希普尔.用户创新:提升公司的创新绩效[M].陈劲,朱朝晖,译.上海:东方出版中心,2021:32-33.

的大量活动,在某些行业中,用户创新的比例甚至高达 40%。比如:风帆冲浪运动爱好者为了使这项运动更为安全也更加刺激,自己动手制作冲浪板;一些外科医生为了解决外科实践中遇到的棘手问题,自己对医疗设备进行开发与改良;许多图书馆因自身需要而改良了在线书刊目录查询系统,其搜索效率远远超出了系统制造商提供的解决方案①。

由于市场上大多数的创新都是渐进式创新而非颠覆式创新,而很多渐进式创新需要的技术并非遥不可及的,很多具有一定技术知识的用户就有条件进行这种创新。但更多的情况,是用户提出一种产品或服务创新的方向,或者提出一个创意,由企业或高校科研院所进行科学实验与研究开发。用户创新在不同的行业体现出了较大的差异性。在科学仪器领域,用户创新占77%;在半导体和印刷电路板制造工艺创新中,用户创新占 67%;在铲车技术创新中,用户创新占 6%;在工程塑料技术创新中,用户创新占 10%;在塑料添加剂技术创新中,用户创新占 8%②。用户创新在不同行业的差异表现,既有一定的偶然性原因,也有来自企业、产业或创新环境方面的原因。具体来说,来自用户的信息是否能传递到技术端,企业是否能将这一信息转化为技术产品并成功推向市场,与产品相关的产业基础设施及供应链上游产品是否能够提供系统支持,与新产品研发过程、商业化过程相关的政府政策、孵化器、投资人等是否能够提供助力,这些都可能是影响用户创新能否成功的重要因素。

第三节　区域创新生态体系构建:基于社会资本和企业家精神的视角

目前,全国范围内的"抢人大战"持续上演,各类优惠政策层出不穷,这已经足够凸显出人才资源对于区域发展的重要性,人才竞争已经成为一国或地区综合实力竞争的核心。但是,从"人才集聚力"发展成为"人才竞争力",中间还需要跨越一片"达尔文之海"③,如何把科技人才转化为创新和生产力,促进区域经济发展,这才真正是区域经济发展的核心命题。从科技创新与成果

---

① 希普尔.用户创新:提升公司的创新绩效[M].陈劲,朱朝晖,译.上海:东方出版中心,2021:173-174.

② 林云.内生性技术创新动力与效率研究[M].北京:中国社会科学出版社,2011:15-16.

③ 孙锐,等.人才创新创业生态系统案例研究[M].北京:中国社会科学出版社,2020:1.

转化的角度来说,以社会资本和企业家精神为中介构建区域创新生态体系,是跨越"达尔文之海"的切实可行的路径。

一、区域创新生态体系的特点

(一)区域根植性

区域根植性是区域创新生态体系的一大特点,这可以从创业企业选址和风险投资投向等方面来解读。企业创业时,创业者一般都是凭借其个人的社会关系和社会网络,从中获取信息和资源,选择在自己熟悉的区域和产业进行创业。同样,在寻找合伙人、员工、供应商、投资人等方面,创业者也倾向于利用本地社会网络,不仅因为交易成本低,还因为由本地网络建立起来的信任关系。这被称之为企业家精神的"本地化惰性"[①]。与创业者的本地网络相对应,风险投资一般也都青睐本地网络。硅谷的风险投资家最经常投资的是方圆 30 公里以内的企业,而中国的北京、上海既是风险投资企业汇聚的地方,也是科技创新发展最为迅速的区域。很容易理解,地缘化的风险投资,更容易降低沟通成本,也最具有信任基础。由创业企业选址和风险投资投向的本地化倾向来看,基于社会资本和企业家精神的创新生态体系,其区域根植性属性是与生俱来的特点。

(二)动态演化性

动态演化性是区域创新生态体系的第二个特点。区域创新生态体系的"生态"两个字是以动态演化为特征的,而动态就体现在各创新主体的交互上。没有交互的创新系统不能称为创新生态系统,尤其是区域创新生态系统是以政用产学研相结合为基础形成的动态演化的创新生态系统,用户参与创新系统的作用和影响力不仅得到关注,而且成为系统的核心。用户不仅参与创意设计,而且在产品供应链的整个周期都能够进行交互式信息反馈,以达到用户体验的极致。

用户体验官这一职位的出现,表明一些企业已经开始关注用户,将用户体验作为检验企业产品或服务的重要指标。例如,身为腾讯的首席执行官,

---

① 欧雪银.企业家精神:促进中国制造业全球竞争优势创造研究[M].北京:经济科学出版社,2017:48.

马化腾身兼企业的"首席体验官",要求每个产品经理要把自己当成一个挑剔的用户。这种长期以用户身份来体验公司产品的做法,在腾讯自上而下形成了不成文的规则。2020 年 9 月,吉利汽车总裁、CEO 安聪慧就以"首席用户体验官"的身份直面全国网友提问,并表示,中国家用轿车新标准制定的权利要交给用户,开启用户制定汽车标准的颠覆时代。

(三)开放自生性

开放自生性是区域创新生态体系的第三个特点。区域创新生态系统强调系统的开放性和自组织特征。

开放共享,一直以来都是创新系统追求的理想状态,目前已经得到较为广泛的认知和实践。例如,从 20 世纪 90 年代至今,"开源运动"一直进行得轰轰烈烈。最初,这个运动只是一些研发人员在自发参与。随着运动的深入,很多大型企业也逐步加入其中,目前已经逐渐形成了开源的热潮。开源(即开放源代码)正以开放、共享、协同的新型生产方式,成为全球信息技术发展的强大推动力。基于 GitHub 的数据,2018 年微软有 1717 名员工参与 GitHub 开源,为世界之最,谷歌公司共参与了 1543 个项目,微软参与了 1295 个项目,远远领先于其他公司。从实践效果来说,开源不仅没有让企业遭受损失,反而给企业带来了不错的市场回报。以谷歌推出的安卓系统为例,安卓并不是最早的手机操作系统,在此之前,塞班系统曾一度占据了手机操作系统的榜首,而苹果的 iOS 系统也要比安卓系统出现得更早。然而,在安卓系统出现之后,只用了很短时间就夺下了手机操作系统市场第一的位置。根据 Gartner 发布的数据,2018 年安卓在智能手机系统中占有的份额高达 85.9%,位居第二的 iOS 系统的市场份额则只有 14%,而其他各种系统的市场份额加在一起只有 0.1%。这个例子充分说明,在抢占市场份额这点上,开源软件确实有得天独厚的优势①。

自组织属性也是区域创新生态系统的一个特点。德国理论物理学家哈肯(Haken)认为,从组织的进化形式来看,可以把它分为两类:他组织和自组织。如果一个系统靠外部指令而形成组织,就是他组织;如果不存在外部指令,系统按照相互默契的某种规则,各尽其责而又协调地自动地形成有序结构,就是自组织。从进化论的观点来说,"自组织"是指一个系统在"遗传"、

---

① 陈永伟.企业为什么要做开源[EB/OL].[2019-07-07](2021-10-01). https://baijiahao.baidu.com/s? id＝16383656662946241760＆wfr＝spider＆for＝pc.

"变异"和"优胜劣汰"机制的作用下,其组织结构和运行模式不断地自我完善,从而不断提高其对于环境的适应能力的过程。区域创新生态系统在形成过程和演化过程中,只要系统维持以用户为中心这一核心规则,系统就会随着用户迭代和技术进步而逐渐高级化。从某种意义上来说,正是由于新生代思维模式向互联网思维转变,媒体传播的参与途径改变,以及公众开放共享意识提高等因素的共同作用,用户创新才成为可能,而一旦用户成为创新的主体,产品或服务就会随着人的日益增长的需求而不断发生新的转变,形成源源不断的创新源泉。

二、区域创新生态系统的运行机制

区域创新生态系统是在区域范围内,多创新主体交互协同,在开放创新的基础上形成的具有自组织功能的创新系统。从系统运行机制来说,机会发现与识别、信息传递与反馈、开放共享与激励、风险识别与防御等四大机制共同作用,为创新生态系统的正常运行提供基础与保障。在区域创新生态系统中,不同创新主体及其社会资本交互作用,激发出不同程度的企业家精神,最终决定了创新生态系统的不同创新绩效。

(一)机会发现与识别机制

在熊彼特的经典著作中,企业家即创新者,他们利用出现变化的局面,寻找获利机会。被熊彼特称为"新组合"的机会包括:采用新的、更好的(或更廉价的)投入品供应来源,开发新的市场及引进更具营利性的商业组织形式(即便是为了获得垄断力)。任何从来没有做过的事情和任何能够带来利润的事情都在企业家的关注范围内。为了可持续地获取利润,企业家需要不停顿地进行创新,不断地将连续的变化注入经济活动中,这才是增长的引擎[①]。

和熊彼特不同,柯兹纳认为企业家只是发现了转瞬即逝的机会而已,几乎所有人都有成为企业家的潜能。熊彼特强调英雄般的个人带来的间歇性重大创新,柯兹纳则突出普通人从事的连续性逐利行为。就这一点而言,两人的分析似乎能够很好地互补[②]。时代的发展变化不仅赋予企业家更敏锐的

---

① 鲍莫尔.企业家精神[M].孙智君,等译.武汉:武汉大学出版社,2010:7-8.
② 兰德斯,莫克,鲍莫尔.历史上的企业家精神:从古代美索不达米亚到现代[M].姜井勇,译.北京:中信出版社,2016:270.

视角，也同样把机会发现与识别的功能赋予了每一个人，无论是企业、高校、科研院所还是普通用户，在当今的网络时代，只要善于观察、勤于思考，就能够捕捉到人们的微小需求变化，而且，来自不同产业的创新往往更具有颠覆性，因为思考方式和创新路径不同，"不按常理出牌"。跨界创新之所以经常发生且具有颠覆性，就是因为人人都可以成为创新主体，人人都具有企业家精神。事实上，这正是区域创新生态系统良性运作的基础和前提条件。

（二）信息传递与交互机制

人人都可以具有企业家精神，但并非人人都可以成为企业家、成为创新的主体。一些技术难度较大，或者需要复杂的技术系统才能成功的新技术和新产品，往往不能由用户创新，而需要专业的技术机构才能完成。从一个创意的产生到新产品的诞生，中间也许要经过漫长的等待期，包括从创意到技术研发、从产品到市场的全过程。等待期的长短，不仅和技术基础、配套基础设施等有关，而且和信息传递及交互机制密切相关。

虽然每个人都可能产生好的创意，但无论是企业家、员工还是普通用户，每个人的社会关系及社会网络都是有限的。这就使创意变成现实产品的概率大大降低，除非创意能够随时表达，且信息传递链条中恰好有人关注创意并能有效吸收，之后与企业对接，经过精密的技术与工艺处理，制造出符合用户需求的产品。不难理解，这个链条涉及多个创新主体，如果创新主体间的信息传递或交互机制不够好，创新链条随时可能发生断裂。

组织的扁平化大大地提升了信息传递效率，而社交的网络化也极大地提高了交流的便利性，在区域创新生态系统中，平台化网络可以连接所有创新主体，包括一些领头用户和孵化器、风险投资机构在内，这就意味着好的创意被发现和应用的概率大大提高，而高效的信息传递与交互机制能够大大缩短从创意到产品的过程，这是整个区域创新生态系统的核心机制。

（三）开放共享与激励机制

无论是开放式创新还是区域创新生态系统，开放共享都是其内在的基本要求，也是系统存在的基础。从开放式创新的三种形式——外向型、内向型与混合型来说，目前较为常见的是内向型开放式创新，也就是企业有意识地吸收来自外界的信息，并转化为自己的创新成果，但其他两种较少提及。事实上，真正具有开放共享意义的是外向型开放式创新。如果一个区域既有内向型，也有外向型，那么混合型就是应有之义。所以，区域创新生态体系的开放共享机制关键在于怎样激励创新主体开放共享。

首先,区域内应该有能够作为技术资源中心的开放型企业或高校、科研院所。一方面是通过改善创新环境,包括提升区域竞争力等措施,引入高科技龙头企业;另一方面是通过财税金融政策,努力培育区域内原有的创新主体,使之成为能够传播技术知识的高质量创新主体。之所以不指定企业或高校、科研院所,是因为每个区域的技术创新基础不相同,有些区域虽然没有一流的高科技企业,但可能有高水平研究型大学或声誉斐然的科研院所,这无疑也是技术源泉。区域内只要存在足够量级的核心开放源,就会增强区域对产业供应链其他企业及合作者的吸引力,甚至带动产业集群式投资。但是,能否激发出区域根植性的企业家精神,这是一个相当大的考验。对于创新型企业来说,移植容易,根植难。如果没有区域根植性,创新主体可以移植到任一区域,就很难成为区域的经济动力,因此,区域创新生态系统的重要功能就是让创新主体扎根于区域,成为与区域融合的不可分割的一部分。

其次,推出符合创新者利益诉求的激励机制,鼓励创新主体开放共享。由于产学研用等创新主体的益诉求点有很大区别,因此,考察制度是否合理有效的唯一方法就是产学研用的合作创新是否产出积极的结果。例如,考察企业是否开放共享,核心在于企业向业界或社会提供了多少资源和信息,企业未推向市场的发明成果有多少被其他创新主体接纳并继续开发;考察高校或科研院所是否开放共享,核心在于高校科研院所的科研人员有多少参与了企业产品或服务的应用性开发,或者科研人员自己创业及合作创业的比率;考察用户是否开放共享,核心在于用户提供的意见或建议有多少体现在发明创造或新产品新工艺中,用户对新产品新技术的贡献率有多大;等等。通过对创新主体的激励,提升政用产学研的合作意愿,鼓励创新主体间的开放共享。

最后,建立开放共享的高效的技术合作平台。搭建平台其实并不难,难的是如何形成高效的技术合作平台。在供求关系这件事上,所有的技术平台大概都会面临一个难题:有求容易,有供困难。事实上,一个持久有效的技术平台,不仅需要有强大技术开发能力的企业或高校、科研院所、衔接产学研用的孵化器、丰富投资创业经验的投资机构、熟悉各种政策法律制度的法律工作者,而且需要有随时能够解决问题、处理各种事务的中介机构。关键是,合作平台不能采取闭环管理,也就是说,如果平台现有主体不能满足用户需求,平台应该有基于创新主体社会网络关系的技术后援团队,形成开放型的技术创新平台,否则很容易因为技术不能满足需求而导致技术平台利用率越来越低的恶性循环。是否能够基于社会资本让技术平台"活"起来,是区域创新生态系统的最大难题。

(四)风险识别与防御机制

众所周知,创新不仅投资巨大,而且回报周期很长,是一项高度不确定的事业,只有当企业家和投资者具有长远考虑和相对稳定的预期时,他们才会有积极性从事创新投资。奈特(Knight,1921)认为,风险是主观的,不同的人在面对同样的机会时,会感受到不同程度的风险。这种主观性凸显出成为一名企业家和成为一名成功的企业家之间的重要区别。企业家从事创新并承担风险,成功的企业家则甄别有利风险和不利风险。企业家独特的市场敏感性的确对于规避风险有较大作用,但是,成功的企业家在现实中非常稀缺,对于个体而言,风险识别与防御,总是较难实现的。

区域创新生态系统的风险识别与防御机制,依赖存在大量来自个体的网络型的社会资本,这些社会资本的结合,就像张开了一张有韧性的网,缓冲了来自外界的冲击。举例说明,在2020—2021年新冠疫情防控形势较为严峻的时期,深圳华强北这个全球最大的电子元器件集散中心,线上线下融合,信息流、物流和物流与商流面面俱到,创新转型从不停歇,甚至在后疫情时代提升了中国制造在全球价值链中的地位,就是因为有强韧的供应链网络和协同合作的企业家精神。

第四节　区域创新生态体系构建存在的主要问题

区域创新生态体系,说起来容易做起来难。由于涉及多个创新主体的协同合作,以及区域社会资本与企业家精神的融合、创新的区域根植性等问题,导致一些区域创新生态体系流于形式,不能发挥其创新经济动力的作用。

一、个人绩效评价体系僵硬,产学融合效率低下

尽管创新过程是内生的,但绩效评价体系是否有效与创新主体的创新动力有密切关系。每个企业、高校、科研院所都有自成系统的绩效评价系统,企业有工作业绩评价、高校有科研业绩评价。尽管业绩评价体系都是不断调整和变化的,但不少单位的绩效评价体系比较僵硬,例如高校的学术创业者将

精力投入创业活动中,兼顾不了教学和科研任务,不管产生了怎样的社会贡献,在传统高校科研导向的考核体系下,年度审核、岗位评级或职称评审等都可能面临困境。对于企业来说,虽然对创新成功有较好的激励,但对于创新失败一般没有任何激励,创新主体仍旧承担着较大的创新压力。对于产学融合,很多单位虽然表面上鼓励,但实际上没有相关的支持措施,大部分产学合作仍停留在个人社会关系和社会网络层面,即便搭建了技术合作平台,一旦某些关键人员脱离工作岗位,项目便立刻陷于停滞。

二、领头用户参与创新不足,技术市场连接不畅

用户创新是区域创新生态系统与传统创新系统的重要区别,也是系统"活"起来的重要动力。但是,来自贝恩咨询的调研结果显示,80%的公司认为自己提供了良好的客户体验,但只有8%的用户认为这些公司做到了。企业与用户认知的差异表明,企业关注用户的路径或覆盖面仍未被足够认知,大部分企业仍停留在从用户获取创意的初级阶段,而没有体现在创新全过程。事实上,从创新到产品研发,再到新产品上市的创新过程中,一些领头用户的意见和建议甚至比公司的研发人员更有益处。由于缺乏领头用户的参与,创新产品对用户需求的揣摩可能存在或多或少的偏差,导致新产品的商业化进程存在一定程度的障碍。

三、制度环境催生投机,企业家精神培育缓慢

张维迎(2019)认为,企业家职能分为套利和创新两个方面,套利和创新分别对应市场的两个基本功能,即资源配置和技术进步。经济的持续增长,就是企业家的这两种职能相互交替、不断推进的过程。套利活动推动了资源配置效率的改进,创新又为其他企业家提供了新的套利机会。过去40多年,中国经济增长主要来自套利型企业家推动的资源配置效率的提高。但是经过40多年的高速增长后,中国经济的套利空间已经大幅度缩小①。从新能源汽车产业财政补贴与汽车产销量对比来看,目前制度环境有利于创新,但也鼓励了政策性投机行为。如果企业家精神仍旧追逐套利,不仅区域创新生态系统难以维持,创新和区域经济增长也会面临后续乏力的危险。

---

① 张维迎,王勇.企业家精神与中国经济[M].北京:中信出版社,2019:前言.

四、创新人才瓶颈制约，开放自生有待完善

人才是区域创新生态系统最宝贵的资源，所有的社会资本、企业家精神和所有的创新行为，都要依靠创新人才实现。有了人才资源，才有从"人才集聚力"发展成为"人才竞争力"的资本，跨越"达尔文之海"才有现实条件。但是，目前无论是企业、高校和科研院所，进人难、留人难的问题始终存在，而恃才傲物、频频跳槽的技术人才也让区域创新常常断流。另外，只有少数企业认识到了技术开放共享带来的好处，大多数企业对开放共享持保守态度，不愿参与创新链条的分工协作，这就使区域创新生态系统的开放性和自生性面临很大困难。

五、社会资本利用有限，创新区域特质不足

社会资本与区域创新环境的交互融合可以推动区域创新生态系统的良性发展，但现实中由于各种障碍因素，导致创新的区域根植性明显不足，尤其是三、四线城市。区域根植性不足有多方面的原因：其一，人才流动性越强，对区域的归属感越差，很难从区域角度思考创新的根植性问题；其二，有些高校或企业与地方经济存在条块分割的问题，省部级高校如果不在省会城市，与地方政府及当地产业的联系可能会更弱；其三，企业与高校、科研院所的合作可能因为学科、专业的差异而无法有效连接。

总之，因为种种原因，区域创新生态系统构建在制度、创新环境及创新主体的主观客观条件方面，目前都还存在一些障碍性因素，需要基于顶层设计的对策建议。

第五节　政策建议

一、在校地企技术平台的基础上，增强各主体交互协同，激发企业家创新创业精神，培育产学融合的开放式正反馈创新平台

第一，吸纳名人名企入驻平台，增强平台的品牌效应。平台的品牌和声誉一方面靠实力，另一方面靠流量。名家名企的加入，能够提升平台体验感

与参与价值,提升平台的影响力。

第二,建立项目制技术攻关小组,增强供求信息沟通。新技术与新产品必须坚持市场导向,为更好地满足市场需求,可允许多个供方与多个求方共同探讨,有目标的合作创新是最好的方式。

第三,提高创新平台开放度,增强校地企交互协作。开放与交互是平台创新的两大优势,不仅需要破除条块分割,政产学研通力合作,而且需要各方秉持开放理念,共享知识、信息及技术,将技术平台打造成真正的开放式创新平台。

第四,完善产权与激励制度,实现创新价值链的公平分配。分配的关键是产权与激励制度,但创新的风险与不确定性,以及价值链的多主体和难计量,决定了创新分配的复杂性。制度创新与技术创新协同作用,才能真正鼓励敢于试错的创新者。

第五,加强平台教育实训功能,构建基于企业家精神培育的就业通道。产业缺人才,高校愁就业,中间缺少的环节是产学融合和企业家精神。创新平台作为中介桥梁,既能促进产学深度融合,又能解决人才输入与输出的双向难题,而且,依靠创新平台的反馈功能,可以提高高校专业人才培养的产业适用性,从学生时代就培育企业家精神和创新创业精神,不断提高产学融合绩效。

二、在区域已有产业特色的基础上,提升区域品牌形象,吸引相关产业技术人才,形成有区域特色的创新产业集聚区

区域创新生态系统的目标之一是形成区域根植性的创新产业区。以作者所在的浙江省金华市为例,虽然金华的城市产业已经形成一定的规模优势,如新能源汽车、火腿、创意产业,但就全国而言并无卓越的产业集群。但近期中非经贸已经成为城市名片,非洲是金华最大的进出口贸易伙伴,在金华的非洲人数量居全国前列,而且在金高校的中非人文交流与科研合作基础良好。在世界经济贸易格局复杂多变的背景下,加强金华对非投资和产能合作,对接优势产能与非洲巨大的市场,将助力金华产业国际化发展。

第一,声誉为上,打造金华中非经贸特色名片。非洲人在金华,中非贸易在金华,都已走在全国前列,这是难得的机遇。只要保持声誉与知名度的良性循环,金华的中非经贸优势就会更加凸显,成为金华特色城市名片。

第二,政府搭桥,开展中非高级别投资洽谈。非洲各国国情不同,政府公

信力也各不相同，自发的民营企业对非直接投资相对处于弱势，以政府信用为基础的中非高级别投资洽谈，可以大大降低政策性风险。除了国别选择和产业、产品选择，还须特别关注不同的法律及政策，力求和谐共生。政企合作会降低投资非洲的风险，增加投资成功的概率。

第三，产业对接，促进金华优势产能集群布局非洲。非洲的自然资源优势及成本优势吸引着企业投资，但由于基础设施落后，中非产能合作的实际困难也很多，集群投资可以减少文化冲突，也能大大降低经营性风险。

第四，投资反哺，提高企业创新创业能力。海外投资具有逆向技术溢出效应，主要包含对投资者创新创业能力和技术适用性改造能力的提升，而企业家创新能力提升，可以增强企业及产业创新绩效。

第五，产业赋能，提升中非人文教育合作实效。金华与非洲的投资与产能合作，既是实业派的利润来源，也是学院派的教学案例，能够反哺中非人文交流与教育合作，培养更多的"非洲通"和"中国通"，塑造中非命运共同体的金华样本。

三、在数字经济发展的基础上，增强社会资本交互融合，形成以人为本、智慧交互的区域创新生态系统

目前，数字经济发展稳步上升，已经形成了良好的交互基础，但如何将数字名城与区域人才集聚联系起来，是目前提升区域竞争力的关键问题。

第一，以数字产业优势为基础，提升区域居民幸福指数。数字经济的快速便捷高效，可以迅速提升人们的幸福感，新基建＋新消费成为城市竞争力的重要体现。

第二，利用产业溢出效应，带动传统产业转型升级。电子商务提高了产品流通速度，而新一代数字技术，如大数据、人工智能、区块链、物联网等，是对传统产业生产和服务方式的重构，可以带动传统产业转型升级。

第三，提升城市数字交互，打造新时代智慧名城。数字经济与衣食住行接轨，能够改善居住环境；数字经济与教科文卫接轨，能够提升城市品位。城市的数字交互越多，智慧含量就越高。在数字经济发展的基础上，增加社会资本的融合交互，是打造新时代智慧名城的重要保障。

第四，义利并举吸引创新型人才，打造共享共情的人才生态圈。创新型人才对于城市适宜性的要求比较高，未来的智慧名城必将提高城市对创新型人才的吸引力。义利并举，吸引人才，留住人才，再吸引人才，形成良性循环

的重要条件是创新型人才与城市的融合,形成共享共情的人才生态圈。

第五,连接产业链与人才供应链,形成以人为本的产城融合创新生态。城市产业发展与产业链密不可分,而人才供应链与人才养成环境难以分割,发挥人才引进的杠杆效应,变个人为团队,集零为整,构建以人为本产城融合的创新生态。

参考文献

[1] Acs, Z. J. , Szerb, L. , Ortega-Argiles, R. et al. The Regional Application of the Global Entrepreneurship and Development Index (GEDI): The Case of Spain[J]. Regional Studies, 2015, 49(12):1977-1994.

[2] Afriat, S. N. Efficiency Estimation of Production Functions[J]. International Economic Review, 1972, 13(3):568-598.

[3] Aleksynska M. , Havrylchyk O. FDI From the South: The Role of Institutional Distance and Natural Resources[J]. European Journal of Political Economy, 2013(29):38-53.

[4] Arrow, K. J. The Economic Implication of Learning by Doing[J]. Review of Economics and Statistics, 1962, 29(3):155-173.

[5] Audretsch, D. B. , Obschonka, M. , Gosling, S. D. et al. A New Perspective on Entrepreneurial Regions: Linking Cultural Identity with Latent and Manifest Entrepreneurship[J]. Small Business Economics, 2017, 48(3): 1-17.

[6] Audretsch, David B. From the Entrepreneurial University to the University for the Entrepreneurial Society[J]. The Journal ofTechnologyTransfer, 2014(39):313-321.

[7] Audretsch, D. B. , Belitski, M. Three-ring Entrepreneurial University: In Search of a New Business Model[J]. Studies in Higher Education, 2021, 46(5):977-987.

[8] Barasa, L. , Vermeulen, P. , Knoben, J. et al. Innovation Inputs and Efficiency: Manufacturing Firms in Sub-Saharan Africa[J]. European Journal of Innovation Management, 2019, 22(1):59-83.

[9] Barro R. J. , Lee J. W. Losers and Winners in Economic Growth[J]. NBER Working Papers,1993,7(1):267.

[10] Bengt A. L. National Innovation Systems-analytical Concept and Development Tool[J]. Industry & Innovation,2007,14(1):95-119.

[11] Bercovitz,J. ,Feldman,M. Entpreprenerial Universities and Technology Transfer: A Conceptual Framework for Understanding Knowledge-based Economic Development[J]. The Journal of Technology Transfer, 2006,31(1):175-188.

[12] Bernoster,I. ,Mukerjee,J. ,Thurik,R. The Role of Affect in Entrepreneurial Orientation[J]. Small Business Economics,2020(54):235-256.

[13] Bitzer G. Foreign Direct Investment,Competition and Industry Performance [J]. The World Economy,2009(32):21-233.

[14] Bitzer K. Does Foreign Direct Investment Transfer Technology across Borders New Evidence[J]. Economics Letters,2008(100):355-358.

[15] Block,J. H. ,Thurik,R. ,Zhou H. What Turns Knowledge into Innovative Products? The Role of Entrepreneurship and Knowledge Spillovers[J]. Journal of Evolutionary Economics,2013,23(4):693-718.

[16] Blomkvist K. ,Drogendiuk R. Chinese Outward Foreign Direct Investments in Europe[J]. European Journal of International Management,2015,10 (3):343-358.

[17] Buckley P. J. ,Clegg L. J. ,Cross A. R. et al. The Determinants of Chinese Outward Foreign Direct Investment[J]. Journal of International Business Studies,2007,38(2):499-518.

[18] Buckley,P. J. ,Casson,M. The Future of the Multinational Enterprise [M]. UK:Palgrave Macmillan,1976.

[19] Carayannis E. ,Campbell D. J. Mode 3 Knowledge Production in Quadruple Helix Innovation Systems[J]. Springer New York,2012(7):1-63.

[20] Chang K. Technological Capabilities and Japanese Foreign Direct Investment in the United States. [J]. Review of Economics & Statistics,1991,73 (3):401-413.

[21] Charnes A. W. ,Cooper W. W. ,Rhodes E. L. Measuring The Efficiency of Decision Making Units[J]. European Journal of Operational Research, 1979,2(6):429-444.

[22] Chatenier, E. D. , Verstegen. J. , Harm, J. A. et al. Identification of Competencies for Professionals in Open Innovation Teams[J]. R&D Management,2010,40(3):271-280.

[23] Chenery H. B. ,Robinson S. ,Syrquin M. Industrialization and Growth: AComparative Study[J]. Oxford:Oxford University Press,1986.

[24] Chesbough, H. , Vanhaverbeke, W. , West, J. Open Innovation: Researching A New Paradigm[M]. Oxford:Oxford University Press,2006.

[25] Chesbrough H. W. ,Crowther A. K. Beyond High Tech:Early Adopters of Open Innovation in Other Industries[J]. R&D Management,2006,36(3):229-236.

[26] Chesbrough H. W. Open Business Models:How to Thrive in the New Innovation Landscape[M]. Boston:Harvard Business School Press,2006.

[27] Chesbrough, H. W. The Era of Open Innovation[J]. MIT Slogan Management Review,2003(spring):35-41.

[28] Chesbrough, H. Open Innovation:The New Imperative for Creating and Profiting from Technology [M]. Boston: Harvard Business School Press,2003.

[29] Christensen J. F. ,Olesen M. H,Kjær J. S. The Industrial Dynamics of Open Innovation Evidence from the Transformation of Consumer Electronics[J]. Research Policy,2005,34(10):1533-1549.

[30] Coe D. T. , Helpman E. International R&D Spillovers[J]. European Economic Review,1995,39(5):859-887.

[31] Cohen, W. M. ,Levinthal, D. A. Absorptive Capacity:ANew Perspective on Learning and Innovation [J]. Administrative Science Quarterly, 1990,35 (1):128-152.

[32] Cozza C. ,Rabellotti R. ,Sanfilippo M. The Impact of Outward FDI on the Performance of Chinese Multinationals[J]. China Economic Review,2015(36):42-57.

[33] Cunningham,J. A. ,Lehmann,E. E. ,Menter,M. ,Seitz,N. The Impact of University Focused Technology Transfer Policies on Regional Innovation and Entrepreneurship[J]. The Journal of Technology Transfer,2019,44(5):1451-1475.

[34] Dahlander L. , Gann D. M. How Open Is Innovation? [J]. Research

Policy,2010,39(6):699-709.

[35] Dhliwayo S. Entrepreneurship and Competitive Strategy:An Integrative Approach[J]. Journal of Entrepreneurship,2014,23(1):115-135.

[36] Diaz,M. A. ,Sanchez,R. Firm Size and Productivity in Spain:AStochastic Frontier Analysis[J]. Small Business Economics. 2008,30(3):315-323.

[37] Dierk H. The Long-run Relationship between Outward Foreign Direct Investment and Total Factor Productivity:Evidence for Developing Countries [J]. The Journal of Development Studies,2011,47(5):767-785.

[38] Driffield N. ,Love J. H. ,Taylor K. Productivity AndLabour Demand Effects of Inward and Outward Foreign Direct Investment on UK Industry[J]. The Manchester School,2009,77(2):171-203.

[39] Dunning J. H. Trade Location of Economic Activity and MINE:A Search for an Eclectic Approach[M]. The International Allocation of Economic Activity,1977(89):395-418.

[40] Elias G. C. ,Elpida T. S. ,Yannis L. B. Innovation and Entrepreneurship:Theory:Policy and Practice [M]. NewYork:Springer International Publishing,2015.

[41] Elkan,R. V. Catching Up and Slowing Down:Learning and Growth Patterns in an Open Economy[J]. Journal of International Economics,1996,41(1):95-111.

[42] Erken H. ,Piet D. ,Roy T. Total Factor Productivity and the Role of Entrepreneurship[J]. The Journal of Technology Transfer,2018(43):1493-1521.

[43] Etzkowitz,H. The Entrepreneurial University Wave:From Ivory Tower to Global Economic Engine[J]. Industry and Higher Education,2014,28(4):223-232.

[44] European Commission. Open Innovation 2. 0 Yearbook 2017—2018 [R]. Publications of the European Union,2018.

[45] Foreman-Peck J. ,Zhou P. The Strength and Persistence of Entrepreneurial Cultures. Journal of Evolutionaty Economics 2013,23(1):163-187.

[46] Fritsch,M. ,Slavtchev V. How Does Industry Specialization Affect the Efficiency of Regional Innovation Systems? [J]. The Annals of Regional Science,2010,45 (1):87-108.

[47] Fritsch,M. Interregional Differences in R&D Activities—An Empirical Investigation[J]. European Planning Studies,2000,8(4):409-427.

[48] Gassmann,O,Enkel,E. Towards a Theory of Open Innovation:Three Core Process Archetypes[C]. R&D Management Conference Sessimbra,2004.

[49] Grant,R. M. Baden,F. C. A Knowledge Accessing Theory of Strategic Alliances[J]. Journal of Management Studies,2004,41(1):61-84.

[50] Greco, M. , Grimaldi, M. , Cricelli, L. Hitting the Nail on the Head: Exploring the Relationship between Public Subsidies and Open Innovation Efficiency[J]. Technological Forecasting and Social Change,2017,118 (MAY):213-225.

[51] Grg H. ,Hanley A. Does Outsourcing Increase Profitability? [J]. Iza Discussion Papers,2004,35(3):267-288.

[52] Griliches,Z. Patents Statistics as Economic Indicators:A Survey[J]. Journal of Economic Literature,1990,28(4):1661-1707.

[53] Grossman P. R. ,Helpman E. Innovation and Growth in the Global Economy[J]. MIT Press Books,1991(2):323-324.

[54] Hansen B. E. Threshold Effects in Non-Dynamic Panels:Estimation, Testing, and Inference [J]. Journal of Econometrics, 1999, 93 (2): 345-368.

[55] Hay M. ,Cox L. W. ,Reynolds P. W. et al. Global Entrepreneurship Monitor—2002 Executive Report[R/OL]. [2009-11-24](2021-10-21). https://papers. ssrn. com/sol3/papers. cfm? abstract_id=1509260#: ~: text = The%202002%20Executive%20Report%20for%20the% 20GlobalEntrepreneurship%20Monitor, adultsworldwide% 20were% 20engaged%20in%20entrepreneurial%20activity%20in%202002.

[56] Hebert,R. F. ,Link A. N. In Search of the Meaning of Entrepreneurship [J]. Small Business Economics,1989,1(1):39-49.

[57] Henkel,J. Selective Revealing in Open Innovation Processes:The Case of Embe-dded Linux[J]. Research Policy,2006,35(7):953-969.

[58] Henrekson, M. ,Sanandaji T. Measuring Entrepreneurship:Do Established Metrics Capture Schumpeterian Entrepreneurship? [J]. Entrepreneurship Theory and Practice,2020,44(4):733-760.

[59] Holcombe, R. G. The Origins of Entrepreneurial Opportunities [J]. The

Review of Austrian Economics,2003(16):25-43.

[60] Hou B. , Hong J. , Wang H. et al. Academia Industry Collaboration, Government Funding and Innovation Efficiency in Chinese Industrial Enterprises[J]. Technology Analysis Strategic Management,2019,31 (6):692-706.

[61] Hymer S. International Operations of National Firms:A Study of Direct Foreign Investment[M]. Cambridge:Massachusetts Institute of Technology, 1960.

[62] Israel M. K. Competition and Entrepreneurship[M]. Chicago:The University of Chicago Press,1973:37.

[63] Jaffe,A. B. ,Trajtenberg,M. ,Henderson,R. Geographic Localization of Knowledge Spillovers as Evidenced by Patent Citations [J]. The Quarterly Journal of Economics,1993,108(3):577-598

[64] Jaya P. P. ,Neelam S. Outward FDI and Knowledge Flows:A Study of the Indian Automotive Sector[J]. International Journal of Institutions and Economies,2008,1(1):155-186.

[65] Jerzy Cieślik. Entrepreneurship in Emerging Economies[M]. Cham: Palgrave Macmillan,2017.

[66] Jindra B. , Hassan S. , Gunther J. et al. European Integration and Outward FDI from Central and Eastern Europe—Is There Any Evidence of Knowledge-seeking[J]. Journal of Common Market Studies,2015,53 (6):1248-1267.

[67] Joe,T. Innovation Management in Context:Environment,Organization and Performance[J]. International Journal of Management Reviews, 2001,3(3):169-183.

[68] Joern H. B. , Christian O. F. , Mirjam van P. The Schumpeterian Entrepreneur:A Review of the Empirical Evidence on the Antecedents, Behaviour and Consequences of Innovative Entrepreneurship [J]. Industry and Innovation,2017,24(1):61-95.

[69] Kallio, A. , Harmaakorpi, V. , Pihkala, T. Absorptive Capacity and Social Capital in Regional Innovation Systems:The Case of the Lahti Region in Finland[J]. Urban Studies,2010,47(2):303-319.

[70] Kirzner, I. M. Competition and Entrepreneurship[M]. Chicago:The

University of Chicago Press,1973.

[71] Knight,F. H. Risk,Uncertainty and Profit[M]. New York:Houghton Mifflin Company,1921.

[72] Kogut B. ,Chang S. J. Technological Capabilities and Japanese Direct Investment in the United States[J]. The Review of Economics and Statistics,1991,73(3):401-413.

[73] Lamont,L. M. Entrepreneurs Hip,Technology,and the University[J]. R&D Management,1972,2(3):119-123.

[74] Laursen K. ,Salter A. Open for Innovation:The Role of Openness in Explaining Innovation PerformanceAmong U. K. Manufacturing Firms [J]. Strategy Management,2006,27(2):131-150.

[75] Lazzarottia V,Manzinia R,Pellegrinib L. Is Your Open-innovation Successful? The Mediating Role of A Firm's Organizational and Social Context[J]. International Journal of Human Resource Management, 2015(26):2453-2485.

[76] Li, J. , Strange, R. et al. Outward Foreign Direct Investment and Domestic Innovation Performance[J]. International Business Review, 2016,25(5):1010-1019.

[77] Lia S. Outward Foreign Direct Investment and Domestic Innovation Performance[J]. International Business Review,2016,1(8):1-10.

[78] Lichtenberg,F. R. ,Van,Pottelsberghe de la P. B. International R&D Spillovers:A Comment[J]. European Economic Review,1998,42(8): 1483-1491.

[79] Lichtenthaler. Open Innovation:Past Research,Current Debates,and Future Directions[J]. Academy of Management Perspectives,2011,25 (1):75-93.

[80] Lieberthal,K. ,Lieberthal,G. The Great Transition [J]. Harvard Business Review,2003,(10):3-14.

[81] Lim, G. , TEO, J. K. , Climbing the Economic Ladder:The Role of Outward Foreign Direct Investment[J]. Journal of Asian Public Policy, 2019,12(3):312-329.

[82] Liu X. H. , LU, J. Y. , Chizema, A. Top Executive Compensation, Regional Institutions and Chinese OFDI[J]. Journal of World Business,2014

(49):143-155.

[83] Ludwing von Mises. Profit and Loss[M]. Auburn:Ludwig von Mises Institute,2008,10-16.

[84] Makkonen T. , Have R. P. V. D. Benchmarking Regional Innovative Performance:Composite Measures and Direct Innovation Counts[J]. Scientometrics,2013,94(1):247-262.

[85] Mansfield,P. P. et al. Biological and Medical Imaging by NMR[J]. Journal of Computer Assisted Tomography,1978,29(2):355-373.

[86] Marques,J. P. C. Impact of Competitions for Ideas and Business Plans on Firm Creation and Development of Entrepreneurial University:Case Study of the IPC in Portugal[J]. Triple Helix,2016,3(1):1-13.

[87] Maudos, J. , Pastor J. M. , Serrano L. Total Factor Productivity Measurement and Human Capital in OECD Countries[J]. Economics Letters,1999,63(1):39-44.

[88] Meunier S. , Burgoon B. , Jacoby W. The Politics of Hosting Chinese Investment in Europe—An Introduction [J]. Asia Europe Journal, 2014,12(2):109-126.

[89] Meyer,E. ,Bhaumik,P. Institutions,Resources,and Entry Strategies in Emerging Economies[J]. Strategic Management Journal,2009,30(1): 61-80.

[90] Michalopoulos S. , Levine R. , Laeven L. A. Financial Innovation and Endogenous Growth[J]. Journal of Financial Intermediation,2015,24 (1):1-24.

[91] Miller,D. J. , Acs, Z. J. Technology Commercialization on Campus: Twentieth Century Frameworks and Twenty-fifirst Century Blind Spots[J]. Annals of Regional Science,2013(50):407-423.

[92] Minola, T. ,Criaco, G. ,Obschonka, M. Age,Culture,and Self-employment Motivation[J]. Small Business Economics,2016,46(2):187-213.

[93] Mitussis,D. SME Innovation in Zhejiang,China Potential Constraints to Development of Widespread Innovation [J]. Journal of Knowledge-based Innovation in China,2020,2(1):89-105.

[94] Mokhber M. ,Tan G. G. ,Vakilbashi A. et al. Impact of Entrepreneurial Leadership on Organization Demand for Innovation:Moderating Role of

Employees Innovative Self-efficacy[J]. International Review of Management and Marketing,2016,6(3):415-421.

[95] Nasierowski, W. Assessing Technical Efficiency of Innovations in Canada: The Global Snapshot[J]. International Journal of Innovation Management,2019,23(3):1-25.

[96] Nurmalia,D. H. ,Ummul M. I. F. The Roles of Entrepreneurship on Regional Economic Growth in Indonesia[J]. Journal of the Knowledge Economy,2018,11(1):28-41.

[97] Ouyang Y. The Influencing Factors Analysis on Reverse Technology Spillovers embodied in Outward Foreign Direct Investment: A Case of China[J]. World Economy Study,2010.

[98] Papageorgiadis N. ,Xu Y. ,Alexiou C. The Effect of European Intellectual Property Institutions on Chinese Outward Foreign Direct Investment[J]. Management and Organization Review,2019,15(1):81-110.

[99] Parent,O. ,Lesage,J. P. B. Determinants of Knowledge Production and Their Effects on Regional Economic Growth[J]. Journal of Regional Science,2012,52(2):256-284.

[100] Peneder M. Industrial Structure and Aggregate Growth[J]. Structural Change & Economic Dynamics,2003,14(4):427-448.

[101] Piller,F. , Schaller, C. , Walcher, D. Customers as CO-Designers: A Framework for Open Innovation[J]. Research Technology Management, 2004(9):23-26.

[102] Ping D. Why Do Chinese Firms Tend To Acquire Strategic Assets In International Expansion? [J]. Journal of World Business, 2009, 44 (1):74-84.

[103] Piperopoulos, P. , Wu, J. , Wang, Chengqi. Outward FDI, Location Choices and Innovation Performance of Emerging Market Enterprises [J]. Research Policy,2018,47(1):232-240.

[104] Potterie, B. F. Lichtenberg. Does Foreign Direct Investment Transfer Technology Across Borders[J]. The Review of Economics and Statistics, 2001,(83):490-497.

[105] Prokop,D. University Entrepreneurial Ecosystems and Spinoff Companies: Configurations, Developments and Outcomes [J]. Technovation, 2021

(107):1-14.

[106] Qunyong, W. Fixed-effect Panel Threshold Model Using Stata[J]. Stata Journal,2015,15(1):121-134.

[107] Ramzi, T. , Salah, A. B. The Determinants of Innovation Capacity in the Less Innovative Countries in the Euro-Mediterranean Region[J]. Journal of the Knowledge Economy,2018,9(2):526-543.

[108] Raymond V. International Investment and International Trade in the Product Cycle[J]. The Quarterly Journal of Economics,1966,80(2): 190-207.

[109] Reed R. ,Jessup L. ,Storrud-Barnes S. How Open Innovation Affects the Drivers of Competitive Advantage[J]. Management Decision, 2012,50(1):58-73.

[110] Richard C. , Robert F. H. An Essay on Economic Theory[M]. Auburn: Ludwig von Mises Institute,2010:64-77.

[111] Robert M. S. A Contribution to The Theory of Ecconomic Growth. [J] The Quarterly Journal of Economics,1956,70(1):65-94.

[112] Rolison J. J. , Hanoch Y, . Wood, S. Risky Decision Making in Younger and Older Adults: The Role of Learning[J]. Psychology & Aging, 2012,27(1):129-140.

[113] Roper, S. , Vahter, P. , James H. Love. Externalities of Openness in Innovation[J]. Research Policy,2013,42(9):1544-1554.

[114] Schroll A. ,Mild A. Open Innovation Modes and the Role of Internal R&D:An Empirical Study on Open Innovation Adoption in Europe[J]. European Journal of Innovative Management,2011,14(4):475-495.

[115] Schroll,A. ,Mild,A. A Critical Review of Empirical Research on Open Innovation Adoption[J]. Journal für Betriebswirtschaft, 2012(62): 85-118.

[116] Schumpeter,J. A. The Creative Response in Economic History[J]. The Journal of Economic History,1947,7(2):149-159.

[117] Sedeh,A. A. ,Pezeshkan A. ,Caiazza, R. Innovative Entrepreneurship in Emerging and Developing Economies: The Effects of Entrepreneurial Competancies and Institutional Voids[J]. The Journal of Technology Transfer,2022(47):1198-1223.

[118] Sharma,S. ,Thomas,V. J. Inter-country R&D Efficiency Analysis:An Application of Data Envelopment Analysis[J]. Scientometrics,2008, 76(3):483-501.

[119] Singh S. R,. Chandra,S. K. ,Pradhan,O. N. ,Singh,P. R. D. Comparison of among Different Classificatory Methods in Upland Rice (Oryza Sativa) [J]. Indian Journal of Agricultural Sciences,2008,78(12):1078-1081.

[120] Stephen H. H. The International Operations of National Firms:A Study of Direct Foreign Investment. [M]. Cambridge:MIT Press, 1976:33,91-96.

[121] Toms,S. ,Wilson,N. ,Wright,M. Innovation,Intermediation,and the Nature of Entrepreneurship:A Historical Perspective[J]. Strategic Entrepreneurship Journal,2020,14(1):105-121.

[122] Trequattrini,R. ,Lombardi,R. ,Lardo,A. ,Cuozzo,B. The Impact of Entrepreneurial Universities on Regional Growth:A Local Intellectual Capital perspective[J]. Journal of the Knowledge Economy,2018,9 (1):199-211.

[123] Tsvetkova A. Innovation, Entrepreneurship, and Metropolitan Economic Performance[J]. Economic Development Quarterly,2015,29(4):299-316.

[124] van de Vrande V,De Jong J,Vanhaverbeke W,de Rochemont M. Open Innovation in SMEs:Trends, Motives and Management Challenges [J]. Technovation,2009,29(6-7):423-437.

[125] Varum C. A. ,Cibrao B. ,Morgado A. et al. R&D,Structural Change and Productivity:The Role of High and Medium-high Technology Industries[J]. Economia Aplicada,2009,13(4):399-424.

[126] Vernon,R. A. International Investment and International Trade in the Product Cycle[J]. The International Executive,1966,8(4):190-207.

[127] Vesper, K. H. ,Gartner, W. B. Measuring Progress in Entrepreneurship Education[J]. Journal of Business Venturing,1997,12(5):403-421.

[128] von Hippel, E. The Sources of Innovation [M]. Oxford:Oxford University Press,1988.

[129] Wells. Third World Multinationals:The Rise of Foreign Direct Investment from Developing Countries[M]. Cambridge:MIT Press, 1983:121-153.

［130］ West，J.，Gallagher，S. Challenges of Open Innovation：The Paradox of Firm Investment in Open-source Software［J］. R&D Management，2006.36(3)：319-331.

［131］ Wright. M.，Birley，S.，Mosey，S. Entrepreneurship and University Technology Transfer［J］. Journal of Technology Transfer，2004(29)：235-246.

［132］ Zimmerman，A.，Bollbach，M. F. Institutional and Cultural Barriers to Transferring Lean Production to China：Evidence from a German Automotive Components Manufacturer ［J］. Asian Business & Management，2015(14)：53-85.

［133］ 阿特金森，伊泽尔. 创新经济学：全球优势竞争［M］. 王瑞军，等译. 北京：科学技术文献出版社，2014.

［134］ 艾伦. 近代英国工业革命揭秘：放眼全球的深度探视［M］. 毛立坤，译. 杭州：浙江大学出版社，2012.

［135］ 安东内利. 创新经济学：新技术与结构变迁［M］. 刘刚，张浩辰，吴旬，等译. 北京：高等教育出版社，2006.

［136］ 白极星，周京奎. 研发聚集、创新能力与产业转型升级——基于中国工业企业数据实证研究［J］. 科学决策，2017(1)：1-17.

［137］ 白俊红，江可申，李婧. 应用随机前沿模型评测中国区域研发创新效率［J］. 管理世界，2009(10)：51-61.

［138］ 白俊红，蒋伏心. 协同创新、空间关联与区域创新绩效［J］. 经济研究，2015，50(7)：174-187.

［139］ 邦维利安，等. 先进制造：美国的新创新政策［M］. 沈开艳，译. 上海：上海社会科学院出版社，2019.

［140］ 包鸿. 顺德家电：历风雨三十载——机遇再次垂青［J］. 现代乡镇，2009(12)：47-48.

［141］ 鲍美尔. 企业家精神［M］. 孙智君，译. 武汉：武汉大学出版社，2010：8-11.

［142］ 蔡冬青，周经. OFDI 反向技术外溢效应研究——一个理论模型［J］. 国际经贸探索，2014，30(4)：85-95.

［143］ 曹依霏，刘力钢. 科技型企业开放式创新模式、社会资本与创新绩效关系研究［J］. 辽宁大学学报（哲学社会科学版），2018，46(4)：61-73.

［144］ 曹勇，蒋振宇，孙合林. 创新开放度对新兴企业知识溢出效应的影响研

究[J].科学学与科学技术管理,2015(1):151-161.

[145] 柴庆春,张楠楠.中国对外直接投资逆向技术溢出效应——基于行业差异的检验分析[J].中央财经大学学报,2016(8):113-120.

[146] 常林朝,赵渤,邵俊岗.孵化创新与创新孵化[M].北京:经济科学出版社,2016:124.

[147] 陈保林,齐亚伟.对外直接投资逆向技术溢出效应对企业创新的影响——基于省级面板数据的实证分析[J].江西社会科学,2021,41(12):58-65.

[148] 陈春花,马志良,罗雪挥,欧阳以标.顺德40年:一个中国改革开放的县域发展样板[M].北京:机械工业出版社,2018.

[149] 陈春花.中国企业创新与企业家精神[J].企业管理,2019(6):22-25.

[150] 陈红梅,梁敏,乔朋华.企业家精神、研发投入与区域创新绩效[J].调研世界,2021,34(3):58-64.

[151] 陈劲.科技创新:中国未来30年强国之路[M].北京:中国大百科全书出版社,2020.

[152] 陈劲.中国创新发展报告(2020—2021):迈向创新引领[M].北京:社会科学文献出版社,2021.

[153] 陈丽珍,徐健.我国OFDI逆向技术溢出效应研究[J].商业研究,2013,55(6):61-65.

[154] 陈亮,冉茂盛.企业家精神如何影响区域创新效率?——基于企业家精神的多维视角研究[J].软科学,2021,35(3):89-95.

[155] 陈培如,冼国明,马骆茹.制度环境与中国对外直接投资——基于扩展边际的分析视角[J].世界经济研究,2017(2).

[156] 陈浦秋杭,邓晶,陈清华.对外直接投资是否存在逆向技术溢出效应?[J].世界经济与政治论坛,2020,40(6):158-166.

[157] 陈琪,喻千,李美燕.创业文化中融入本土企业家精神的路径研究——以广东顺德"顺商精神"为例[J].中国集体经济,2021(15):70-73.

[158] 陈颂,卢晨.不同投资方式的OFDI逆向技术溢出效应研究[J].国际商务(对外经济贸易大学学报),2017,31(6):86-97.

[159] 陈伟,赵富洋.自主创新过程中的企业家精神[J].科技管理研究,2008(3):11-12.

[160] 陈向东.国际技术转移的理论与实践[M].北京:北京航空航天大学出版社,2008.

[161] 陈晓东,杨晓霞.数字经济发展对产业结构升级的影响——基于灰关联熵与耗散结构理论的研究[J].改革,2021(3):26-39.

[162] 陈晔婷,朱锐.中国对外直接投资与创新绩效的关系研究——基于Meta分析[J].当代经济管理,2020,42(10):27-34.

[163] 陈晔婷.企业对外直接投资对创新绩效的影响研究[D].北京:中央财经大学,2019.

[164] 陈钰芬,陈劲.开放度对企业技术创新绩效的影响[J].科学学研究,2008(2):419-426.

[165] 陈志,苏楠,朱焕焕,等.中国企业的创新道路特色实践与政策演进[M].北京:中国社会科学出版社,2020.

[166] 程惠芳.对外直接投资比较优势研究[M].上海:生活·读书·新知三联书店,1998.

[167] 程锐.市场化进程、企业家精神与地区经济发展差距[J].经济学家,2016(8):19-28.

[168] 池仁勇,唐根年.基于投入与绩效评价的区域技术创新效率研究[J].科研管理,2004(4):23-27.

[169] 崔新健,章东明.逆向技术转移和逆向技术溢出的内涵研究[J].中国科技论坛,2016(12):78-82.

[170] 代丽华,林发勤.双向FDI影响区域创新能力的门槛效应研究——基于知识产权保护的视角[J].中山大学学报(社会科学版),2020,60(4):171-182.

[171] 戴魁早,刘友金.市场化进程对创新效率的影响及行业差异——基于中国高技术产业的实证检验[J].财经研究,2013,39(5):4-16.

[172] 德鲁克.创新和企业家精神[M].《世界经济科技》周刊编辑室,译.北京:企业管理出版社,1989:25-27.

[173] 德鲁克.创新与企业家精神[M].蔡文燕,译.北京:机械工业出版社,2009.

[174] 邓明.制度距离、示范效应与中国OFDI的区位分布[J].国际贸易问题,2012(2):123-135.

[175] 狄振鹏,李世美.对外直接投资逆向技术溢出对国内技术创新影响的实证分析——基于自主创新和模仿创新视角[J].技术经济,2020,39(4):11-16.

[176] 丁焕峰.顺德区域创新与发展的理论思考[J].华南理工大学学报(社会

科学版),2007(5):31-37.

[177] 窦虹麟,屠金萍.中国对外直接投资的逆向技术溢出机理研究——基于母国和东道国双重视角[J].现代商业,2018(6):38-39.

[178] 杜龙政,林润辉.对外直接投资、逆向技术溢出与省域创新能力——基于中国省际面板数据的门槛回归分析[J].中国软科学,2018(1):149-162.

[179] 杜龙政,林伟芬.中国对"一带一路"沿线直接投资的产能合作效率研究——基于24个新兴国家、发展中国家的数据[J].数量经济技术经济研究,2018,35(12):3-21.

[180] 樊纲,王小鲁,马光荣.中国市场化进程对经济增长的贡献[J].经济研究,2011,46(9):4-16.

[181] 符建华,张世颖.人力资本、市场化对产业结构升级影响的实证分析[J].统计与决策,2019,35(21):105-107.

[182] 符磊,朱智洺.新兴国家跨国公司与技术溢出:研究框架与热点问题[J].世界经济与政治论坛,2019(4):133-154.

[183] 傅家骥,洪后其.企业家精神的培养与技术创新扩散[J].中外管理导报,1990(2):4-11.

[184] 傅晓岚.中国创新之路[M].李纪珍,译.北京:清华大学出版社,2017.

[185] 干春晖,郑若谷,余典范.中国产业结构变迁对经济增长和波动的影响[J].经济研究,2011,46(5):4-16,31.

[186] 格林斯潘,伍尔德里奇.繁荣与衰退[M].束宇,译.北京:中信出版社,2019.

[187] 格罗斯曼,赫尔普曼.全球经济中的创新与增长[M].何帆,等译.北京:中国人民大学出版社,2003.

[188] 龚新蜀,李梦洁.OFDI、环境规制与中国工业绿色全要素生产率[J].国际商务研究,2019,40(1):86-96.

[189] 郭万达,廖令鹏.深圳特区40年:促进企业家创新的七大因素[J].开放导报,2020(4):73-78.

[190] 郭燕青.企业家精神及其创新生态系统构建研究[J].企业经济,2018(12):2,5-12.

[191] 郭远智,刘彦随.中国乡村发展进程与乡村振兴路径[J].地理学报,2021,76(6):1408-1421.

[192] 贺艳琴.新兴经济体国家制度质量对中国OFDI逆向技术溢出效应的

实证研究[J].时代金融,2018(36):362-363.

[193] 洪银兴,等.产学研协同创新研究[M].北京:人民出版社,2015.

[194] 胡德状,刘双双,袁宗.企业家创业过度、创新精神不足与"僵尸企业"——基于"中国企业—劳动力匹配调查"(CEES)的实证研究[J].宏观质量研究,2019,7(4):64-79.

[195] 胡宗彪,王剑伟,刘军.外向FDI的逆向技术溢出机制及其影响因素[J].企业经济,2011,30(11):128-130.

[196] 花菓.开放式创新视角下公司孵化器运营模式探索性研究[J].科技进步与对策,2017,34(18):80-87.

[197] 黄菁菁,原毅军.产学研合作研发中企业家精神的价值[J].科学学研究,2014,32(6):902-908.

[198] 黄静波.国际技术转移[M].北京:清华大学出版社,2005.

[199] 冀相豹,葛顺奇.母国制度环境对中国OFDI的影响——以微观企业为分析视角[J].国际贸易问题,2015(3):10.

[200] 贾洪文,张伍涛,盘业哲.科技创新、产业结构升级与经济高质量发展[J].上海经济研究,2021(5):50-60.

[201] 贾妮莎,韩永辉,邹建华.中国双向FDI的产业结构升级效应:理论机制与实证检验[J].国际贸易问题,2014(11):109-120.

[202] 贾妮莎,韩永辉.外商直接投资、对外直接投资与产业结构升级—v基于非参数面板模型的分析[J].经济问题探索,2018(2):142-152.

[203] 姜海宁,张文忠,余建辉,张建伟.山西资源型城市创新环境与产业结构转型空间耦合[J].自然资源学报,2020,35(2):269-283.

[204] 姜忠辉,徐玉蓉.企业家精神的内涵与外延探析[J].中国海洋大学学报(社会科学版),2015(1):71-77.

[205] 蒋冠宏,蒋殿春.中国对发展中国家的投资——东道国制度重要吗?[J].管理世界,2012(11):45-56.

[206] 金中坤,潘镇.企业家精神、社会资本与OFDI地区差异分析[J].技术经济与管理研究,2016,37(2):8-13.

[207] 靳卫东,高波.企业家精神与经济增长:企业家创新行为的经济学分析[J].经济评论,2008(5):113-120.

[208] 柯兹纳.竞争与企业家精神[M].刘业进,译.杭州:浙江大学出版社,2013.

[209] 孔令池.制度环境、企业家精神与高技术产业集聚[J].中国经济问题,

2020(2):16-29.

[210] 孔群喜,王晶,王紫绮.高质量发展阶段中国 OFDI 逆向技术溢出效应研究——基于吸收能力视角的解释[J].财经问题研究,2018(10):105-113.

[211] 孔群喜,王晶,王紫绮.高质量发展阶段中国 OFDI 逆向技术溢出效应研究——基于吸收能力视角的解释[J].财经问题研究,2018(10):105-113.

[212] 兰德斯,莫克,鲍莫尔.历史上的企业家精神从古代美索不达米亚到现代[M].姜井勇,译.北京:中信出版社,2016.

[213] 乐文睿,肯尼,穆尔曼,中国创新的挑战:跨越中等收入陷阱[M].北京:北京大学出版社,2016.

[214] 李娟,唐珮菡,万璐,等.对外直接投资、逆向技术溢出与创新能力——基于省级面板数据的实证分析[J].世界经济研究,2017,36(4):59-71,135.

[215] 李兰,仲为国,彭泗清,等.当代企业家精神:特征、影响因素与对策建议——2019 中国企业家成长与发展专题调查报告[J].南开管理评论,2019,22(5):6.

[216] 李梅,金照林.国际 R&D、吸收能力与对外直接投资逆向技术溢出——基于我国省际面板数据的实证研究[J].国际贸易问题,2011(10):124-136.

[217] 李梅,柳士昌.对外直接投资逆向技术溢出的地区差异和门槛效应——基于中国省际面板数据的门槛回归分析[J].管理世界,2012(1):21-32,66.

[218] 李梅,柳士昌.人力资本与国际 R&D 溢出——基于 OFDI 传导机制的实证研究[J].科学学研究,2011,29(3):373-381,402.

[219] 李梅,袁小艺,张易.制度环境与对外直接投资逆向技术溢出[J].世界经济研究,2014(2):61-66,74,89.

[220] 李双杰,范超.随机前沿分析与数据包络分析方法的评析与比较[J].统计与决策,2009(7):25-28.

[221] 李雯,查奇芬,杜建国,吴梦云.我国民营科技企业技术进步与产业结构演变的关联分析.商业研究,2010(2):125-127.

[222] 李习保.中国区域创新能力变迁的实证分析:基于创新系统的观点[J].管理世界,2007(12):18-30,171.

［223］李显君,钟领,王京伦,王巍.开放式创新与吸收能力对创新绩效影响——基于我国汽车企业的实证[J].科研管理,2018,39(1):45-52.

［224］李响,吴虹.企业技术创新的动力机制分析[J].技术与创新管理,2010,31(4):397-400.

［225］李政,杨思莹,何彬.FDI抑制还是提升了中国区域创新效率?——基于省际空间面板模型的分析[J].经济管理,2017,39(4):6-19.

［226］李政,杨思莹,路京京.政府参与能否提升区域创新效率?[J].经济评论,2018(6):3-14,27.

［227］廖红伟,宫萍."一带一路"背景下要素流动与中国产业结构优化[J].济南大学学报(社会科学版),2020,30(5):99-109,159.

［228］林柳琳.企业家精神对企业创新的影响机制研究[J].产业创新研究,2020,4(9):129-130.

［229］林柳琳.企业家精神对区域创新效率的影响机制研究[J].商讯,2020(21):98,100.

［230］林瑶鹏,林柳琳.制度供给、企业家精神与区域创新[J].技术经济与管理研究,2022,43(1):61-66.

［231］林毅夫,张鹏飞.后发优势、技术引进和落后国家的经济增长[J].经济学(季刊),2005(4):53-74.

［232］林云,金祥荣.区域技术创新绩效的"马太效应"——基于中国 30 个省市面板数据分析[J].经济学家,2008(3):78-85.

［233］林云.创新经济学:理论与案例[M].杭州:浙江大学出版社,2019.

［234］林云.内生性技术创新动力与效率研究[M].北京:中国社会科学出版社,2011.

［235］林云.中国对非直接投资及对非洲经济的影响[J].浙江师范大学学报,2017(6):94-99.

［236］蔺雷,吴家喜.第四次创业浪潮[M].北京:中信出版社,2016.

［237］刘海兵.创新情境、开放式创新与创新能力动态演化[J].科学学研究,2019,37(9):1680-1693.

［238］刘军,曹雅茹,吴昊天.产业协同集聚对区域绿色创新的影响[J].中国科技论坛,2020(4):42-50.

［239］刘俊,白永秀,韩先锋.城市化对中国创新效率的影响——创新二阶段视角下的 SFA 模型检验[J].管理学报,2017,14(5):704-712.

［240］刘湘云,周铨翔.粤港澳大湾区技术创新效率评价研究——基于面板

SFA 随机前沿模型实证[J].科技管理研究,2020,40(7):67-74.

[241] 刘晓光,杨连星.双边政治关系、东道国制度环境与对外直接投资[J].金融研究,2016(12):17-31.

[242] 刘志华,徐军委,张彩虹.科技创新、产业结构升级与碳排放效率——基于省际面板数据的 PVAR 分析[J].自然资源学报,2022,37(2):508-520.

[243] 陆远权,郑威,李晓龙.中国金融业空间集聚与区域创新绩效[J].经济地理,2016,36(11):93-99,108.

[244] 吕爱权,林战平.论企业家精神的内涵及其培育[J].商业研究,2006(7):92-95.

[245] 吕岩威,李平.科技体制改革与创新驱动波及:1998—2013[J].改革,2016(1):76-87.

[246] 吕岩威,谢雁翔,楼贤骏.中国区域绿色创新效率时空跃迁及收敛趋势研究[J].数量经济技术经济研究,2020,37(5):78-97.

[247] 吕越,陆毅,吴嵩博,王勇."一带一路"倡议的对外投资促进效应——基于 2005—2016 年中国企业绿地投资的双重差分检验[J].经济研究,2019,54(9):187-202.

[248] 毛海欧,刘海云.中国对外直接投资促进了产业升级吗?:基于出口劳动结构视角的研究[J].世界经济研究,2018(6):94-108,137.

[249] 梅特卡夫.演化经济学与创造性毁灭[M].冯健,译.北京:中国人民大学出版社,2007.

[250] 米银俊,刁嘉程,罗嘉文.多主体参与新型研发机构开放式创新研究:战略生态位管理视角[J].科技管理研究,2019,39(15):22-28.

[251] 莫克尔.启蒙经济:英国经济史新论[M].曾鑫,熊跃根,译.北京:中信出版社,2020.

[252] 奈特.风险、不确定性与利润[M].安佳,译.北京:商务印书馆,2010.

[253] 欧雪银.企业家精神促进中国制造业全球竞争优势创造研究[M].北京:经济科学出版社,2017.

[254] 欧阳峣."大国综合优势"的提出及研究思路[J].经济学动态,2009(6):20-22,48.

[255] 潘素昆,袁然.不同投资动机 OFDI 促进产业升级的理论与实证研究[J].经济学家,2014(9):69-76.

[256] 庞磊.OFDI 逆向技术溢出门槛与母国技术进步——基于绿地投资与企

业海外并购的比较[J].首都经济贸易大学学报,2018,20(4):49-57.

[257] 裴长洪,樊瑛.中国企业对外直接投资的国家特定优势[J].中国工业经济,2010,10(7):45-54.

[258] 裴长洪,郑文.国家特定优势:国际投资理论的补充解释[J].经济研究,2011,46(11):21-35.

[259] 配第.政治算术[M].北京:商务印书馆,1978.

[260] 彭继增,邓千千.金融集聚、OFDI逆向技术溢出与产业结构升级[J].武汉金融,2020(2):50-57,76.

[261] 齐晓丽,郭沛珍,梁艳阳.政府支持提升区域创新绩效的作用机理与实证检验[J].财会月刊,2021,42(4):126-134.

[262] 乔敏健,马文秀.对外直接投资推进经济高质量发展的效果分析——来自中国省级对外直接投资的经验证据[J].经济问题探索,2020(1):138-146.

[263] 切萨布鲁夫,范哈弗贝克,韦斯特.开放式创新:创新方法论之新语境[M].扈喜林,译.上海:复旦大学出版社,2016.

[264] 切萨布鲁夫,范哈弗贝克,韦斯特.开放式创新的新范式[M].陈劲,李王芳,谢芳,等译.北京:科学出版社,2010.

[265] 秦放鸣,张宇.OFDI逆向技术溢出、金融集聚与区域创新——基于空间计量和门槛回归的双重检验[J].工业技术经济,2020,39(1):50-59.

[266] 秦甄,谢璐华,郭娟娟.政府创新偏好、企业家精神与省域创新效率——基于门槛效应的经验解释[J].华东经济管理,2021,35(12):63-71.

[267] 冉茂盛,陈亮,李万利.经济不确定性、企业家精神与区域创新效率[J].研究与发展管理,2021,33(3):149-162.

[268] 冉启英,任思雨,吴海涛.OFDI逆向技术溢出、制度质量与区域创新能力——基于两步差分GMM门槛面板模型的实证分析[J].科技进步与对策,2019,36(7):40-47.

[269] 茹运青,孙本芝.我国OFDI不同进入方式的逆向技术溢出分析——基于技术创新投入产出视角的实证检验[J].科技进步与对策,2012,29(10):16-20.

[270] 阮敏,李衡.母国制度环境对OFDI逆向技术溢出效应研究[J].产经评论,2018,9(2):85-98.

[271] 沙文兵,李莹.OFDI逆向技术溢出、知识管理与区域创新能力[J].世界经济研究,2018,37(7):80-94,136.

[272] 沙文兵.对外直接投资、逆向技术溢出与国内创新能力——基于中国省际面板数据的实证研究[J].世界经济研究,2012(3):69-74,89.

[273] 邵传林,邵姝静.制度环境、金融发展与企业研发投资:一个文献综述[J].首都经济贸易大学学报,2016,18(3):110-116.

[274] 邵福泽,周伟.开放式创新、战略柔性与创新绩效——一个交互效应模型[J].科技进步与对策,2016,33(9):1-7.

[275] 邵宇佳,刘文革,陈红.中国 OFDI 区位分布的"制度异象"——基于 OFDI 逆向技术溢出的视角[J].商业研究,2019(11):100-106.

[276] 邵宇佳,卫平东,何珊珊,陈红.投资动机、制度调节与 OFDI 逆向技术溢出对中国对外投资区位选择的影响[J].国际经济合作,2020(3):73-87.

[277] 邵玉君.FDI、OFDI 与国内技术进步[J].数量经济技术经济研究,2017,34(9):21-38.

[278] 石大千,张卫东,何适.要素市场扭曲是否抑制区域创新效率[J].中国科技论坛,2016(6):69-74.

[279] 石丽静,洪俊杰.开放式创新如何影响企业自主研发绩效?[J].经济评论,2017(6):53-65.

[280] 时鹏程,许磊.论企业家精神的三个层次及其启示[J].外国经济与管理,2006,28(2):44-51.

[281] 司增绰,佟思齐,邵军.中国 OFDI 逆向技术溢出的产业结构升级门限效应研究[J].学习与探索,2020(4):106-114.

[282] 宋跃刚,吴耀国.制度环境、OFDI 与企业全要素生产率进步的空间视角分析[J].世界经济研究,2016(11):70-85,136.

[283] 孙冰,田胜男.企业家精神如何影响技术创新扩散:一个有调节的中介模型[J].系统管理学报,2022,31(1):134-142.

[284] 孙诚,冯之浚,企业自主创新与企业家精神[J].中国科技论坛,2006(4):4-6.

[285] 孙灵希,储晓茜.跨国并购与绿地投资的逆向技术溢出效应差异研究[J].宏观经济研究,2018,40(10):141-153.

[286] 孙锐,等.人才创新创业生态系统案例研究[M].北京:中国社会科学出版社,2020.

[287] 索姆.没有研发的创新——德国制造业中非研发企业的多样化创新模式[M].郑刚,等译.北京:科学出版社,2016.

［288］陶爱萍,盛蔚.技术势差、OFDI逆向技术溢出与中国制造业高端化［J］.国际商务(对外经济贸易大学学报),2018(3):85-98.

［289］佟孟华,李慧,张国建.金融结构影响产业结构变迁的内在机理研究［J］.财贸研究,2021,32(7):1-13.

［290］宛群超,袁凌.空间集聚、企业家精神与区域创新效率［J］.软科学,2019,33(8):32-38.

［291］汪伟,刘玉飞,彭冬冬.人口老龄化的产业结构升级效应研究［J］.中国工业经济,2015(11):47-61.

［292］王翠,王雷.东道国创新能力对我国OFDI逆向技术溢出的影响——基于制度距离的调节作用［J］.技术与创新管理,2016,37(6):607-613.

［293］王洪霞.从浙商精神看中国传统文化的现代价值［J］.当代经济,2016(17):120-122.

［294］王家庭,单晓燕.我国区域技术创新的效率测度及动态比较［J］.中国科技论坛,2010(11):73-78.

［295］王丽,韩玉军.OFDI逆向技术溢出与母国产业结构优化之间的关系研究［J］.国际商务(对外经济贸易大学学报),2017(5):53-64.

［296］王启凤,钟坚.金融发展、FDI溢出与区域创新绩效［J］.科学决策,2021,28(9):13-24.

［297］王世强,张金山.金融发展水平对区域创新创业能力提升的影响研究［J］.经济纵横,2020,36(12):109-117.

［298］王文举,姚益家.企业家精神、经济增长目标与经济高质量发展［J］.经济经纬,2021,38(3):86-94.

［299］王晓.陈春花.解码"顺德奇迹"背后的企业家精神［J］.山东国资,2018(12):84-86.

［300］王雪莉,安同信.对外直接投资逆向技术溢出对中国技术创新的影响研究——基于长江经济带的门槛面板模型分析［J］.金融发展研究,2021,40(3):30-36.

［301］王瑛.企业家精神在区域创新系统演化中的作用机理研究［J］.科技管理研究,2008(7):310-312.

［302］王智新,赵景峰.开放式创新、全球价值链嵌入与技术创新绩效［J］.科学管理研究,2019,37(1):74-77.

［303］威尔斯.第三世界跨国企业［M］.叶刚,杨宇光译.上海:上海翻译出版公司,1986.

[304] 韦铁,鲁若愚.多主体参与的开放式创新模式研究[J].管理工程学报,2011,25(3):133-138.

[305] 卫平,陈佳.OFDI对中国技术创新的实证分析——基于市场化制度视角[J].工业技术经济,2021,40(8):3-13.

[306] 魏江.多层次开放式区域创新体系建构研究[J].管理工程学报,2010,24(S1):31-37.

[307] 吴传清,黄磊,文传浩.长江经济带技术创新效率及其影响因素研究[J].中国软科学,2017(5):160-170.

[308] 吴建军.中国ODI技术进步效应的影响因素研究——基于东道国的分析视角[J].经济经纬,2013(3):68-74.

[309] 吴敬琏.当代中国经济改革[M].上海:上海远东出版社,2003.

[310] 吴敬琏.企业家精神的本质和核心就是创新精神[J].商业观察,2018(3):39.

[311] 吴立广,尹灵秀.中国对外直接投资逆向技术溢出效应研究——基于Malmquist指数和我国行业面板数据的实证研究[J].工业技术经济,2014,33(8):154-160.

[312] 吴瑞兵.制度距离、OFDI逆向技术溢出与母国技术进步[J].统计与决策,2019,35(9):136-140.

[313] 伍勇,梁巧转,周文光,魏泽龙.基于合作博弈的开放式创新中参与主体收益分配方案研究[J].软科学,2012,26(10):89-92.

[314] 希普尔.用户创新提升公司的创新绩效[M].陈劲,朱朝晖,译.上海:东方出版中心,2021.

[315] 冼国明,杨锐.技术累积、竞争策略与发展中国家对外直接投资[J].经济研究,1998(11):57-64.

[316] 小岛清.对外贸易论[M].周宝廉,译.天津:南开大学出版社,1987.

[317] 肖卫国,林芹.吸收能力、中国对美国OFDI逆向技术溢出与产业升级[J].产经评论,2019,10(4):58-67.

[318] 谢凤燕,陈烨,林花.制度环境、相对资源优势与企业对外直接投资股权进入模式[J].财经科学,2020(3):66-79.

[319] 谢钰敏,周开拓,魏晓平.对外直接投资对中国创新能力的逆向溢出效应研究[J].经济经纬,2014,31(3):42-47.

[320] 谢子远,王佳.开放式创新对企业研发效率的影响——基于高技术产业面板数据的实证研究[J].科研管理,2020,41(9):22-32.

[321] 邢以群.企业家及其企业家精神[J].浙江大学学报(人文社会科学版),1994(2):67-74.

[322] 熊彼特.经济发展理论[M].郭武军,吕阳,译.北京:华夏出版社,2015:56-80.

[323] 徐德云.产业结构升级形态决定、测度的一个理论解释及验证[J].财政研究,2008(1):46-49.

[324] 徐佳,魏玖长,王帅,赵定涛.开放式创新视角下区域创新系统演化路径分析[J].科技进步与对策,2017,34(5):25-34.

[325] 薛红志,张玉利,杨俊.机会拉动与贫穷推动型企业家精神比较研究[J].外国经济与管理,2003(6):2-8.

[326] 薛军,苏二豆.服务型对外直接投资与企业自主创新[J].世界经济研究,2020(4):60-76,136.

[327] 严佳佳,刘永福,何怡.中国对"一带一路"国家直接投资效率研究——基于时变随机前沿引力模型的实证检验[J].数量经济技术经济研究,2019,36(10):3-20.

[328] 严建援,杨银厂.基于区域层次的开放创新体系研究:行为主体功能要素框架模型[J].科学学与科学技术管理,2015,36(3):37-45.

[329] 阳银娟,陈劲.开放式创新中市场导向对创新绩效的影响研究[J].科研管理,2015,36(3):103-110.

[330] 杨江,戴林.中国企业家精神与企业家行为理性化[J].管理世界,2000(5):116-121.

[331] 杨勇,朱乾.企业家精神的决定因素——来自中国省级面板数据的经验[J].经济经纬,2011(5):71-74.

[332] 姚炯,沈能.技术异质性与区域低碳创新效率评价[J].科技进步与对策,2018,35(22):45-54.

[333] 姚维瀚,姚战琪.数字经济、研发投入强度对产业结构升级的影响[J].西安交通大学学报(社会科学版),2021,41(5):11-21.

[334] 姚战琪."一带一路"沿线国家OFDI的逆向技术溢出对我国产业结构优化的影响[J].经济纵横,2017(5):44-52.

[335] 叶红雨,韩东,王圣浩.中国OFDI逆向技术溢出效应影响因素的分位数回归研究—基于东道国特征视角[J].经济与管理评论,2017,33(5):112-120.

[336] 衣长军,李赛,张吉鹏.制度环境、吸收能力与新兴经济体OFDI逆向技

术溢出效应——基于中国省际面板数据的门槛检验[J].财经研究,2015,41(11):4-19.

[337] 殷朝华,郑强,谷继建.对外直接投资促进了中国自主创新吗——基于金融发展视角的实证研究[J].宏观经济研究,2017(8):69-85.

[338] 尹东东,张建清.我国对外直接投资逆向技术溢出效应研究——基于吸收能力视角的实证分析[J].国际贸易问题,2016(1):109-120.

[339] 虞晓芬,李正卫,池仁勇,施鸣炜.我国区域技术创新效率:现状与原因[J].科学学研究,2005(2):258-264.

[340] 贠菲菲,王元地,潘雄锋.金融发展对区域创新效率的溢出效应研究——基于空间杜宾模型的实证分析[J].技术经济,2019,38(10):82-87.

[341] 张斌,沈能.集聚外部性、异质性技术和区域创新效率[J].科研管理,2020,41(8):49-59.

[342] 张海峰.人力资本集聚与区域创新绩效——基于浙江的实证研究[J].浙江社会科学,2016,32(2):2,103-108,158-159.

[343] 张宏,王建.东道国区位因素与中国OFDI关系研究——基于分量回归的经验证据[J].中国工业经济,2009(6):151-160.

[344] 张晖明,丁娟.论技术进步、技术跨越对产业结构调整的影响[J].复旦学报(社会科学版),2004(3):81-85.

[345] 张杰,李克,刘志彪.市场化转型与企业生产效率——中国的经验研究[J].经济学(季刊),2011,10(2):571-602.

[346] 张金福、邓链.高校科研中的"孤岛现象"及其治理[J].实验室研究与探索,2020,39(8):244-248.

[347] 张黎娜,千慧雄.区域金融发展对技术创新的双重作用机制研究[J].金融经济学研究,2020,35(1):104-116.

[348] 张美岭,陈勇勤.企业家精神的影响因素分析与政策启示[J].现代管理科学,2015(7):12-14.

[349] 张守凤,周海洋,李淑萍.企业家精神发展路径及研究方法概述[J].华东经济管理,2011,25(5):141-143.

[350] 张维迎,盛斌.企业家[M].上海:上海人民出版社,2014.

[351] 张维迎,王勇.企业家精神与中国经济[M].北京:中信出版社,2019.

[352] 张旭华.区域开放创新、知识整合与创新绩效:基于EC2SLS模型的实证研究[J].重庆理工大学学报(社会科学),2017,31(11):41-49,80.

[353] 张宗益,周勇,钱灿,赖德林.基于SFA模型的我国区域技术创新效率的实证研究[J].软科学,2006(2):125-128.

[354] 章志华,唐礼智,孙林.对外直接投资、金融发展与产业结构升级[J].国际商务(对外经济贸易大学学报),2021(5):96-109.

[355] 赵刚.对外直接投资的逆向技术溢出及其吸收能力门槛效应——基于中国省际数据的实证检验[J].未来与发展,2019,43(1):56-66.

[356] 赵庆.产业结构优化升级能否促进技术创新效率?[J].科学学研究,2018,36(2):239-248.

[357] 赵甜,方慧.OFDI与中国创新效率的实证研究[J].数量经济技术经济研究,2019,36(10):58-76.

[358] 赵薇,德登.企业家创新精神原动力研究[J].山东社会科学,2010(7):91-96.

[359] 赵云鹏,叶娇.对外直接投资对中国产业结构影响研究[J].数量经济技术经济研究,2018,35(3):78-95.

[360] 郑炫圻.企业家创新精神与区域经济增长方式转变[J].经济经纬,2020,37(2):9-18.

[361] 周春应.对外直接投资逆向技术溢出效应吸收能力研究[J].山西财经大学学报,2009,31(8):47-53.

[362] 周记顺,万晶.对发展中国家OFDI逆向技术溢出机制探究——基于中国对"一带一路"20个中低收入国家OFDI研究[J].工业技术经济,2020,39(4):42-53.

[363] 周经,黄凯.OFDI逆向技术溢出提升了区域创新能力吗?——基于空间杜宾模型的实证研究[J].世界经济与政治论坛,2020(2):108-130.

[364] 周平录,李东红,邢小强.转型经济中双向FDI与区域创新效率——制度环境的调节作用[J].国际经济合作,2020(2):116-128.

[365] 周章庆.开放式创新策略与企业绩效的关系研究[D].合肥:中国科学技术大学,2018.

[366] 周振华.产业结构优化论[M].上海:上海人民出版社,2014.

[367] 周正,尹玲娜,蔡兵.我国产学研协同创新动力机制研究[J].软科学,2013,27(7):52-56.

[368] 朱洁西,李俊江.中国OFDI逆向技术溢出、区域创新绩效与经济高质量发展——基于省级面板数据的联立方程分析[J].云南财经大学学报,2022,38(2):1-23.

致　谢

　　本书的研究得到了浙江省科技厅软科学项目、中国社科基金项目的支持，在此表示感谢！写作过程参阅了大量国内外专家学者的研究成果，在此向各位专家、学者致以诚挚的谢意！

　　本书内容是集体智慧的结晶，很多思路与内容是在小组讨论与交流中产生的，其中第一章由林云撰写；第二章由林云、黄艳豪、张盼盼、吴中杰等共同完成，第三章由孙巧云、黄艳豪、林云等撰写；第四章由黄艳豪、林云、孙巧云、吴中杰撰写；第五章由张盼盼、孙巧云、林云等撰写；第六章由张盼盼、孙巧云等撰写；第七章由张盼盼撰写；第八章由俞佳伟撰写；第九章由林云撰写，参考文献部分主要由黄艳豪、张盼盼、俞佳伟、林云等提供。全书由林云进行修订定稿。在此要特别感谢姚桂荣、胡晨曦、全香香等，在文献整理过程中付出了不少时间和精力，其认真的工作态度让人印象深刻。

　　感谢浙江师范大学科研院的领导们在课题结题方面给予的指导与帮助，以及经济与管理学院的领导和同事们，对我一如既往的支持、关心与帮助。还有很多关心支持帮助的朋友们，在此一并致谢！

　　当然，也必须感谢我的家人们的关爱与照顾，让我能够无所顾虑地全身心投入写作的过程中。你们的支持是我一直前行的动力与源泉！

林　云

2022 年 2 月